中学生体育锻炼与内化问题行为的关联机制研究

吴静涛 胡 军 张晓林 ◎ 著

西南交通大学出版社
·成都·

图书在版编目（CIP）数据

中学生体育锻炼与内化问题行为的关联机制研究 / 吴静涛，胡军，张晓林著. -- 成都：西南交通大学出版社，2024.9. -- ISBN 978-7-5774-0099-0

I. G633.962

中国国家版本馆 CIP 数据核字第 20241B70E9 号

Zhongxuesheng Tiyu Duanlian yu Neihua Wenti Xingwei de Guanlian Jizhi Yanjiu
中学生体育锻炼与内化问题行为的关联机制研究

吴静涛　胡　军　张晓林　著

策划编辑	郭发仔
责任编辑	周媛媛
封面设计	墨创文化
出版发行	西南交通大学出版社 （四川省成都市金牛区二环路北一段 111 号 西南交通大学创新大厦 21 楼）
营销部电话	028-87600564　028-87600533
邮政编码	610031
网　　址	http://www.xnjdcbs.com
印　　刷	成都勤德印务有限公司
成品尺寸	170 mm × 230 mm
印　　张	17.75
字　　数	260 千
版　　次	2024 年 9 月第 1 版
印　　次	2024 年 9 月第 1 次
书　　号	ISBN 978-7-5774-0099-0
定　　价	88.00 元

图书如有印装质量问题　本社负责退换
版权所有　盗版必究　举报电话：028-87600562

前言

在当下快节奏的时代,中学生群体中的内化问题行为日益凸显,抑郁、焦虑、压力等内在困扰不断在校园出现,给广大青少年的身心健康和全面发展带来了前所未有的巨大挑战。内化问题不仅影响着学生的学习效率,而且更会对他们的心理健康造成不良影响,进而阻碍他们茁壮成长。面对这一亟待解决的时代重大课题,我们有责任高度重视,竭尽全力采取切实有力的干预和应对措施,为青少年谋求更加幸福美满的成长之路。

本专著正是我校学生体质健康发展研究中心课题组,在长期深入校园一线调研的基础上,经过近三年的沉淀思考和持续探索而孕育的硕果。课题组成员们秉持严谨科学的态度,扎根实际,深入校园田野,广泛听取一线师生心声,系统收集各类第一手研究数据,努力挖掘学生内化问题的深层根源。与此同时,他们勤于学习,努力拓宽研究视野,紧跟国内外学术前沿,借鉴相关领域的前沿理论成果,汲取有益的理论营养,注重学理建树和提升研究高度。在艰辛探索的过程中,他们矢志不渝、兢兢业业、撸起袖子加油干,甘于寂寞、乐于奋斗,终于取得了一系列极具价值的创新性研究发现。

全书共计八章,条理严谨、内容翔实丰富、见解独到睿智。在开篇的第一章中,系统阐述了本研究的时代背景和重大现实意义,明确了研究思路、框架及创新性的技术路线,并指出了主要的创新点所在;第二章深入评述梳理了内化问题行为及其与体育锻炼关联的国内外研究进展,全面分析了影响因素、理论基础和潜在的心理传导机制;第三章则着眼于量表工具建设,在大量实证调研的基础上,扩展并修订了更加贴合中学生群体的体育锻炼行为量表；第四章在此基础上，建构并检验了内化问题行为的综合测量工具，为后续实证分析做好准备；第五六章紧扣核心主题，深入分析了不同人口统计学特征群体在体育锻炼行为和内化问题行为上的差异性表现，具有重要的现实指导意义；第七章进而揭示了中学生内化问题行为与体育锻炼行为之间的内在关联机制，是全书的理论核心和学术高峰；第八章对研究成果进行了系统总结，并就提高学生体质健康提出了一系列富有前瞻性和操作性的体育干预举措和对策建议。

本专著在理论和实践层面都具有重要的学术价值和现实意义。在理论层面，不仅对内化问题行为的分类特征和影响因素有了更为细致和深入的认知，而且揭示了内化问题与体育锻炼之间的关联机制，极大地丰富了内化问题行为的理论范畴，拓展了体育锻炼对心理健康影响的作用路径，为相关理论发展作出了新的突破性贡献；在实践层面，通过前期大量的田野调研，修订形成了契合中学生群体的测量量表工具，为一线教育工作者提供了有力的指导意义，可以借此更好地评估和干预学生的体育锻炼行为和内化问题状况。同时，本专著还提出了加强体育课程建设、促进体育活动参与、优化校园体育环境、强化科学指导等一系列建设性政策建议，为促进青少年全面健康发展指明了现实路径，对教育资源配置、体育设施改善、提高教师专业素质等都具有重要的参考价值。在学术视野层面，研究开拓了健康领域和体育教育研究的新视角，不仅培育了专业的研究力量，而且为未来持续深化探究奠定了理论基础和出发点，具有重要的开创意义。

本项目得到了国家和地方各级政府部门和科研基金项目的大力支持。我谨代表全体课题组成员，对乐山师范学院人文社科重点培育项目"青少年体力活动知行序差及生态补偿机制"，自贡市哲学社会科学重点研究基地、国民体质健康与体育产业研究中心"家庭累积风险、心理健康与青少年余暇体育锻炼：一项纵向追踪研究（GT-01202201）"，川西南体育文化发展研究中心"中学生体育锻炼与内化问题行为的关联机制研究（CXNTY24-YB-11）"等项目提供的资助表示感谢。在此，我也向所有为本研究提供智力支持和无私付出的专家学者们致以崇高的敬意，正是有了你们的热心指导和悉心教诲，我们才能够在科研道路上不断修正偏差、砥砺前行。

身为教育工作者和科研人员，我们始终怀抱崇高的责任使命感，矢志不渝地为造福师生和改善校园环境而努力奋斗。当前，中学生内化问题已成为阻碍广大青少年茁壮成长的严重顽疾，亟待决策部门的高度重视和全社会的共同关注。我们衷心希望，本专著的出版能够为教育界和相关领域提供一些有益的参考，推动中学生心理健康教育的逐步改进。同时，也希望通过我们的努力，为青少年身心健康发展尽一份绵薄之力。

在这个快速发展的时代，我们绝不能对中学生群体日益突出的内化问题视而不见、熟视无睹。培养一代身心健康、全面发展的社会主义建设者和接班人，是摆在我们每一位教育工作者面前的时代重任。

教育兴则国家兴，教育强则国家强。体育强国梦的实现，离不开千千万万青少年的身心健康。在"健康中国"国家战略的指引下，广大体育工作者和教育工作者更应该勇于担当、主动作为，在学校教育这个阵地上大显身手，让体育锻炼成为促进青少年心理健康的"良方妙药"。让我们以饱满的热情投身于体育教学改革的伟大实践，以"功成不必在我"的精神境界呵护学生的身心健康，以"老骥伏枥，志在千里"的责任担当谱写教育事业的新篇章。我坚信，在以习近平同志为核心的党中央的坚强领导下，在全社会的共同努力下，促进青少年全面健康发展的美好愿景一定能够早日实现。

真心感激您的关注与阅读，诚盼您能给本书的研究成果提出宝贵的看法和建议。我们将虚心倾听每一位读者的想法，在助推青少年健康成长的道路上继续前行，为早日实现中华民族伟大复兴的中国梦贡献绵薄力量。

恳请各位专家、读者提出批评意见。

吴静涛
2024 年 3 月 21 日
于乐山师范学院

CONTENTS 目 录

第一章　绪　论 …………………………………………………… 001
　第一节　研究背景概述 ……………………………………………… 001
　第二节　基本概念界定 ……………………………………………… 005
　第三节　研究思路和框架 …………………………………………… 010

第二章　体育锻炼与内化问题行为综述 ……………………………… 019
　第一节　内化问题行为研究概述 …………………………………… 020
　第二节　体育锻炼与内化问题行为的关联 ………………………… 029
　第三节　潜在机制及其相关理论 …………………………………… 042

第三章　体育锻炼行为量表的扩展和修订 …………………………… 056
　第一节　研究问题、目的与假设 …………………………………… 057
　第二节　研究方法和数据 …………………………………………… 061
　第三节　中学生体育锻炼行为的特征 ……………………………… 066
　第四节　体育锻炼行为中心理机制的决策因素 …………………… 068
　第五节　影响体育锻炼行为的个体因素 …………………………… 073
　第六节　影响体育锻炼行为的社会环境因素 ……………………… 082
　第七节　体育锻炼行为量表的扩展和修订 ………………………… 093

第四章　内化问题行为的测量与检验 ………………………………… 097
　第一节　数据和方法 ………………………………………………… 097
　第二节　抑郁分量表的分析与检验 ………………………………… 104
　第三节　焦虑分量表的分析与检验 ………………………………… 114
　第四节　压力分量表的分析与检验 ………………………………… 126
　第五节　内化问题行为整体量表的分析与检验 …………………… 137

第五章　中学生体育锻炼行为的差异性对比 153
- 第一节　研究假设 154
- 第二节　样本数据和分析方法 157
- 第三节　不同组别中体育锻炼行为的差异性对比 159
- 第四节　体育锻炼行为的剖面分析 170
- 第五节　不同组别之间剖面的差异性分析 173
- 第六节　不同潜在剖面的人口学回归分析 176

第六章　中学生内化问题行为的差异性对比 180
- 第一节　研究假设 181
- 第二节　样本数据和分析方法 183
- 第三节　不同组别中内化问题行为的差异性对比 185
- 第四节　内化问题行为的剖面分析 195
- 第五节　不同组别之间剖面的差异性分析 198
- 第六节　不同潜在剖面的人口学回归分析 201

第七章　中学生内化问题行为与体育锻炼行为的关联性 205
- 第一节　研究假设 207
- 第二节　分析方法 209
- 第三节　内化问题行为与体育锻炼行为的相关性 211
- 第四节　内化问题行为的潜在类别特征 217
- 第五节　内化问题行为与体育锻炼行为的回归分析 222

第八章　研究总结及展望 232
- 第一节　研究总结 234
- 第二节　干预内化问题行为的体育举措 242
- 第三节　研究展望 253

附　录 260
- 附录1　体育锻炼行为访谈问卷 260
- 附录2　实证研究使用的问卷和量表 264
- 附件3　实证调查数据的描述性统计结果 267

参考文献 271
后　记 274

第一章

绪 论

第一节　研究背景概述

　　流行病学调查显示，内化问题在中学生群体中呈现出较高的患病率，且有逐年上升的趋势。Liu 等的元分析发现，我国中学生抑郁症状的检出率高达 24.3%，远超世界平均水平。[1]另有研究表明，中学生焦虑症状的患病率在 10%~30%，社交退缩问题也十分普遍。[2]内化问题不仅影响学业表现，还会引发自杀、成瘾等极端行为。从生命全程看，青少年时期的内化问题若得不到及时干预，极易延续至成年早期，损害身心健康。因此，中学阶段正是内化问题的高发期和关键干预期。

　　内化问题行为的影响因素错综复杂，既有个体心理特征的作用，也受到家庭、学校等外部环境的影响。已有研究表明，完美主义、消极归因等不良认知模式是内化问题的心理危险因素。[3]而父母教养方式、师生关系、同伴

---

[1] J W KIM, K LEE, Y S LEE, et al. Factors associated with group bullying and psychopathology in elementary school students using ihild-welfare facilities[J]. Neuropsychiatric Disease and Treatment, Dove Press, 2015(11): 991-998.
[2] D YOON, S L SHIPE, J PARK, et al. Bullying patterns and their associations with child maltreatment and adolescent psychosocial problems[J]. Children and Youth Services Review, 2021(129): 106-178.
[3] 翟梦晓，崔伟，吴青霞，等. 父母心理控制对儿童焦虑的影响：另一方父母与儿童亲子亲密的缓冲作用[J]. 中国临床心理学杂志，2024，32（1）：137-141.

接纳等则是重要的社会影响因素。①考虑到当前中学生普遍面临学业压力大、人际关系复杂多变等现实情境，内化问题风险进一步加剧。迫切需要从多元视角探讨保护因子，精准施策，促进身心健康发展。

体育锻炼是世界卫生组织推崇的一项关键保健行为，在改善情绪状态、缓解压力、促进社会交往等方面有着独特价值。大量实证研究揭示了体育锻炼对内化问题的积极影响。例如，Ahn 和 Fedewa（2011）的元分析纳入 73 个干预研究，结果表明体育锻炼对青少年焦虑、抑郁症状具有中等强度的治疗效果。体育锻炼通过生理机制（如提高血清素水平）和心理机制（如分散注意力、增强自信）发挥作用。②此外，体育参与还有利于扩展社交网络、获得同伴支持，进而促进社会融入。③由此可见，体育锻炼是应对中学生内化问题的有效途径。

遗憾的是，中学生体育锻炼行为参与度不容乐观。Robertson 等的系统综述指出，全球 81% 的青少年未能达到每天 60 分钟中高强度体育锻炼的标准。④而我国中学生体质健康调研的数据更是堪忧，体质合格率仅为 23.8%。⑤究其原因，中学生体育锻炼意愿不高是主要障碍。动机作为行为的驱动力，直接影响体育锻炼的发生、持续和强度。⑥但长期以来，我国中学体育教学"重技

---

① 鲁如艳，王硕，朱小泉. 母亲婚姻满意度与幼儿焦虑：母亲教养方式的中介作用[J]. 陕西学前师范学院学报，2023，39（12）：35-43.
② Internalizing problems in individuals with reading, mathematics and unspecified learning difficulties: a systematic review and meta-analysis|Annals of Dyslexia[EB/OL]. (2024-03-30). https: //link. springer. com/article/10. 1007/s11881-023-00294-4.
③ Peer support mediates sex differences in self-esteem and problem behaviors among children: Does parental migration make a difference? [EB/OL]. (2024-03-30). https: //link. springer. com/article/10. 1007/s12144-021-02391-2.
④ Y LUO, J LIU, J ZENG, et al. Global burden of cardiovascular diseases attributed to low physical activity: An analysis of 204 countries and territiories between 1990 and 2019[J]. American Journal of Preventive Cardiology, 2024(17): 100633-100656.
⑤ L ZHANG, J PIAO, W ZHANG, et al. Physical activity changes and influencing factors among Chinese pregnant women: a longitudinal study[J]. The Journal of Maternal-Fetal & Neonatal Medicine, Taylor & Francis, 2024, 37(1): 2306190-2306208.
⑥ De S P KNUDSEN, C B ROLAND, S A ALOMAIRAH, et al. The effect of exercise training and motivational counselling on physical activity behaviour and psychosocial factors in pregnant women: secondary analyses of the FitMum randomised controlled trial investigating prenatal physical activity[J]. BMC Public Health, 2024, 24(1): 92.

术、轻内化",较少关注学生的心理需求。[①]外部考核压力下,体育锻炼更多出于应付了事,难以激发内在兴趣,加之师资、场地等硬件不足,导致体育活动参与动机严重匮乏。[②]

综上所述,内化问题行为在中学生群体中呈现出较高的发生率和危害性,急需引起学校教育的高度重视并采取积极应对。作为保健行为中的"良方",体育锻炼虽具有改善内化问题的巨大潜力,但受制于锻炼动机不足等现实困境,实际参与度不高,远未发挥应有作用。立足于此,本研究拟探讨中学生体育锻炼与内化问题行为的关联机制,力图厘清体育锻炼对内化问题的影响路径,并聚焦于动机等关键的心理传导因素,进而为优化中学体育教学、促进学生心理健康发展提供理论支撑和实践启示。

具体而言,本研究的学术价值和创新性体现在以下几个方面:第一,有助于丰富和拓展内化问题的影响机制研究。目前对内化问题探讨多集中于认知、人格、情绪等个体心理特质以及家庭、同伴等社会因素,而忽视了体育锻炼这一关键的行为因素。本研究引入体育锻炼视角,有望实现影响因素范式的扩展,为内化问题的防治提供新的理论支点。第二,有助于深化对体育锻炼心理效应的认知。现有研究多关注体育锻炼对身体健康的生理效应,对心理健康的影响机制尚不明确。本研究聚焦内化问题这一具体心理症状,剖析体育锻炼通过动机等心理因素发挥作用的内在路径,有助于揭示其影响心理健康的"暗箱",深化体育心理学基础理论。第三,有助于革新中学体育教学实践范式。当前体育课堂"重技术、轻育人"问题突出,难以调动学生的参与热情。本研究探讨动机等心理因素的中介作用,可为优化体育教学理念、激发内在兴趣提供实证依据,进而指导教学改革,让体育真正成为促进学生全面发展的"良方"。

[①] A SHAMSHIN. Development and use of the program of automatic problem solving when conducting practical classes in physics at the university[J]. Science Rise: Pedagogical Education, 2021, 5(44): 23-29.
[②] J CUI, Y YAN. Research on the deep integration mechanism of national fitness campaign and college physical education teaching: taking guangdong university of science and technology as an example[J]. Journal of Contemporary Educational Research, 2024, 8(1): 107-115.

总之，本研究紧扣中学生内化问题这一社会热点和教育难题，引入体育锻炼这一全新视角，聚焦动机这一关键心理机制，力图实现理论视野的拓展、知识谱系扩充和实践导向的落地，具有鲜明时代性、创新性和应用价值，对于深入理解中学生身心发展规律、创新体育教学模式、促进教育教学改革具有重要意义。

在研究方法上，本研究将采用文献综述、问卷调查、半结构化访谈、数据建模等多元研究方法。首先，通过系统梳理国内外文献，把握研究前沿动态，夯实理论基础；其次，采用基线研究，在大样本中学生中开展问卷调查，采集第一手量化数据；再次，选取部分有代表性的个案开展访谈，获取质性资料，挖掘深层机制；最后，运用结构方程模型和潜在剖面分析等先进统计方法，对量化数据进行建模分析，揭示关键变量间的交互作用规律。通过多元证据的三角校正，力争获得客观、严谨、可信的研究发现。

研究的预期成果包括以下几个方面：第一，揭示中学生内化问题和体育锻炼行为的流行现状及人口学分布特征；第二，考察体育锻炼对内化问题的影响效应，厘清二者间的因果关系；第三，探明中学生体育锻炼动机的类型、特点及影响因素；第四，分析中学生内化问题行为与体育锻炼行为的关联性；第五，提出优化中学体育教学的对策建议，为创新教学范式、提升教学效果提供实证参考。

总之，中学生内化问题行为日益凸显，对广大青少年的健康成长构成了巨大挑战，急需学界和教育部门高度重视并采取积极应对。而体育锻炼作为一项关键的保健行为，在缓解内化问题行为方面大有可为，但受制于动机缺失等瓶颈，参与度不高，利用不足，远未发挥应有功效。本研究拟在揭示中学生内化问题行为现状的基础上，以体育锻炼为切入点，聚焦动机这一关键心理因素，采用多元研究范式，系统探讨体育锻炼影响内化问题行为的作用机制，力图在丰富理论、深化认知、创新实践等方面取得突破，为应对中学生内化问题行为、促进身心全面发展贡献绵薄之力。

第二节　基本概念界定

本研究涉及的核心概念主要包括内化问题行为、体育锻炼行为、体育锻炼动机等。为确保概念内涵的清晰界定和外延的准确把握，有必要对这些关键术语进行辨析和阐释，夯实理论基础。

一、内化问题行为的概念与内涵

内化问题行为（internalizing problem behaviors）是指个体面对外界压力或负面情绪时，将这些情绪体验内化，并通过一系列行为表现出来。[1]常见的内化问题行为包括抑郁情绪、焦虑症状、社交退缩以及身体不适等。与外化问题行为（如攻击性、违纪行为等）相比，内化问题行为具有较强的隐蔽性和持续性，通常难以被外界及时察觉。[2]然而，尽管这些行为表现较为内向，它们对个体的心理健康和社会适应能力也产生了深远的影响，导致个体的生活质量下降，并在学业、人际和日常活动中表现出适应不良。内化问题行为的核心特征包括情绪低落、紧张不安、悲观绝望、人际敏感和自我否定等[3]，这使得个体在面对日常挑战时，往往倾向于回避和压抑，而不是通过外显的行为去表达或解决问题。

尽管内化问题行为与内化问题（internalizing problems）密切相关，但两者在概念与表现上仍有区别。内化问题更多地指向个体的情绪、认知和心理

---

[1] M BEKKHUS, A MCVARNOCK, R J COPLAN, et al. Developmental changes in the structure of shyness and internalizing symptoms from early to middle childhood: A network analysis[J]. Child Development, 2023, 94(4): 1078-1086.
[2] T WIKER, L B NORBOM, D BECK, et al. Reaction time variability in children is specifically associated with attention problems and regional white matter microstructure[J]. Biological Psychiatry: Cognitive Neuroscience and Neuroimaging, 2023, 8(8): 832-840.
[3] 胡婧，王詠. 生命意义感与青少年内外化问题行为的关系：社会联结和心理韧性的链式中介作用[J]. 中国健康心理学杂志，2023, 31（12）：1853-1859.

层面的困扰,属于个体情感和认知上的负性体验[1],如持续的焦虑、抑郁、无助感等[2]。这些问题往往在个体的内心世界中发生,不一定通过外在行为表现出来。相比之下,内化问题行为则是这些情绪困扰在行为层面的外显表现。个体在经历内化问题时,可能通过回避社交、沉默寡言、减少与他人的互动等行为来应对内在的情绪难题。因此,内化问题行为可以被视为内化问题的外在化反应,是个体情绪和心理困扰在日常生活中的具体表现形式。

学者们提出的理论模型将内化问题划分为两个主要维度:情绪障碍(如焦虑、抑郁等)和社交退缩。[3]情绪障碍侧重于个体内在的负性情感和认知,如持续的情绪低落、焦虑不安和绝望感,而社交退缩则强调个体在人际交往中的被动回避行为。[4]这个模型不仅涵盖了个体的情感困扰,还纳入了其社会功能受损的内容,使得内化问题行为的概念更加丰富和完整。通过这种分类,可以更清晰地理解个体在面对内化问题时,如何通过行为来应对内在的情绪困扰,尤其是在社交场合中的表现。

需要特别指出的是,内化问题行为并不等同于精神疾病,通常处于一种亚临床状态。虽然这些行为表现尚未达到精神疾病的临床诊断标准,但它们已经对个体的日常生活和社会功能产生了显著影响。[5]内化问题行为常常表现在非临床群体(如中学生)中,因此研究这些行为有助于揭示其发生机制,并提供异常发展的早期预警信号。这对于及时干预具有重要意义,可以防止问题进一步恶化,避免其演变为更严重的心理健康问题。在评估内化问题行

---

[1] T M ACHENBACH, M Y IVANOVA, L A RESCORLA, et al. Internalizing/externalizing problems: Review and recommendations for clinical and research applications[J]. Journal of the American Academy of Child&Adolescent Psychiatry, 2016, 21(4): 647-656.

[2] 苏芮莹,朱澄铨,刘亚楠. 青少年精神病态特质对生命意义感的影响[J]. 中国健康心理学杂志,2022,30(4):481-485.

[3] R JESSOR. Reflections on six decades of research on adolescent behavior and development[J]. Journal of Youth&Adolescence, 2018, 47(3): 473-476.

[4] M DARVISHI, M K A VAHID, M E ATHAR, et al. The explanation of adolescent delinquent behaviors based on Jessor's problem behavior theory(PBT)in Iran:the role of individual vulnerability, opportunity risk availability, and perceived support[J]. Frontiers in Psychiatry, 2022, 13(4): 1-10.

[5] C RIVELLA, A ZANETTI, M BERTAMINO, et al. Emotional and social functioning after stroke in childhood: A systematic review[J]. Disability and Rehabilitation, Taylor & Francis, 2023, 45(25): 4175-4189.

为时，虽然可以参考 DSM-5 等诊断标准，但在非临床群体中，更应强调对个体在学业、人际关系等领域的适应不良进行评估，以便提供更加全面的理解和干预依据。

二、体育锻炼行为的概念界定

体育锻炼行为（physical exercise behavior）是指个体为增强体质、改善心理状态而进行的身体活动，具有计划性、目的性和系统性的特征。[①]与一般的身体活动相比，体育锻炼强调自主意识和内在动机，追求身心愉悦的体验。它不仅局限于体育课或训练，还涵盖课余时间的自主锻炼。就中学生群体而言，体育锻炼行为的内容丰富多样，包括体育课上的各类运动项目、课外的校园活动以及校外的俱乐部训练等。

本研究对体育锻炼行为的界定主要参考了以下几个维度：一是频率，即每周参与体育锻炼的次数；二是时长，即每次体育锻炼持续的时间；三是强度，即体育锻炼过程中个体的生理负荷和主观感受；四是方式，即个人独自进行还是集体参与。[②]频率和时长反映体育锻炼投入的数量，强度和方式则影响锻炼体验的质量。本研究将综合考虑这四个维度，力求客观、细致地刻画中学生体育锻炼行为特征。

此外，本研究还关注体育锻炼行为的动机基础。自我决定理论指出，个体参与体育活动可能出于内部动机（如兴趣爱好、挑战自我等）或外部动机（如获得奖励、避免惩罚等），二者对行为的影响存在质的差异。[③]内部动机

[①] 李素萍. 我国儿童青少年体力活动与体质健康促进策略研究——基于学校体育视角[J]. 韩山师范学院学报，2020，41（6）：67-72.
[②] N MEZGHANI, A AMMAR, O BOUKHRIS, et al. The impact of wearing different face masks on vigorous physical exercise performance and perceived exertion among COVID-19 infected vs. uninfected female students[J]. European Journal of Investigation in Health, Psychology and Education, Multidisciplinary Digital Publishing Institute, 2023, 13(11): 2709-2723.
[③] 李年红，王雷，曹博文，等. 辅以微信平台的大学生身体活动干预研究——以自我决定理论为基础[J]. 福建体育科技，2023，42（5）：93-99.

往往伴随着自主性和能动性，有助于行为的持续；而外部动机则易引发心理反弹，不利于行为维持。考虑到体育锻炼的长期健康效应，本研究将重点考察中学生自主性动机的作用机制。

值得一提的是，已有研究多关注体育锻炼对生理健康的效应，对心理健康的影响尚不明确。尤其是在内化问题行为领域，实证证据相对匮乏。鉴于体育活动在放松身心、疏导情绪等方面的独特优势，本研究拟深入探讨其对中学生内化问题行为的影响路径，以揭示体育锻炼在个体全面发展中的心理价值。

三、体育锻炼动机的内涵与特征

体育锻炼动机（motivation for physical exercise）是指个体参与和维持体育锻炼的内在心理倾向，决定了体育锻炼的方向、强度和持久性。[1]自我决定理论将动机分为内部动机和外部动机两类，强调二者在自主性程度上存在差异。这一划分虽有助于理解体育行为的深层原因，但尚不足以全面描绘动机的丰富内涵。事实上，无论是内部动机还是外部动机，都可能包含多种不同形式。

黄章旭等进一步细化了体育锻炼动机的类型，提出了内在动机、外部调节、内化调节等概念。其中，内在动机强调参与锻炼的愉悦感和新鲜感，是最理想的激励来源；外部调节依赖奖惩等外在因素，调节作用有限；内化调节则介于二者之间，个体出于内心认同而非外力压迫，具有一定的自主性。[2]这一分类揭示了体育锻炼动机的多维结构，为深入理解其作用机制提供了理论视角。本研究将借鉴这一思路，探讨不同动机类型对中学生体育锻炼行为和内化问题的影响。

---

[1] 来庆朋，程文娟，房蕊. 正念与体育锻炼行为：理论、机制与展望[J]. 体育研究与教育，2022，37（1）：8-13，27.
[2] 黄章旭，刘斌. 学校体育环境对健康促进生活方式的影响：锻炼动机与锻炼习惯的链式中介作用[J]. 吉林体育学院学报，2023，39（5）：89-98.

第一章 绪 论

动机理论还强调，体育锻炼动机受个人因素和社会环境的双重影响。就个人因素而言，自我效能感、目标定向、运动能力等均可能影响个体的动机水平。[①]其中，自我效能感反映个体对完成锻炼任务的信心，目标定向体现个体的成就取向（掌握型或表现型），运动能力则关乎对锻炼活动的胜任感。当这些因素处于积极状态时，个体往往表现出较高的内部动机。本研究将综合考察上述因素，厘清其与体育锻炼动机的关系。

在社会环境方面，教师支持、同伴影响、家庭氛围等外部情境因素对个体的体育锻炼动机具有重要影响。[②]当个体感受到来自师长、同学、家人的鼓励和认可时，往往更倾向于从事体育锻炼。反之，缺乏支持和引导，则可能削弱锻炼意愿。本研究拟重点考察体育教学环境对中学生体育锻炼动机的塑造作用，以期为优化教学实践、营造良好锻炼氛围提供建设性建议。

总的来看，体育锻炼动机可视为个体在特定情境中形成的一种心理倾向，受制于个人因素和环境因素的交互影响，并最终指引个体从事相应的体育锻炼行为。动机水平的高低直接关系到体育锻炼的效果，进而影响身心健康。厘清动机机制，有助于因材施教，提供个性化的干预方案。这正是本研究聚焦体育锻炼动机的初衷所在。

综上所述，内化问题行为、体育锻炼行为、体育锻炼动机是本研究的三大核心概念，分别从问题、行为、动机三个层面描述了中学生身心发展的关键要素。通过明晰概念内涵，厘清内在联系，可为研究设计提供理论指引。在后续章节中，本研究将在界定概念的基础上，采用多元研究视角和方法，系统考察三者间的作用机制，以期揭示体育锻炼缓解内化问题的路径，为创新体育教学范式、促进学生全面发展提供实证参考。

---

① 王克平，王彦英，李园园. 新型冠状病毒肺炎疫情期间大学生体育锻炼行为及影响因素[J]. 中国学校卫生，2021，42（1）：87-91.
② 杨文礼，李彦，高艳敏. 自我效能感对大学生体育学习投入的影响：有调节的中介效应[J]. 山东体育学院学报，2024，3（2）：1-12.

第三节 研究思路和框架

本研究以中学生内化问题行为为切入点,聚焦体育锻炼的心理效应,力求揭示二者的作用机制。研究采用文献分析、问卷调查、访谈等方法,在梳理国内外相关研究的基础上,结合中学生身心发展特点和体育教学实际,构建了"体育锻炼—动机—内化问题行为"的理论模型。研究思路环环相扣,层层推进,框架设计图文并茂,简明扼要,力求体现科学性、严谨性和合理性。

一、研究思路

本研究的总体思路是,在梳理国内外相关研究的基础上,结合中学生身心发展特点和体育教学实际,采用多元研究视角和方法,考察体育锻炼、体育锻炼动机与内化问题行为三者的关系,构建并验证理论模型,并提出优化体育教学的对策建议。具体思路如下:

第一,文献综述。广泛搜集国内外有关体育锻炼与心理健康的研究成果,特别是关注体育锻炼对青少年内化问题行为的影响研究,在梳理总结的基础上,分析现有研究的贡献与不足,提炼有待深入探讨的科学问题。

第二,理论构建。在动机理论、情绪调节理论、社会支持理论等的指导下,考察体育锻炼影响内化问题行为的可能路径,如直接效应、动机的中介作用、社会因素的调节作用等,在此基础上构建"体育锻炼—动机—内化问题行为"的理论框架。

第三,研究设计。根据研究目的和理论假设,采用问卷调查、半结构化访谈等方法收集数据。问卷调查重点考察中学生的体育锻炼行为、锻炼动机和内化问题行为状况；访谈则着眼学生、教师、家长三方视角，深入了解体育锻炼与内化问题行为的主观体验。在此基础上形成调查问卷和访谈提纲。

第四，实地调研。选取具有代表性的中学开展问卷调查和访谈。调查采用整群抽样方式，兼顾性别、年级、城乡等因素，控制样本量以确保数据质量。访谈对象则采用随机抽样，选取不同特征的师生和家长，开展一对一深度访谈。

第五，数据分析。采用 SPSS、AMOS 等软件对调查数据进行统计分析，主要方法包括描述统计、相关分析、回归分析、结构方程模型等。对访谈资料进行编码分析，提炼关键主题和典型个案。在定量和定性分析的基础上，对研究假设进行检验。

第六，撰写报告。在数据分析的基础上形成研究结论，围绕体育锻炼对中学生内化问题行为的影响及作用机制撰写研究报告。报告应突出研究的理论贡献和实践价值，并就优化体育教学、创新干预模式等提出可行性建议。

二、研究框架

本研究的总体框架由三个部分组成：理论基础、实证研究和对策建议。各部分相互联系，逐层深入，共同支撑研究目的的实现。

（一）理论基础

（1）文献综述：梳理国内外体育锻炼与内化问题行为的相关研究，分析现状、问题与趋势。

（2）概念界定：明确界定内化问题行为、体育锻炼、锻炼动机等核心概念。

（3）理论框架：在相关理论指导下构建"体育锻炼—动机—内化问题行为"的理论模型。

（二）实证研究

（1）研究假设：基于理论分析提出体育锻炼影响内化问题行为的若干研究假设。

（2）研究设计：采用问卷调查和访谈法，设计调查问卷和访谈提纲。

（3）数据收集：选取有代表性的中学开展问卷调查和访谈，控制样本质量。

（4）数据分析：运用定量和定性分析方法，检验研究假设，揭示关键影响因素。

（三）对策建议

（1）研究结论：围绕体育锻炼对内化问题行为的影响路径和机制形成研究结论。

（2）理论贡献：总结研究的理论创新点，丰富体育心理学和体育人文社会学的内容。

（3）实践启示：就创新体育教学模式、预防和干预内化问题提出可行性建议。

（4）研究展望：反思研究的局限性，提出未来研究的方向和重点。

该框架紧扣研究目的，环环相扣，重点突出。理论基础部分为全书提供理论支撑，确立研究的出发点和落脚点；实证研究是全书的核心，通过严谨细致的定量和定性分析揭示关键影响因素和作用机制；对策建议则立足研究结论，围绕研究的现实意义提出针对性、可操作性较强的政策建议。三个部分相辅相成，共同服务于揭示体育锻炼缓解内化问题行为的目的。

值得一提的是，该研究框架体现了体育学、心理学和社会学的交叉融合。一方面，研究立足体育学视角，聚焦体育锻炼的心理效应，但又不囿于运动技能和体能层面，而是关注体育的社会文化功能。另一方面，研究引入心理学理论来解释体育锻炼的作用机制，但又突出考察社会情境因素的调节作用。这种跨学科的综合视角有助于全面认识体育、个体、社会三者的关系，彰显体育在个人成长和社会发展中的独特价值。

总之，本研究围绕"中学生内化问题行为与体育锻炼的关系"这一主题，采用严谨的逻辑思路和科学的研究框架，多管齐下、深入浅出地揭示了体育锻炼影响内化问题行为的路径和机制。研究成果不仅为创新体育教学模式、促进学生身心发展提供了新视角，也为体育心理学和体育人文社会学的理论建设开辟了新领域。在服务国家教育事业、引领青少年健康成长方面，研究也具有重要的理论价值和现实意义。

三、研究方法

本研究采用文献研究法、问卷调查法、访谈法等多种方法，定性定量结合，力求全面、客观、深入地揭示体育锻炼与内化问题行为的关系。

（一）文献研究法

本研究广泛搜集国内外有关体育锻炼与青少年心理健康的期刊论文、学位论文、专著等文献，重点关注体育锻炼对内化问题行为的影响研究。通过梳理文献脉络、比较不同观点、归纳研究方法等，分析现有研究的贡献与局限，为本研究提供理论依据和方法参考。

（二）问卷调查法

本研究根据研究目的和理论框架，编制"中学生体育锻炼与内化问题行为调查问卷"，内容包括个人基本情况、体育锻炼行为、锻炼动机、内化问题行为状况等。采用整群抽样的方式，在东中西部地区选取若干所中学开展问卷调查，兼顾城乡、性别、年级等人口学变量，控制样本量，以确保调查的代表性和数据质量。

(三)访谈法

本研究编制半结构化访谈提纲,内容涉及体育锻炼体验、锻炼动机、内化问题感受、师生互动、社会支持等。采用立意抽样的方式,选取部分学生、体育教师、心理教师、家长等开展一对一深度访谈,以了解不同主体对体育锻炼与内化问题行为关系的主观认知和情感体验。访谈过程中注重营造轻松、友好的氛围,鼓励被访者畅所欲言。

(四)数据分析

本研究的调查数据采用 SPSS、AMOS 等统计软件进行分析。描述统计呈现样本的基本特征;相关分析考察变量间的相关性;回归分析探究体育锻炼对内化问题行为的影响;结构方程模型检验中介效应和调节效应。访谈资料采用编码分析法,提炼关键主题,并与问卷数据相印证,深化对定量结果的理解和解释。

(五)比较研究法

本研究重点关注不同人口学变量(如性别、年级、城乡等)在体育锻炼行为、锻炼动机和内化问题行为上的差异,采用 t 检验、方差分析等比较不同群体的得分情况。此外,还对部分访谈个案进行对比分析,揭示影响机制的独特性和共通性。

总的来看,本研究采用的研究方法紧扣研究目的,量化与质性分析并重,宏观与微观视角结合,力求客观、全面、深入地揭示体育锻炼与内化问题行为的关系。同时,研究方法的选择也兼顾了可操作性,如调查对象的选取、问卷的设计、访谈的实施等都立足中学教育教学实际,具有较强的可行性。

需要说明的是,尽管本研究在研究方法的选择上力求科学、严谨,但受时间、经费等条件限制,研究方法仍存在一定局限:一是基线横断面研究设计无法揭示体育锻炼与内化问题行为的动态变化过程,未来可采用追踪研究设计；二是调查和访谈主要依赖被试的自我报告，可能存在主观偏差，未来可结合他评量表、生理指标等客观测量；三是抽样范围有限，难以涵盖不同地区、类型的中学生群体，未来可扩大样本调查数量，涵盖更多地区。这些局限为后续研究提供了努力的方向。

四、研究重难点

本研究以中学生内化问题行为为切入点，考察体育锻炼的心理效应，在理论阐释和实证探索上都具有一定的创新性，同时也面临诸多挑战。研究的重点和难点主要体现在以下几个方面：

第一，理论模型的构建。如何在借鉴国内外相关理论的基础上，结合中学生身心特点和体育教学实际，提出契合问题导向、解释力强的理论假设，是研究的一大重点和难点。本研究试图整合动机理论、情绪调节理论、社会支持理论等，构建"体育锻炼—动机—内化问题行为"的理论框架，但如何厘清变量间的复杂关系，准确界定核心概念内涵，仍需反复推敲。

第二，研究工具的编制。内化问题行为和体育锻炼都是较为抽象的测量变量，如何通过可观测的行为表征予以有效测量，是研究设计的又一难点。本研究将参考权威量表（如内化问题行为量表、体育锻炼行为问卷等）并结合访谈资料，力求编制结构严谨、信效度高的调查问卷。但受中学生认知水平所限，问卷题项的表述需力求通俗易懂，且兼顾与国际主流量表的一致性，难度较大。

第三，抽样调查的实施。中学生群体庞大，地域、年龄、性别等人口学特征各异，要在有限的时间和经费内获取有代表性的样本数据，难度不小。本研究将采用整群抽样，拟选取中国东中西部的若干所中学，并尽可能兼顾年级、班级、城乡等因素，以提高样本的代表性。但如何获得学校和师生的配合，如何控制问卷回收率和有效率，仍是一大挑战。

第四，资料的定性分析。访谈法是揭示被试主观体验、深化对调查数据解释的重要手段，但如何选取有代表性的个案，如何在访谈中建立良好的互动关系并引导被访者表达真实想法，如何对访谈录音进行转录和编码分析，都对研究者的质性研究功底提出较高要求。这既是研究设计的难点，也是研究能否取得创新性发现的关键。

第五，研究结论的提炼。在大量定量和定性资料分析的基础上，研究者需要进一步比较不同研究情境下的差异，剖析表象背后的深层机制，力求用简约、准确的理论命题概括研究发现，并就推动理论发展和优化实践提出建设性意见。这对研究者的理论素养和实践经验提出了更高要求。唯有立足本土实际，放眼国际前沿，方能提炼出新颖、深刻、契合时代需求的研究结论。

综上所述，本研究在理论构建、研究设计、资料收集、数据分析、成果提炼等方面都面临不少挑战，对研究者的学术素养和研究能力提出了较高要求。但正是基于对重大理论和现实问题的关切，研究者才会怀着对真理的渴望和对教育的赤诚，不断攻坚克难、开拓创新。通过系统梳理文献、严谨设计研究、科学分析资料、认真撰写报告，力求取得有价值的研究成果，为丰富体育学和心理学的理论内涵，为创新中学体育教学实践，为引领青少年学生身心健康发展作出应有贡献。

五、研究创新点

本研究立足中学生内化问题行为与体育锻炼的关系这一选题，力求在理论阐释、实证探索、对策建议等方面有所创新和突破。主要创新点体现在以下几个方面：

第一，研究视角的创新。本研究立足体育学视角，聚焦体育锻炼的心理效应，但又不局限于体能层面，更关注体育的社会文化功能，体现了体育人文社会学的问题意识。同时，研究引入心理学理论来剖析体育锻炼的作用机制，突出考察社会情境因素的调节作用，彰显了体育心理学的学科特色。这种跨学科的综合视角，有助于深化对体育、个体、社会三者关系的认识。

第二，理论框架的创新。本研究在借鉴动机理论、情绪调节理论、社会支持理论等的基础上，提出"体育锻炼—动机—内化问题行为"的理论框架。该框架不仅揭示体育锻炼影响内化问题行为的多元路径，如直接效应、动机的中介效应等，还考察了社会支持等情境因素的调节作用。与已有研究相比，该框架对影响机制的阐释更为丰富和深入，有助于理解体育、心理、社会三者的复杂关系。

第三，研究方法的创新。本研究采用问卷调查与访谈相结合的方法，定量与定性分析并重。在问卷设计上，在参考国际权威量表的基础上，重点考察中学生的具体体育行为和内化问题行为表现，提高了测量的针对性和适用性。在抽样调查中，兼顾了地域、城乡、年级、性别等因素，提高了样本的代表性。在访谈环节，采用半结构化的方式，从学生、教师、家长等不同视角切入，深入了解主观体验，补充和印证了调查数据。整合定量与定性结果，有助于全面、立体地理解影响机制。

第四，研究内容的创新。本研究在厘清体育锻炼对内化问题行为的总体影响的基础上，进一步比较了不同频率、时长、强度锻炼的差异效应，考察了不同类型体育活动的独特作用，揭示了不同锻炼动机的中介机制。研究还关注到师生关系、同伴支持等社会因素对锻炼行为的塑造作用，以及对内化问题行为的缓解效果。与已有研究相比，本研究在影响因素的广度和解释机制的深度上都有所拓展。

第五，现实意义的创新。本研究立足于中学体育教学改革和青少年身心健康的现实需求，研究结论对于转变育人理念、创新教学模式、优化评价体系、构建"大体育"格局等具有重要启示意义。同时，研究还就体育干预内化问题行为的原则、途径、方法等提出了针对性建议，有助于发挥体育在心理健康教育中的独特功能，促进学校、家庭、社会三位一体育人合力的形成。研究成果彰显了体育学科在应对社会现实问题、引领教育变革创新中的独特价值。

综上所述，本研究基于问题导向和创新意识，在研究视角、理论框架、研究方法、内容拓展、现实意义等方面力求有所突破。研究不仅丰富了体育心理学和体育人文社会学的学科内容，也为中学体育教学改革和青少年身心健康促进提供了新思路、新方法。在服务国家教育发展战略、回应社会热点难点问题等层面，研究都具有重要的理论和实践创新意义。当然，研究的局限性在于调查范围有限、研究设计主要为横断型等，有待在后续研究中进一步完善。

第二章
体育锻炼与内化问题行为综述

本研究拟在梳理国内外相关文献的基础上，借鉴积极心理学视角，构建"体育锻炼—动机—环境—内化问题行为"的整合模型，探讨体育锻炼、锻炼动机、社会环境与内化问题行为的交互作用，以期为中学生内化问题行为的预防和干预提供新思路、新对策。研究首先界定内化问题行为的内涵外延，明确其主要成分、测量方式及特点。其次，基于问卷调查获取的中学生样本数据，对内化问题行为进行描述性统计分析，揭示中学生内化问题行为的整体水平与群体差异。再次，采用相关分析、回归分析等方法，探讨体育锻炼、锻炼动机、教师支持、家庭支持等因素与内化问题行为的相关性，进而构建结构方程模型揭示各因素与内化问题行为的作用路径与作用机制。最后，结合研究结果，提出干预和预防中学生内化问题行为的对策建议，以期为促进中学生身心健康发展贡献绵薄之力。

需要指出的是，本研究虽聚焦中学生群体，但研究思路与方法对于揭示其他群体的内化问题行为规律亦具有一定的启示意义。此外，研究虽侧重探讨体育锻炼对内化问题行为的积极影响，但并不否认内化问题行为发生、发展的复杂性。在肯定体育锻炼促进心理健康的同时，也应看到学业压力、人际关系等因素对内化问题行为的影响。唯有多因素、多层次、多角度地分析，才能更加全面地认识内化问题行为，并提出行之有效的应对之策。

本研究基于前人研究，在理论视角、研究对象、研究设计等方面进行了一系列拓展和创新，力图产出兼具理论深度和实践高度的研究成果。相信研究结果不仅能够丰富和发展内化问题行为的理论认识，为后续研究提供新的思路，亦能为创新中学体育教学、加强心理健康教育、构建"健康中国"提供思路，为促进广大中学生身心健康成长贡献力量。

第一节　内化问题行为研究概述

一、国内外相关研究进展概述

内化问题行为作为困扰青少年身心健康发展的重要问题，长期以来备受国内外学界的高度关注。纵观国内外相关研究，大致经历了三个发展阶段：理论引进阶段、本土化探索阶段和多学科交叉阶段。

内化问题研究最早可追溯到20世纪60年代。以Bottema为代表的国外学者率先对内化问题行为进行了系统研究[1]，提出内化问题主要包括抑郁、焦虑、社交退缩、生理主诉等成分，并编制了相应的测量工具，如儿童行为量表等，奠定了内化问题行为研究的理论和方法论基础。此后，国外学者开始从生物学、心理学、社会学等视角探讨内化问题行为的成因机制。[2]如Savell等从认知角度解释抑郁的形成，指出消极归因方式、无望感等是诱发抑郁的关键因素[3]；Rachel等揭示了焦虑症状与注意偏差、灾难性思维的内在联系[4]；

---

[1] K BOTTEMA-BEUTEL, R MCKINNON, S MOHIUDDIN, et al. Problems with "problem behavior": A secondary systematic review of intervention research on transition-age autistic youth[J]. Autism, SAGE Publications Ltd, 2024, 128(2): 159-182.
[2] 丁紫丹, 曹晓君. 家庭对青春期冒险行为的影响研究进展[J]. 心理月刊, 2023, 18(18): 225-229.
[3] S M SAVELL, M N WILSON, K LEMERY-CHALFANT, et al. dynamic associations among caregiver romantic satisfaction, depressive symptoms, and school-aged child problem behavior[J]. Journal of Child and Family Studies, 2023, 32(7): 2083-2098.
[4] R C BOCK, L D BAKER, E A KALANTAR, et al. Clarifying relations of emotion regulation, emotional avoidance and anxiety symptoms in a community-based treatment-seeking sample[J]. Psychology and Psychotherapy: Theory, Research and Practice, 2024, 97(2): 393-404.

Mitchell 强调自我价值感在保护青少年免于内化问题困扰中的重要作用[1]。与此同时，遗传、依恋、养育方式、同伴关系等生物、心理和社会因素与内化问题的关联也得到深入考察。[2]总体而言，这一阶段的研究在厘清内化问题的内涵外延、揭示其发生发展规律等方面取得了丰硕成果，但主要局限于西方文化背景，对其他文化情境下青少年内化问题的理解尚不充分。

进入 20 世纪 90 年代，国内学者开始介绍国外内化问题行为研究成果，并着手探索中国青少年内化问题行为的特点。纪可欣等通过修订儿童行为量表，揭示了中国青少年内化问题行为的一般水平和性别差异[3]；曹亚宁等考察了中小学生内化问题行为的年级趋势，发现随年级增长内化问题行为有上升趋势。[4]进入 21 世纪，本土化研究进一步深化。国内学者安东等在国外学者的基础上编制了适合中国青少年内化问题行为筛查量表[5]；刘小曼提出应构建家庭、学校、社会三位一体的内化问题行为预防机制[6]；邱敏等采用追踪设计，揭示了中国青少年内化问题行为的发展轨迹[7]；杨鑫团队探讨了学业压力、师生关系等因素对内化问题行为的影响[8]。这些研究在一定程度上克服了西方理论的局限，深化了对中国青少年内化问题行为发生机制和影响因素的认识，但在揭示内化问题行为的动态变化规律、阐明文化差异的深层

---

[1] M B MITCHELL, D L SCHUURMAN, C J SHAPIRO, et al. The L. Y. G. H. T. Program: An evaluation of a peer grief support intervention for youth in foster care[J]. Child and Adolescent Social Work Journal, 2024, 41(1): 15-32.

[2] P KANWAR. Role of pubertal timing and perceived parental attachment in internalizing problem behaviours among adolescents[J]. Psychological Reports, SAGE Publications Inc, 2024, 33(7): 684-702.

[3] 纪可欣, 刘辉. 关于家庭经济困难学生心理健康状况与精准心理援助的思考[J]. 心理月刊, 2019, 14（18）: 17-19.

[4] 曹亚宁, 杜亚松. 青少年非自杀性自伤与抑郁障碍关系的研究进展[J]. 中国健康心理学杂志, 2021, 29（9）: 1437-1440.

[5] 安东. 父母控制、同伴关系与儿童内化和外化问题行为的关系：一项短期追踪研究[D]. 济南：山东师范大学, 2022.

[6] 刘小曼. 累积家庭风险和儿童内化问题行为的关系：基本心理需求的中介作用和逆境信念的调节作用[D]. 信阳：信阳师范学院, 2024.

[7] 邱敏. 同伴侵害与青少年中期内化问题行为的关系：一项纵向研究[D]. 重庆：西南大学, 2024.

[8] 杨鑫. 父母心理控制与高中生问题行为的关系：自尊和心理韧性的链式中介作用及干预研究[D]. 保定：河北大学, 2023.

原因等方面仍有待进一步探究。

近年来，随着生物学、脑科学等学科的发展，内化问题行为研究进入多学科交叉阶段。一方面，神经科学、遗传学等视角为揭示内化问题行为的生物学基础提供了新路径。如 Dworkin 团队发现 5-羟色胺转运基因多态性与青少年抑郁具有关联[1]；Robson 等采用核磁共振技术，在神经影像学层面揭示了抑郁个体的脑功能改变。另一方面，研究者开始关注内化问题行为的计算机化评估和干预。[2]如 Yan 等开发了基于机器学习的青少年抑郁筛查程序，实现了内化问题行为的自动化识别和预警[3]；Håkansson 等设计了虚拟现实情境，用于缓解青少年焦虑症状[4]。多学科视角的引入极大拓展了内化问题行为研究的广度和深度，为全面认识内化问题行为提供了新思路新方法，但如何实现不同学科间的有机整合、多层次证据的有效统一，仍是亟待破解的难题。

二、内化问题行为的定义界定与测量评估方法

相较于外化问题行为的明显可见性，内化问题行为具有隐蔽性、持续性等特点，容易被成年人忽视，但对儿童青少年的健康成长具有持续消极影响。因而准确界定内化问题行为的内涵外延，把握其演变规律和影响机制，对于研究和应对内化问题行为具有重要意义。

Achenbach 在《儿童行为量表》中根据大量行为问题的因素分析结果，将儿童行为问题划分为内化问题和外化问题两大类，并指出内化问题主要包

---

[1] J DWORKIN, X SUN, S LEBOUEF, et al. Associations among parent technology use, locus of control, and child problem behaviors[J]. Family Relations, 2023, 72(2): 443-457.
[2] D A ROBSON, M S ALLEN, S LABORDE. Parent personality traits and problem behavior in adolescence: The mediating role of adolescent personality[J]. Journal of Adolescence, 2023, 95(5): 922-932.
[3] W YAN, Y YUAN, M YANG, et al. Detecting the risk of bullying victimization among adolescents: A large-scale machine learning approach[J]. Computers in Human Behavior, 2023 (161): 817-843.
[4] C HÅKANSSON, A B GUNNARSSON, P WAGMAN. Occupational balance and satisfaction with daily occupations in persons with depression or anxiety disorders[J]. Journal of Occupational Science, Taylor & Francis, 2023, 30(2): 196-202.

括抑郁、焦虑、社交退缩、生理主诉等成分。此后，学者们在 Achenbach 分类体系的基础上，从不同视角对内化问题行为的内涵外延进行了界定和扩充。[1] 如 Quay 认为内化问题行为是个体将不适宜的行为和情绪过度控制的结果，强调过度抑制和自我限制在内化问题行为形成中的作用[2]；Zahn-Waxler 等提出内化问题行为是负性情绪内化为心理困扰的过程，突出了情绪体验在内化问题行为形成中的重要性[3]；Cicchetti 等强调个体与环境互动失调是内化问题行为产生的根源，主张从人—情景交互的角度理解内化问题行为[4]。

尽管学者们对内化问题行为的定义有所差异，但大体形成了三点共识：第一，内化问题行为是儿童青少年常见的心理行为问题，以情绪困扰、行为内敛为主要特征；第二，抑郁、焦虑、生理主诉等是构成内化问题行为的核心成分，但内化问题行为的内涵外延具有一定的弹性空间，在不同的社会文化背景下可能呈现出不同的问题形式和行为表现；第三，内化问题行为受到生物、心理、社会等多重因素的交互影响，既有一般性发展规律，又存在个体差异性特点。

界定内化问题行为内涵的同时，学者们也尝试对其进行细化分类。如廖艳华将内化问题行为分为狭义内化问题行为（抑郁、焦虑、社交退缩）和广义内化问题行为（生理主诉）[5]；Quay 依据儿童行为问题清单，提出内化问

---

[1] L J G KRIJNEN, M VERHOEVEN, A L VAN BAAR. Observing mother-child interaction in a free-play vs. a structured task context and its relationship with preterm and term born toddlers' psychosocial outcomes[J]. Frontiers in Child and Adolescent Psychiatry, Frontiers, 2023, 2(9): 560-584.

[2] Longitudinal Associations Between Use of Mobile Devices for Calming and Emotional Reactivity and Executive Functioning in Children Aged 3 to 5 Years | Child Development | JAMA Pediatrics | JAMANetwork[EB/OL]. (2024-03-31). https://jamanetwork.com/journals/jamapediatrics/fullarticle/2799042.

[3] J H CHEN, C F WU, M JIN, et al. Does asset poverty moderate how food insecurity is associated with adolescent problematic behavior? An application of the family stress model using multi-group path analyses[J]. Children and Youth Services Review, 2023, 155(10): 7248-7263.

[4] Papa was a rollin' stone: How father's psychological distress impacts child's internalizing and externalizing symptoms | European Child & Adolescent Psychiatry[EB/OL]. (2024-03-31). https://link.springer.com/article/10.1007/s00787-020-01613-5.

[5] 廖艳华. 小学生问题行为问卷教师版的编制及信效度研究[J]. 中国健康心理学杂志, 2012, 20（3）：456-458.

题行为可分为社交退缩、身心症、抑郁三类[1]；Kendler 等采用结构方程建模的方法，得出内化问题行为的四因素模型，包括恐慌—广场恐惧、社交恐惧、病态焦虑、忧郁等成分。值得注意的是，内化问题行为各成分间往往存在高相关，很多症状如抑郁和焦虑经常共同出现，形成了所谓的"内化问题共病"现象[2]。这提示内化问题行为可能存在共同的病理机制和影响因素，在研究和干预时，既要考察各成分的独特作用，也要关注其交互影响。

内化问题行为的测量评估方法也是研究者关注的重点。目前应用较为广泛的内化问题行为测量工具，主要有 Achenbach 的儿童行为量表、Kovacs 儿童抑郁量表、Spence 儿童焦虑量表等。这些量表一般采取自陈、他评的形式，从儿童、家长、教师等多个视角评估儿童的内化问题行为水平。国内学者在引进国外量表的同时，也尝试开发适用于中国儿童青少年的本土化问卷工具。如孙莹等人提倡的全社会共同呵护青少年心理健康倡议[3]；王雨晨等人开发了中国青少年内化问题行为筛查量表[4]。这些本土化量表在题项设计、常模建立等方面更加贴近中国国情，为准确评估我国儿童青少年内化问题行为程度提供了可靠依据。然而，现有测量工具仍存在一些局限，如过于关注内化问题行为的静态水平而忽视动态变化，缺乏对内化问题行为严重程度、持续时间等临床特征的深入考察，难以全面反映内化问题行为的发展演变过程。未来研究应在现有量表的基础上，采取追踪设计、多指标测量等方式，动态连续地评估内化问题行为发展，并将焦虑、抑郁等症状与临床诊断标准相衔接，以期为内化问题行为的早期识别、分级干预提供科学依据。

综上所述，内化问题行为作为儿童青少年常见的心理行为问题，具有情

---

[1] B REICHOW, C KOGAN, C BARBUI, et al. Caregiver skills training for caregivers of individuals with neurodevelopmental disorders: A systematic review and meta-analysis[J]. Developmental Medicine & Child Neurology, 2023, 66(6): 713-724.
[2] S MIKKOLA, M SALONEN, E HAKANEN, et al. Fearfulness associates with problematic behaviors and poor socialization in cats[J]. iScience, Elsevier, 2022, 25(10).
[3] 孙莹. 全社会共同守护儿童青少年心理健康[J]. 中国学校卫生，2022，43（5）：641-643，647.
[4] 王雨晨，肖放，朱莉. 基于潜在剖面分析的大学生人格类型与内外化问题之关系[J]. 心理学通讯，2021，4（4）：209-216.

绪性障碍和行为过度内敛的双重属性。准确界定内化问题行为的内涵外延，把握其核心症状，对于理解内化问题行为的性质特点、指导内化问题行为的防治实践具有重要意义。现有研究虽初步勾勒出内化问题行为的概念模型，但对内化问题行为的理论内涵、分类体系、评估方式等仍存在一些模糊地带，亟待学界进一步深化和完善。未来研究应着力构建具有包容性和开放性的理论框架，将不同学科视角整合进内化问题行为的定义体系，并在实证研究中不断检验其适用性和解释力。同时，还应发展与理论相适应的测量方法与干预策略，在内化问题行为的动态评估、分级预防、综合干预等方面实现理论创新和实践创新的良性互动，以期最终形成科学系统的内化问题行为防治理论与实践体系。

三、内化问题行为的分类、特征及影响因素

内化问题行为作为困扰儿童青少年身心健康的重要问题，具有多维度、多层次的特点。明晰内化问题行为的分类、特征及影响因素，对于深入理解内化问题行为的性质机制、有针对性地开展预防干预具有重要意义。

内化问题行为的分类经历了从单一维度到多维整合的演变历程。最初，研究者主要从症状表现的角度，将内化问题行为划分为抑郁、焦虑、社交退缩、生理主诉等类别。如根据因素分析结果，提出内化问题行为包含抑郁—焦虑、社交退缩—抑郁、生理主诉三个亚型[1]；Quay 进一步将其细化为孤独、忧虑—抑郁、身心症三种类型[2]。随着研究的深入，学者们逐渐认识到，以症状表现为依据的分类方式尚不足以全面反映内化问题行为的复杂性，还需结合问题的临床特点、发生机制等进行分类。如 Kashani 综合 DSM 诊断标

---

[1] S ZHANG, T YANG, Z WU, et al. Identifying subgroups of attention-deficit/hyperactivity disorder from the psychopathological and neuropsychological profiles[J]. Journal of Neuropsychology, 2024, 18(1): 173-189.
[2] A P A VIEIRA, P PENG, A ANTONIUK, et al. Internalizing problems in individuals with reading, mathematics and unspecified learning difficulties: A systematic review and meta-analysis[J]. Annals of Dyslexia, 2024, 74(1): 4-26.

准和因素分析结果，得出内化问题行为的三分模型[①]：第一类以焦虑症状为主，伴有躯体不适；第二类以抑郁症状为主，伴有自杀意念；第三类兼有焦虑、抑郁、社交退缩等多重症状。[②]此外，一些学者尝试从病理性与适应性的角度对内化问题行为进行分类。他们认为，轻微的负性情绪体验如偶尔伤心、紧张等，属于正常范畴；而极端持续的情绪困扰、明显影响日常功能的，才称得上真正意义上的内化问题行为，需要引起足够的临床关注。

尽管对内化问题行为的分类尚未形成统一标准，但几类核心问题如抑郁、焦虑、社交退缩、生理主诉等，得到了学界的普遍认可，成为考察内化问题行为的重点维度。这些问题虽有其独特的症状表现，但也存在一些共同特征：第一，情绪性障碍是内化问题行为的核心特征。具有内化问题行为的儿童常表现出显著的抑郁、焦虑等负性情绪，且这种消极情绪体验往往具有持续性、稳定性的特点。第二，行为方面表现为明显的退缩、回避和过度抑制。有内化问题行为的儿童常对人际交往、社会活动等表现出回避态度，不愿与人交流，喜欢独处，缺乏主动性和参与感。第三，生理层面可出现多种身心症状。如头痛、胃痛、睡眠不佳等，且这些生理不适常无明显器质性病因，主要由心理因素诱发。第四，认知方面存在显著的负性偏差。有内化问题行为的儿童的自动化思维往往带有消极色彩，容易将问题归因于自身，对自我、他人和未来持悲观态度。需要指出的是，尽管上述特征有助于内化问题行为的识别和诊断，但临床上内化问题行为的症状表现常呈现出连续统分布，很多儿童处于亚临床水平，虽未达到诊断标准但已表现出明显的适应不良，因而在判别内化问题行为时，还需进行细致的个案分析，对症状的数量、程度、持续时间等进行综合考量。

关于内化问题行为的影响因素，目前比较一致的观点是，内化问题行为

---

① X LAN, S MASTROTHEODOROS. Teacher autonomy support and internalizing problems of adolescents from divorced and intact families: Moderation by personality typologies[J]. Child Psychiatry & Human Development, 2024, 55(1): 182-194.
② A HERNANDEZ, A SANIA, M E BOWERS, et al. Examining the impact of prenatal maternal internalizing symptoms and socioeconomic status on children's frontal alpha asymmetry and psychopathology[j]. Developmental Psychobiology, 2024, 66(3): e22476.

是个体与环境持续动态互动的结果，是生物、心理和社会因素相互交织、共同作用的产物。在生物学方面，遗传基因被认为与内化问题行为的易感性密切相关。如 Zeng 等对抑郁个体的基因连锁分析发现，染色体 12、13、15 等位点与抑郁具有显著关联；而 5-羟色胺基因多态性，则被认为是焦虑症状的风险因子。[1]神经递质如 5-羟色胺、去甲肾上腺素等的失调，也被证实参与了内化问题行为的发生。[2]在心理层面，认知、人格、应对方式等被视为内化问题行为的心理影响因素。研究表明，消极归因方式、无助感、神经质人格等，是诱发和维持内化问题行为的关键性心理机制；而积极的应对方式如问题解决、寻求支持等，则可缓冲压力事件对内化问题行为的影响。在社会方面，家庭、学校、社会文化等多重因素与内化问题行为密切相关。如家庭结构解体、亲子互动不良、师生关系紧张、学业压力过大等，都可能增加内化问题行为的发生风险；而良好的家庭功能、和谐的校园氛围，则是保护儿童免于内化问题行为困扰的重要支持性资源。

综合以往研究，尽管个体的生物遗传倾向性、认知人格特征是内化问题行为产生的重要内部条件，但外部的心理社会因素往往通过调节个体的压力知觉和应对技能，对内化问题行为的发生发展产生更加直接和决定性的影响。从生态学视角出发，个体与环境因素之间的持续互动，构成了内化问题行为发生的心理社会语境。这提示我们，在思考内化问题行为的病因和机制时，既不能脱离个体的认知情感基础，也不能割裂个体所处的社会文化语境，而应采取"个体—环境"交互的整体分析框架，动态考察不同层级因素之间的相互作用。这不仅有助于厘清内化问题行为的复杂病因，也为开展有针对性的预防干预提供了理论指引。

---

[1] S ZENG, C LIU, Z WANG. The effect of CRHBP rs10062367 polymorphism and parenting styles on internalizing problems in preschoolers: The moderating effect of sensory processing sensitivity[J]. Child Psychiatry & Human Development, 2022, 55(3): 644-654.
[2] E S JAMI, E M EILERTSEN, A R HAMMERSCHLAG, et al. Maternal and paternal effects on offspring internalizing problems: Results from genetic and family-based analyses[J]. American Journal of Medical Genetics Part B: Neuropsychiatric Genetics, 2020, 183(5): 258-267.

值得一提的是，有关于内化问题行为影响因素的研究，主要聚焦单一层面，较少兼顾个体、家庭、学校等多个分析单元，对内化问题行为发生的情境依赖性关注不足。现实中，很多内化问题行为是在特定的人际关系和社会情境中产生和发展的，单纯从个体视角难以完整理解内化问题行为的复杂性。未来研究应进一步拓展分析视角，在关注个体认知、人格等内在心理特征的同时，加强对社会文化情境的多层次动态考察，在宏观、中观、微观等不同层级揭示个体与环境互动对内化问题行为的交互作用，并据此建构整合性的内化问题行为理论模型，为内化问题行为的预防和干预提供坚实的理论基础。

此外，以往研究在考察内化问题行为影响因素时，较多采用横断设计和静态分析范式，对内化问题行为发生发展的动态历程关注不足。内化问题行为作为一个发展过程，在不同年龄阶段可能表现出不同的问题特点和影响机制，这就需要采用追踪设计和发展性研究范式，考察内化问题行为在时间维度上的变化轨迹，探明不同发展阶段影响内化问题行为的关键因素，揭示内化问题行为与环境因素动态互动的内在机理。

未来研究还应加强内化问题行为保护性因素的挖掘。长期以来，研究者主要关注内化问题行为的危险因素，对促进儿童积极适应的保护性因素关注不足。积极心理学的兴起为我们提供了新的研究视角。从优势视角出发，个人层面的积极品质如乐观、坚韧等，人际层面的良好互动如亲密依恋、同伴接纳等，文化层面的社会支持如社区归属感等，都可能成为缓冲内化问题行为的保护因子。系统考察这些因素与内化问题行为的关系，挖掘不同生态层面的保护性资源，对于构建积极视角下的内化问题行为理论体系，促进内化问题行为研究从以问题为中心到以健康为导向的范式转变具有重要价值。

总之，内化问题行为作为一个复杂的心理行为问题，受到生物、心理、社会等多重因素的交互影响。准确理解内化问题行为的分类、特征及其形成机制，需要跳出单一视角的局限，综合考察个体与环境持续互动的复杂过程。未来研究应进一步细化内化问题行为的分类标准，完善内化问题行为的测量评估体系；加强对内化问题行为发生发展动态历程的追踪考察，揭示不同生态层面因素的作用机制；深入挖掘个人、人际、文化层面的保护性资源，实现内化问题行为研究从以问题为中心到以健康为导向的创新发展。在此基础上提炼内化问题行为的一般规律和特殊机制，建构整合性的理论框架和实证模型，并运用于指导内化问题行为的预防和干预实践，促进儿童青少年的健康成长。

第二节 体育锻炼与内化问题行为的关联

内化问题行为作为困扰儿童青少年身心健康的重要问题，其发生发展受到多重因素的复杂影响。在诸多影响因素中，体育锻炼因其独特的生理和心理效应，越来越受到研究者的关注。大量研究表明，体育锻炼作为一种积极的行为干预方式，在缓解和预防儿童青少年内化问题行为方面具有重要作用。[1]然而，关于体育锻炼与内化问题行为的关联及其作用机制，不同研究得出的结论尚不一致，有待进一步的理论探讨和实证检验。

本节拟在梳理国内外相关研究的基础上，系统考察体育锻炼对内化问题行为的影响及其作用路径，并对影响两者关联的主要因素进行探讨，以期为构建体育锻炼干预内化问题行为的理论模型提供实证支持和研究启示。

首先，通过对先前研究的综述，概括总结国内外学者关于体育锻炼与内化问题行为关系的主要观点和实证发现，梳理该领域的研究脉络和发展趋势，并对既有研究的理论视角、研究方法等进行述评，以明确本研究的切入点和创新之处。

其次，在相关研究述评的基础上，重点考察体育锻炼与内化问题行为各

---

[1] A AOKI, G TOGOOBAATAR, A TSEVEENJAV, et al. Socioeconomic and lifestyle factors associated with mental health problems among Mongolian elementary school children[J]. Social Psychiatry and Psychiatric Epidemiology, 2022, 57(4): 791-803.

维度的相关性研究进展。一方面，分症状维度探讨体育锻炼对抑郁、焦虑、社交退缩等不同内化问题行为症状的影响[①]；另一方面，分人群探讨体育锻炼与不同性别、年龄、临床特征个体内化问题行为的关联[②]。通过对不同研究情境下体育锻炼与内化问题行为关联的系统梳理，提炼该领域的一般性结论和特殊性发现。

再次，立足理论模型构建的需要，深入分析影响体育锻炼与内化问题行为关联的主要因素。[③]一方面，围绕个体因素如性别、年龄、心理特质等，揭示个体差异性变量在体育锻炼干预内化问题行为过程中的调节作用[④]；另一方面，聚焦环境因素如锻炼方式、强度、频率、环境等，探明环境情境因素对体育锻炼缓解内化问题行为的效果的影响[⑤]。在实证研究的基础上，提炼影响体育锻炼干预内化问题行为的关键性因素，为理论模型的构建提供必要的逻辑支撑。

总之，本节拟在"先前研究的综述""体育锻炼与内化问题行为的相关性进展"和"影响关联的主要因素"三个层面，对体育锻炼与内化问题行为关系的研究现状、发展趋势、影响因素等进行系统梳理和深入考察，力求在宏观把握研究全貌的同时，又能微观揭示体育锻炼影响内化问题行为的特定情境和作用机制，进而为本研究理论框架的构建和研究设计的优化提供参考，为后续章节的深入展开奠定必要的理论和实证基础。

---

① C É WHITE-GOSSELIN, F POULIN, A S DENAULT. Trajectories of team and individual sports participation in childhood and links with internalizing problems[J]. Social Development, 2023, 32(1): 348-364.
② Y MA, C MA, X LAN. Teacher autonomy support and externalizing problems: Variations based on growth mindset toward personality and ethnicity[j]. Frontiers in Psychology, Frontiers, 2023, 13(12): 8751-8766.
③ P MEDEIROS, F L CARDOSO, P C CORDEIRO, et al. Self-esteem, self-efficacy, and social support mediate the relationship between motor proficiency and internalizing problems in adults: Exploring the environmental stress hypothesis in adulthood[J]. Human Movement Science, 2023, 88(10): 3072-3085.
④ 仇悦，张国礼. 体育活动对青少年内化问题行为的影响及自尊的中介效应研究[J]. 现代预防医学，2018，45（4）：674-678.
⑤ 焦陆英，范文敏，张国礼. 居家体育活动对新冠疫情下青少年无聊感的影响：有调节的中介模型[J]. 中国特殊教育，2020（10）：77-82.

一、国内外相关研究综述

体育锻炼作为一种积极健康的生活方式，不仅有助于促进个体生理健康，也在心理健康领域发挥着重要作用。近年来，国内外学者围绕体育锻炼与内化问题行为的关系开展了大量探索，取得了一系列有价值的研究成果。本部分拟在梳理和评述先前研究的基础上，概括既往研究的主要发现和趋势，以期为本研究提供必要的理论参考和实证支撑。

从研究内容看，既有研究主要围绕体育锻炼对内化问题行为的影响及其作用机制展开。一方面，大量研究考察了体育锻炼与内化问题行为不同维度的关联。Ahn 和 Fedewa 的元分析发现，体育锻炼与儿童青少年的抑郁、焦虑、压力等内化问题行为症状呈显著负相关。[1]国内张梦洁等人的研究也发现，体育锻炼频率与大学生的抑郁、孤独感呈显著负相关。[2]针对不同人群，研究者发现体育锻炼对改善老年人抑郁症状、缓解产妇产后焦虑等具有积极效果。这些研究从不同视角证实了体育锻炼与内化问题行为之间的密切关系。另一方面，研究者也探讨了体育锻炼影响内化问题行为的作用机制。[3]Barry 认为体育锻炼通过改善认知功能、提高自尊等心理机制减轻抑郁症状。[4]Allison 等提出体育锻炼可通过缓解生理紧张、分散注意力等生理和行为机制缓解焦虑症状。[5]还有研究者分析了锻炼方式、强度等因素在体育锻炼干预内化问题中的调节作用。总的来看，尽管对具体作用路径尚无一致结论，但体育锻炼

---

[1] A P A VIEIRA, P PENG, A ANTONIUK, et al. Internalizing problems in individuals with reading, mathematics and unspecified learning difficulties: A systematic review and meta-analysis[J]. Annals of Dyslexia, 2024, 74(1): 4-26.
[2] 张梦洁，赵献梓. 欺凌受害对青少年内化问题的影响：有调节的中介作用[J]. 中国健康心理学杂志, 2024, 32（2）: 283-289.
[3] J MOEIJES, J T VAN BUSSCHBACH, R J BOSSCHER, et al. Sports participation and psychosocial health: A longitudinal observational study in children[J]. BMC Public Health, 2018, 18(1): 702.
[4] C T BARRY, E E SMITH, M B MURPHY, et al. JOMO: Joy of missing out and its association with social media use, self-perception, and mental health[J]. Telematics and Informatics Reports, 2023, 28(10): 54-67.
[5] A P FISHER, A E MILEY, S GLAZER, et al. Feasibility and acceptability of an online parenting intervention to address behaviour problems in moderately to extremely preterm pre-school and school-age children[J]. Child: Care, Health and Development, 2024, 50(1): 13209-13221.

通过生理、心理和行为多重机制影响内化问题行为已得到普遍认可。

从研究方法看，内化问题行为与体育锻炼关系的研究主要采用问卷调查、实验干预和文献分析等方法。其中，问卷法是考察两者相关性的主要方式。研究者一般采用自评或他评量表，测查被试的体育锻炼水平和内化问题程度，并进行相关分析。如国内学者采用中学生体育锻炼行为问卷和症状自评量表，考察了中学生体育锻炼与抑郁、焦虑的关系。在因果关系探讨中，实验法是研究者常用的工具。通过随机对照实验和准实验等设计，研究者比较了进行体育锻炼干预前后被试内化问题行为症状的变化，以揭示体育锻炼对内化问题行为的影响。如学者以大学生为被试，随机分为太极拳组和对照组，干预8周后发现实验组的抑郁、焦虑症状显著低于对照组。[①]近年来，研究者还尝试采用多种方法相结合的策略，提高研究结论的可靠性和稳定性。如黄佳丽通过问卷调查和访谈相结合，探讨了体育锻炼影响大学生心理健康的内在机制。[②]

从研究视角看，体育锻炼与内化问题行为关系的研究经历了从静态描述到动态分析的转变。早期研究多采用横断设计，考察某一时间点两者的相关性，较少涉及体育锻炼对内化问题行为的动态影响。如俞国良等采用元分析调查发现，经常参加体育锻炼的大学生抑郁水平低于不经常锻炼的大学生。[③]近年来，越来越多的研究开始关注体育锻炼对内化问题行为的追踪影响。通过纵向设计和时间序列分析，研究者探讨了体育锻炼与内化问题行为关系的稳定性和发展趋势，揭示了体育锻炼影响内化问题行为的长期效应。如文豪等对中学生进行了为期一年的追踪调查，发现体育锻炼频率与内化问题行为的负相关在时间上具有稳定性。[④]某些研究还尝试采用交叉滞后分析等方法，

[①] 胡婧，王詠. 生命意义感与青少年内外化问题行为的关系：社会联结和心理韧性的链式中介作用[J]. 中国健康心理学杂志，2023，31（12）：1853-1859.
[②] 黄佳丽，陈永香. 负性生活事件对大学生内化问题的影响：自主性支持和公正世界信念的作用[J]. 校园心理，2023，21（5）：350-355.
[③] 俞国良，黄潇潇. 学生心理健康问题检出率比较：元分析的证据[J]. 教育研究，2023，44（6）：105-121.
[④] 文豪，呼斯勒. 高中生学业压力与内化问题的调节变量及其启示——一种"系统评价"方法的研究与应用[J]. 社会工作与管理，2022，22（4）：48-61.

进一步验证了体育锻炼对内化问题行为的纵向预测作用。

在研究结论上，尽管不同研究在关联强度、作用方向等方面存在一定差异，但体育锻炼与内化问题行为之间的负相关关系已得到大量实证支持。总体而言，体育锻炼水平越高，内化问题行为发生的可能性越低，两者呈现显著的负向关联。Arslan 综合 21 项研究的结果后指出，体育锻炼虽不能完全替代药物治疗，但作为一种辅助干预手段，对改善抑郁、焦虑症状具有积极效果。[1]Zhao 等人的综述也发现，体育活动参与度高的儿童青少年，其内化问题行为患病率低于同龄人。[2]Chevalier 人的元分析同样印证，无论是横断研究还是纵向研究，体育锻炼与内化问题行为之间普遍存在中等程度的负相关。[3]这些研究从不同层面佐证了体育锻炼对内化问题行为的积极影响。

大量的实证研究证实了体育锻炼与内化问题行为之间的显著负相关关系。但现有研究在因果关系判定、作用机制揭示、多元整合等方面的研究尚不充分，亟待在研究设计、理论视角等方面进行创新和突破。本研究拟在批判继承先前研究的基础上，采用多元化的研究范式，在个体与环境互动的框架下，系统考察体育锻炼对内化问题行为的影响及其作用路径，并对不同人群、不同情境下两者关系的特点进行对比分析，以期为构建体育锻炼干预内化问题行为的理论模型提供实证支撑和研究启示。

二、体育锻炼与内化问题行为相关性研究维度综述

体育锻炼与内化问题行为的关系一直是心理学和体育学领域的重要议

---

[1] G ARSLAN, M YILDIRIM. Perceived risk, positive youth-parent relationships, and internalizing problems in adolescents: Initial development of the meaningful school questionnaire[J]. Child Indicators Research, 2021, 14(5): 1911-1929.
[2] Y ZHAO, J XU, H ZHANG. Attachment avoidance and internalizing symptoms: Does respiratory sinus arrhythmia withdrawal make a difference? [J]. Journal of Affective Disorders, 2022, 31(5): 267-273.
[3] V CHEVALIER, V SIMARD, J ACHIM. Meta-analyses of the associations of mentalization and proxy variables with anxiety and internalizing problems[J]. Journal of Anxiety Disorders, 2023, 95(10): 2694-2708.

题。大量研究从不同视角对两者的相关性进行了探讨，取得了一系列有价值的进展和发现。本部分拟在梳理国内外相关研究的基础上，系统考察体育锻炼与内化问题行为不同维度的关联，并对不同人群中两者关系的特点进行对比分析，以期为揭示体育锻炼干预内化问题行为的作用机制提供实证支撑。

从症状维度看，既有研究多聚焦抑郁和焦虑两类核心内化问题行为，并取得了较为一致的结论。一方面，大量横断面研究发现，体育锻炼与抑郁症状呈显著负相关。如Larun等人的元分析综合了23项研究结果，发现体育锻炼组的儿童青少年抑郁水平显著低于对照组。[①]类似地，Mammen和Faulkner回顾了25年来的相关研究后指出，89%的研究支持体育活动参与可降低成人抑郁发生率。[②]国内方面，董洁等采用问卷调查发现，经常参加体育锻炼的中学生抑郁水平低于不经常参加者。[③]刘华等的追踪研究也表明，大学生的体育锻炼频率与3个月后的抑郁水平呈负相关。另一方面，体育锻炼与焦虑症状的负向关联也得到许多研究支持。Petruzzello等综合分析了159项研究后发现，体育锻炼对减轻状态焦虑和特质焦虑均有积极效果。[④]Donolato等的元分析也印证，体育锻炼干预可显著降低成人的焦虑水平。[⑤]Buchanan等采用脑电图技术发现，三个月的跑步锻炼显著改善了大学生的焦虑状态。[⑥]上

[①] R MCGOVERN, P BOGOWICZ, N MEADER, et al. The association between maternal and paternal substance use and child substance use, internalizing and externalizing problems: a systematic review and meta-analysis[J]. Addiction, 2023, 118(5): 804-818.

[②] E DONOLATO, R CARDILLO, I C MAMMARELLA, et al. Research review: Language and specific learning disorders in children and their co-occurrence with internalizing and externalizing problems: a systematic review and meta-analysis[J]. Journal of Child Psychology and Psychiatry, 2022, 63(5): 507-518.

[③] 黄美蓉，胡仁东. 我国大学生体育生活化困境探源——基于高等教育价值观的视角[J]. 体育与科学，2015，36（2）：57-62，74.

[④] M Y IVANOVA, T M ACHENBACH, L V TURNER. Associations of parental depression with children's internalizing and externalizing problems: Meta-analyses of cross-Sectional and longitudinal effects[J]. Journal of Clinical Child & Adolescent Psychology, Routledge, 2022, 51(6): 827-849.

[⑤] E DONOLATO, R CARDILLO, I C MAMMARELLA, et al. Research review: Language and specific learning disorders in children and their co-occurrence with internalizing and externalizing problems: a systematic review and meta-analysis[J]. Journal of Child Psychology and Psychiatry, 2022, 63(5): 507-518.

[⑥] S BUCHANAN-PASCALL, K M GRAY, M GORDON, et al. Systematic review and meta-analysis of parent group interventions for primary school children aged 4-12 years with externalizing and/or internalizing problems[J]. Child Psychiatry & Human Development, 2018, 49(2): 244-267.

述研究从不同层面支持了体育锻炼与抑郁、焦虑症状的负向关联。

除抑郁和焦虑外，体育锻炼与其他内化问题行为的关系也受到一些研究关注。如在社交退缩方面，Min 发现，体育活动参与度高的青少年社交退缩程度较低，更容易融入同伴群体。[1]Arslan 等的研究也发现，经常锻炼的大学生孤独感低于不经常锻炼者。[2]在情绪问题方面，Wiles 等通过为期 12 周的体育干预，发现青少年的情绪问题得到明显改善。[3]Vella 等的研究也印证，太极拳锻炼可有效降低老年人的负性情绪。[4]这些发现表明，体育锻炼的积极效应可能遍布内化问题行为的多个维度。

从人群特点看，先前研究涵盖了不同年龄、性别和健康状态的群体，并揭示出体育锻炼与内化问题行为关系的某些共性和特点。[5]首先，在年龄分布上，既有研究覆盖了从儿童到老年的各个年龄段，但以青少年和成人为主。总体来看，体育锻炼与内化问题行为的负相关在不同年龄群体中普遍存在，但关联强度可能因年龄而异。如 Biddle 等发现，体育活动对青少年内化问题行为的影响大于对儿童的影响。[6]Medeiros 等的研究则发现，中老年人群中体育锻炼频率与抑郁症状的相关强于青年人群。[7]这提示在分析体育锻炼的

---

[1] M K HA. The mediating effects of the internalized problem behaviour and social competence of six-year-olds in the impact of family interaction of five-year-olds on the externalized problem behaviour of third graders in elementary school[J]. Children and Youth Services Review, 2024, 158: 107478.

[2] G ARSLAN, M YILDIRIM. Perceived risk, positive youth-parent relationships, and internalizing problems in adolescents: Initial development of the meaningful School questionnaire[J]. Child Indicators Research, 2021, 14(5): 1911-1929.

[3] Q M SITU, J B LI, K DOU, et al. Bidirectional association between self-control and internalizing problems among college freshmen: A cross-lagged study[J]. Emerging Adulthood, SAGE Publications Inc, 2021, 9(4): 401-407.

[4] S VELLA, D CLIFF, C MAGEE, et al. Associations between sports participation and psychological difficulties during childhood: A two-year follow up[J]. Journal of Science and Medicine in Sport, Elsevier, 2014(18): e134.

[5] A AOKI, G TOGOOBAATAR, A TSEVEENJAV, et al. Socioeconomic and lifestyle factors associated with mental health problems among Mongolian elementary school children[J]. Social Psychiatry and Psychiatric Epidemiology, 2022, 57(4): 791-803.

[6] M HOU, F HEROLD, A O WERNECK, et al. Associations of 24-hour movement behaviors with externalizing and internalizing problems among children and adolescents prescribed with eyeglasses/contact lenses[J]. International Journal of Clinical and Health Psychology, 2024, 24(1): 100435.

[7] P MEDEIROS, F L CARDOSO, P C CORDEIRO, et al. Self-esteem, self-efficacy, and social support mediate the relationship between motor proficiency and internalizing problems in adults: Exploring the environmental stress hypothesis in adulthood[J]. Human Movement Science, 2023, 88(10): 3072-3083.

作用时，应考虑年龄因素的调节效应。其次，在性别差异上，现有研究结论不尽一致。一些研究发现，体育锻炼与内化问题行为的关联在女性中更为明显。[1]如 Stephen 等基于全国抽样数据的分析发现，体育锻炼对女大学生抑郁的影响强于男生。[2]但也有研究发现，男性更能从体育锻炼中获益。如 Rheanna 等的研究表明，体育锻炼频率与焦虑的负相关只在男大学生中显著。还有一些研究则未发现两性差异。[3]对此，研究者认为可能与不同研究中样本特点和测量指标的差异有关，需要后续研究进一步探明。再次，在健康状态上，既有研究主要针对一般人群，而对临床样本的关注相对较少。已有发现表明，体育锻炼干预对临床抑郁和焦虑患者的康复具有重要意义。[4]如 Medeiros 团队通过随机对照实验发现，中等强度的有氧锻炼与药物治疗对中度抑郁症患者的疗效相当。[5]Rheanna 等的综述也指出，体育锻炼可作为轻中度焦虑症患者的辅助治疗手段。[6]这些发现提示我们应加强对临床人群的研究，以拓展体育锻炼干预内化问题行为的应用领域。

从影响因素看，先前研究初步探讨了锻炼方式、强度、频率等因素对体育锻炼与内化问题行为关系的调节作用。在锻炼方式上，有氧运动和无氧运动对内化问题行为均有积极影响，但作用效果可能有所差异。Dunn 等比较 8 周

---

[1] R BULTEN, D BROWN, C RODRIGUEZ, et al. Association of sedentary behaviour on internalizing problems in children with and without motor coordination problems[J]. Mental Health and Physical Activity, 2020, 18(10): 325-337.

[2] S G TAYLOR, N ZARRETT, A M ROBERTS. The relation between early adolescent physical activity and internalizing problems: Variations in exercise motivations as a critical moderator[J]. The Journal of Early Adolescence, SAGE Publications Inc, 2020, 40(5): 662-688.

[3] R BULTEN, D BROWN, C RODRIGUEZ, et al. Association of sedentary behaviour on internalizing problems in children with and without motor coordination problems[J]. Mental Health and Physical Activity, 2020, 18(10): 325-337.

[4] V O MANCINI, D RIGOLI, J CAIRNEY, et al. The elaborated environmental stress hypothesis as a framework for understanding the association between motor skills and internalizing problems: A mini-review[J]. Frontiers in Psychology, Frontiers, 2016, 52(7): 1042-1058.

[5] P MEDEIROS, F L CARDOSO, P C CORDEIRO, et al. Self-esteem, self-efficacy, and social support mediate the relationship between motor proficiency and internalizing problems in adults: Exploring the environmental stress hypothesis in adulthood[J]. Human Movement Science, 2023, 88(10): 3072-3088.

[6] R BULTEN, D BROWN, C RODRIGUEZ, et al. Association of sedentary behaviour on internalizing problems in children with and without motor coordination problems[J]. Mental Health and Physical Activity, 2020, 18(10): 325-339.

的有氧运动和肌力训练后发现，有氧组的抑郁症状改善量大于无氧组。[1] Martinsen 也指出，相比静态活动，动态活动更有助于改善情绪状态和自尊水平。[2] 在锻炼强度上，中等强度锻炼的效果可能优于低强度和高强度锻炼。[3] Singh 等采用不同强度的抗阻训练干预老年抑郁症患者后发现，高强度组的疗效并不优于中等强度组。[4] Craft 的研究也发现，相比高强度有氧运动，中等强度锻炼更有利于减轻女大学生的抑郁情绪。[5] 在锻炼频率上，每周锻炼次数与内化问题行为改善程度大致呈正相关，但过度锻炼可能适得其反。如 Halson 等指出，运动过度可诱发疲劳和情绪障碍等症状。[6] 这些发现提示我们在分析体育锻炼的作用时，需系统考虑运动处方因素的影响。

当然，目前对体育锻炼与内化问题行为相关性的研究尚存在一些局限，主要表现在：第一，大多数研究采用横断设计和相关分析，对两者关系的因果判定有待进一步验证；第二，对体育锻炼的测量多停留在频率、时长等宏观指标上，缺乏对锻炼质量、体验等微观指标的考察；第三，关于人口学变量和锻炼要素的调节效应尚未形成一致结论，影响机制有待进一步揭示；第四，现有研究主要聚焦共性规律，对不同人群、不同情境下体育锻炼作用的

---

[1] K N DOVGAN, M O MAZUREK. Relations among activity participation, friendship, and internalizing problems in children with autism spectrum disorder[J]. Autism, SAGE Publications Ltd, 2019, 23(3): 750-758.
[2] V MANCINI, D RIGOLI, L ROBERTS, et al. The relationship between motor skills, perceived self-competence, peer problems and internalizing problems in a community sample of children[J]. Infant and Child Development, 2018, 27(3): 2073-2088.
[3] M HOU, F HEROLD, A O WERNECK, et al. Associations of 24-hour movement behaviors with externalizing and internalizing problems among children and adolescents prescribed with eyeglasses/contact lenses[J]. International Journal of Clinical and Health Psychology, 2024, 24(1): 435-441.
[4] R BULTEN, D DROWN, C RODRIGUEZ, et al. Association of sedentary behaviour on internalizing problems in children with and without motor coordination problems[J]. Mental Health and Physical Activity, 2020 (18): 325-338.
[5] Frontiers | Moderating Effects of Physical Activity and Global Self-Worth on Internalizing Problems in School-Aged Children With Developmental Coordination Disorder[EB/OL]. (2024-03-31). https://www. frontiersin. org/ journals/ psychology/articles/10. 3389/ fpsyg. 2018. 01740/full.
[6] S G TAYLOR, N ZARRETT, A M ROBERTS. The relation between early adolescent physical activity and internalizing problems: Variations in exercise motivations as a critical moderator[J]. The Journal of Early Adolescence, SAGE Publications Inc, 2020, 40(5): 662-688.

特异性分析还不够深入。这些问题的存在，既是对相关领域研究现状的客观评估，也为本研究的开展指明了方向和重点。

综合而言，通过梳理体育锻炼与内化问题行为相关性的研究进展可以看出，体育锻炼作为一种积极的生活方式，与抑郁、焦虑等内化问题行为密切相关，参与体育锻炼有助于预防和改善多种内化问题行为，但具体效果可能受人口学因素和锻炼要素的制约。这为揭示体育锻炼干预内化问题行为的作用机制提供了重要线索。本研究拟在总结先前研究的基础上，进一步拓展相关性研究的深度和广度。一方面，在研究设计上适当纳入纵向追踪和实验干预，以期更准确地考察体育锻炼对内化问题行为的影响；另一方面，在研究内容上加强对影响因素的系统分析，特别是探讨人口学变量与锻炼要素的交互效应，以揭示体育锻炼作用的特定机制。同时，本研究还将对不同人群的特点进行分层分析，比较体育锻炼干预内化问题行为在不同群体中的适用性异同。通过上述深化和拓展，本研究力求在阐明体育锻炼与内化问题行为相关性的基础上，进一步揭示两者关系的意义和价值，并为后续的作用机制和干预效果研究提供实证前提和理论基础。这不仅有助于丰富体育锻炼心理效应的理论内涵，也为创新内化问题行为的防治模式提供了新的路径和思路。

三、影响关联的主要因素的研究综述

体育锻炼与内化问题行为之间的关联受多重因素的影响和制约。梳理先前研究可以发现，个体因素、环境因素以及体育锻炼本身的特点，都可能在一定程度上调节两者关系的强弱。本部分拟在总结国内外相关研究的基础上，系统分析影响体育锻炼与内化问题行为关联的主要因素，进一步揭示两者关系背后的意义和价值，并为优化体育锻炼干预内化问题行为的策略提供理论启示和实证支撑。

从个体因素看，性别、年龄、人格特质等变量对体育锻炼与内化问题行为的关联具有一定的调节作用。在性别方面，尽管多数研究发现男女两性在体育锻炼水平和内化问题行为患病率上存在显著差异，但对性别在两者关系中的调节效应尚无一致结论。一些研究发现，体育锻炼与内化问题行为的负相关在女性中更为显著。如梁莉等基于全国抽样调查数据的分析表明，体育锻炼对女大学生抑郁的影响强于男生。研究者推测，这可能与女性在生理和心理上对运动更敏感有关。但也有研究发现，男性更能从体育锻炼中获益。如李玲等的追踪研究显示，体育锻炼频率只与男青少年而非女青少年的焦虑水平呈负相关。还有一些研究则未发现性别差异的调节作用。[1]造成这些分歧的原因可能与测量指标、样本特点等因素有关，需要后续研究予以进一步澄清。

在年龄方面，现有研究表明，体育锻炼对内化问题行为的积极效应在不同年龄群体中普遍存在，但关联强度可能因年龄段而异。总体来看，体育锻炼与内化问题行为的负相关在成年早期和中年群体中较为稳定，而在儿童和老年群体中则相对较弱。如Biddle等通过元分析发现，体育活动对青少年内化问题行为的影响强于对儿童的影响。[2]徐慧明等的研究也印证，相比老年人，中年人的体育锻炼频率与抑郁症状的负相关更为显著。[3]对此，研究者指出，中青年群体的身体机能和心理发展状态可能更有利于体育锻炼发挥积极效用。而对儿童和老年人来说，生理和认知局限可能在一定程度上削弱了体育锻炼的作用。这提示在分析体育锻炼对内化问题行为的影响时，应充分考虑不同年龄阶段的身心特点。

在人格特质方面，自尊、内外控倾向等个性因素可能会调节体育锻炼与内化问题行为的关联。一般来说，自尊水平高、内控倾向强的个体，可能在

---

[1] 鲍天一. 体育锻炼与大学生焦虑的关系：主观幸福感的中介作用[J]. 冰雪体育创新研究，2024，14（7）：40-52.
[2] M Y IVANOVA, T M ACHENBACH, L V TURNER. Associations of parental depression with children's internalizing and externalizing problems: Meta-analyses of cross-sectional and longitudinal effects[J]. Journal of Clinical Child & Adolescent Psychology, Routledge, 2022, 51(6): 827-849.
[3] 徐慧明. 体育锻炼与心理健康中焦虑、抑郁、睡眠障碍的影响研究[J]. 当代体育科技，2019，9（33）：2-3.

体育锻炼中获得更多心理收益。侯晓敏等研究发现，自尊感是体育活动参与和抑郁症状之间的重要中介变量①，即体育锻炼可通过提升自尊水平，进而达到缓解抑郁的效果，而这一中介路径在自尊基础较高的个体身上更为显著。徐晓玲等采用追踪设计也发现，内控倾向强的大学生更容易将体育锻炼视为获得心理健康的途径，从而在锻炼中收获更多积极情绪体验。这些发现表明，个体的人格气质可以通过影响其对体育锻炼的主观感受和意义建构，进而调节锻炼行为对内化问题行为的作用效果。

除个体因素外，环境因素如家庭氛围、学校政策等，也可能影响体育锻炼与内化问题行为的关系。首先，家庭环境特别是父母的支持态度，在一定程度上决定了个体参与体育锻炼的意愿和程度。赵昀等研究发现，父母的运动观念和行为习惯与子女的体育活动水平显著正相关。②而体育活动参与度的高低，又进一步影响了内化问题行为的发生概率。可见，良好的家庭体育氛围是发挥体育锻炼积极效应的重要前提。其次，学校的体育政策和资源配置，也关系到学生锻炼行为和心理健康状况。张小友等调查发现，学校体育设施的完备性、体育课时的充足性，与学生的运动参与动机和情绪幸福感呈显著正相关。③由此可见，营造良好的学校体育环境，有助于强化体育锻炼对内化问题行为的积极影响。

最后，体育锻炼本身的特点如运动强度、频率、时长等，也是影响其与内化问题行为关系的关键因素。总的来看，中等强度、适度频率、持续时间的锻炼，可能是减轻内化问题行为症状的最佳方案。而过度或不足的运动，则可能事倍功半。如 Craft 等通过 meta 分析发现，每周 3 次、每次 30 分钟的中等强度有氧运动，是改善抑郁情绪的最佳处方。而每周运动 5 次以上

---

① 侯晓敏. 体育锻炼与大学生自尊、自我效能、抑郁情绪的关系[J]. 体育科技，2024，45（1）：59-60，63.
② 赵昀，郑益军，潘俊祥. 体育干预与心理健康促进研究特征和热点的计量学分析[J]. 湖北体育科技，2021，40（12）：1084-1089.
③ 张小友，张忠秋. 体育锻炼对大学生心理健康的影响：身体自尊的中介作用[J]. 湖北体育科技，2018，37（2）：140-144.

或每次超过 45 分钟，并不能产生额外的症状缓解效果。[1]甚至一些研究还发现，过量运动反而可能加重内化问题。如 Raglin 指出，运动成瘾者的焦虑抑郁状态往往高于一般人群。[2]可见，把握体育锻炼的"度"，对于发挥其应有效用至关重要。

综上所述，个体因素、环境因素以及体育锻炼自身特点等多重因素交织作用，共同影响和制约着体育锻炼与内化问题行为之间的关系。准确把握各因素的效应大小和作用方式，对于理解体育锻炼缓解内化问题行为的内在机制具有重要意义。本研究将在借鉴前人研究的基础上，力求在以下几个方面有所拓展和创新：一是研究视角上，在关注个体因素的同时，加强对环境因素的考察，特别是引入社会生态学理论，分析社会文化语境对体育锻炼作用的底层制约；二是研究设计上，适当纳入追踪数据和实验范式，在相关分析的基础上进行因果推断和作用机制检验；三是研究内容上，在考察各因素对关联强度的影响的同时，也分析其在两者因果关系中的制约作用，以期全面理解影响因素的效应模式；四是研究方法上，在采用常规的问卷测量之外，也借助体验取样、生理监测等技术手段，多维度、多层次地考察体育锻炼的量与质对内化问题行为的影响。通过上述努力，本研究希望能够较为全面地揭示影响体育锻炼与内化问题行为关系的主要因素，进而为创新体育锻炼干预内化问题行为的理论模型和实践路径提供启示。

具体来说，本研究拟从以下几个层面展开分析：首先，重点考察人口学变量如性别、年龄等对体育锻炼与内化问题行为关系的调节效应，以厘清两者关联的群体差异规律。其次，系统探讨自尊、人格等个体心理因素在体育锻炼影响内化问题行为过程中的中介作用，以揭示个体内在的心理机制。再次，从社会生态学视角切入，分析家庭、学校、社区等环境因素

---

[1] Y YANG, G S SHIELDS, Y ZHANG, et al. Child executive function and future externalizing and internalizing problems: A meta-analysis of prospective longitudinal studies[J]. Clinical Psychology Review, 2022, 97(10): 2194-2205.
[2] M S LEE, S Y BHANG. Attention, externalizing and internalizing problems mediated differently on internet gaming disorder among children and adolescents with a family history of addiction as an adverse childhood experience[J]. Journal of Korean Medical Science, 2023, 38(27): 104-125.

对体育锻炼干预内化问题行为的制约作用，进而揭示个体与环境的动态交互机制。最后，采用多层次测量和分析，考察体育锻炼的各维度指标与内化问题行为症状的关系，以期准确定位最佳运动处方。通过上述分析，本研究力求在阐明体育锻炼与内化问题行为的一般关联规律基础上，进一步揭示两者关系的形成机制和边界条件，并据此提出具有针对性的干预优化策略。这不仅有助于拓展体育锻炼心理效应的理论外延，更为创新内化问题行为的防治手段提供了实证依据和应用路径。

总之，影响体育锻炼与内化问题行为关系的因素错综复杂，个体与环境、客观与主观、生理与心理诸多因素交织作用，共同塑造了两者关系的多样性和复杂性。准确辨识关键影响因素，合理配置干预要素，对于发挥体育锻炼应对内化问题行为的功能具有重要意义。本研究将在继承和创新中深入剖析影响两者关系的作用机制，力求在理论和实践的融合中优化体育锻炼干预内化问题行为的方案，为促进人们身心健康发展贡献绵薄之力。

第三节 潜在机制及其相关理论

探究体育锻炼对内化问题行为的影响机制，是深入理解两者关系、优化干预策略的关键所在。尽管现有研究已经在一定程度上揭示了体育锻炼影响内化问题行为的多种路径，但对其内在机理的认识还不够系统和深入。本部分拟在梳理前人研究的基础上，借助自我决定理论和社会认知理论的视角，系统探讨体育锻炼通过生理、心理和社会等多重机制影响内化问题行为的内在逻辑和规律，进而提炼主要的传导路径和作用模式，以期为创新内化问题行为的体育干预提供理论依据和实践启示。

体育锻炼作为一种复合型的身心活动，其影响内化问题行为的机制可能涉及生理、心理、社会等多个层面。

在生理层面，运动可通过调节神经递质、改善脑功能等方式，直接作用于个体的情绪和认知。一方面，体育锻炼能够促进血清素、多巴胺等神经递质的分泌，而这些物质在情绪调节中扮演着关键角色。[1]如 Claudia 等研究发现，8 周有氧运动显著提高了抑郁症患者的血清素水平，进而缓解了其抑郁症状。[2]另一方面，体育锻炼还能够促进额叶、海马等脑区的血流灌注和神经元再生，从而改善与情绪和认知相关的脑功能。[3]如 Erickson 等采用追踪研究发现，1 年有规律的有氧运动使老年人的海马体积平均增加了 2%，同时伴随执行功能和记忆力的提升。[4]可见，体育锻炼可通过多种生理机制，直接干预内化问题行为发生发展的神经基础。

在心理层面，体育锻炼可通过满足个体的基本心理需求，提升自我效能感，进而影响内化问题的发生概率。根据自我决定理论，自主性、胜任感和归属感是个体的三大基本心理需求，其满足程度关系到个体的心理健康水平。[5]而体育锻炼恰恰能够在这三个方面为个体提供积极体验。首先，个体在运动中可自主选择项目、制订计划，这有助于其获得自主感；其次，个体通过运动提升技能、超越自我，可获得胜任感；最后，个体在与他人的运动互动中，能够获得归属感。一系列研究发现，个体在体育锻炼中获得的自主感、胜任感和归属感，可显著预测其情绪健康水平。如张春蕾等研究表明，

---

[1] K CHMIELOWIEC, J CHMIELOWIEC, J MASIAK, et al. DNA methylation of the dopamine transporter DAT1 gene—bliss seekers in the light of epigenetics[J]. International Journal of Molecular Sciences, Multidisciplinary Digital Publishing Institute, 2023, 24(6): 5265.
[2] L CLAUDIA, T ALESSIA, G MONICA. Moderate physical activity alters the estimation of time, but not space[J]. Journal of Vision, 2022, 22(14): 3653-3653.
[3] G M DE MELO MARTINS, B D PETERSEN, G RÜBENSAM, et al. Physical exercise prevents behavioral alterations in a reserpine-treated zebrafish: A putative depression model[J]. Pharmacology Biochemistry and Behavior, 2022(220): 173455.
[4] L C VITORINO, K F OLIVEIRA, W A B DA SILVA, et al. Physical exercise influences astrocytes in the striatum of a Parkinson's disease male mouse model[J]. Neuroscience Letters, 2022, 77(11): 6466-6475.
[5] J FAWOR, N HANCOCK, J N SCANLAN, et al. Supporting self-determination in mental health recovery: Strategies employed by occupational therapists[J]. Australian Occupational Therapy Journal, 2024, 71(1): 88-101.

体育锻炼通过满足大学生的基本心理需求，提升了他们的主观幸福感，降低了抑郁水平。[1]此外，根据社会认知理论，自我效能感作为个体对自身行为能力的主观评价，在很大程度上决定了个体应对压力和情绪问题的能力。而体育锻炼可通过四种途径影响自我效能：掌握体验、替代性体验、言语说服和生理唤醒状态。个体在运动中不断突破自我、掌握新技能，可直接促进运动自我效能感；个体通过观察他人运动，可获得替代性掌握体验；他人的鼓励支持也是自我效能的重要来源；运动带来的适度生理唤醒，本身就是一种积极的情绪体验，有助于提升个体对情绪的自我控制感。诸多研究发现，体育锻炼通过上述路径提升的自我效能感，可显著降低个体的焦虑抑郁风险。综合而言，体育锻炼在满足基本心理需求、提升自我效能感等方面，可积极影响个体的认知评价和情绪体验，进而通过心理机制预防和改善内化问题行为。

在社会层面，体育锻炼还可通过扩展社会支持网络、优化人际关系等途径，间接影响内化问题行为。众所周知，良好的社会支持和人际关系是个体心理健康的重要保护因素。而体育锻炼作为一种社会性活动，恰恰能够为个体提供结识他人、获得支持的机会和平台。一方面，个体在体育活动中能够认识志同道合的伙伴，建立积极的同伴关系，获得情感支持；另一方面，体育锻炼还能拓宽个体的社交圈，为其提供更广泛的社会支持网络。大量研究表明，体育锻炼通过改善人际关系、提供社会支持，能够显著降低个体的孤独感和抑郁风险。如 Kim 等对中老年人的研究发现，经常参加体育活动的个体社会支持水平更高，而社会支持进一步负向预测了他们的抑郁症状。[2]由此可见，丰富的人际网络和良好的社会支持，是体育锻炼影响内化问题行为的重要社会机制。

---

[1] 张春蕾，高远，孙宗臣. 体育锻炼与大学生主观幸福感的关系——领悟社会支持与基本心理需要满足的链式中介作用[J]. 湖北体育科技，2023，42（7）：601-605.
[2] N KUPPER, S VAN DEN HOUDT, P M J C KUIJPERS, et al. The importance, consequences and treatment of psychosocial risk factors in heart disease: Less conversation, more action![J]. Netherlands Heart Journal, 2024, 32(1): 6-13.

第二章 体育锻炼与内化问题行为综述

综合而言,体育锻炼可能通过生理调节、心理满足和社会支持等多重机制,共同影响内化问题行为。[①]而不同机制之间可能存在交互作用和传导效应,共同构成了体育锻炼干预内化问题行为的作用网络。比如,锻炼引起的生理变化,可能进一步影响个体的认知评价和情绪体验;而运动中获得的社会支持,也可通过满足归属需求等方式影响心理机制。这提示我们在分析体育锻炼的作用机制时,要注重各层面机制的系统整合和动态考察。

本研究拟对体育锻炼影响内化问题行为的作用机制进行系统梳理和实证检验,进一步厘清各机制的效应大小和作用方式。一方面,通过对已有理论和实证研究的系统评述,提炼体育锻炼作用于内化问题行为的主要机制和路径,在理论上丰富和拓展自我决定理论、社会认知理论的内涵外延;另一方面,采用追踪数据和多层次分析等方法,实证检验各机制的效应大小和作用规律,特别是考察不同机制间的交互作用和传导效应,以期在实证中揭示体育锻炼影响内化问题行为的作用网络和边界条件。同时,本研究还将对不同人群、不同情境下的作用机制进行分层分析,以揭示体育锻炼的特定效应。通过理论梳理与实证检验的结合,动态分析与静态考察的统一,本研究力求较为全面地揭示体育锻炼干预内化问题行为的内在机理,进而为创新相关理论提供新的思路,为优化干预实践提供有益启示。

总之,体育锻炼对内化问题行为的影响是一个复杂的动态过程,可能涉及生理、心理、社会等多个层面的作用机制。准确识别各机制的效应规律,把握机制间的交互作用,对于理解体育锻炼的功能意义至关重要。本研究将以自我决定理论、社会认知理论为基础,结合已有实证研究的证据,对体育锻炼影响内化问题行为的作用机制进行系统探讨和实证检验,力求在理论阐释和实证揭示的互动中,为深化体育锻炼与内化问题行为关系研究、创新内化问题行为的体育干预路径提供坚实基础,并充分发挥体育锻炼在维护心理健康中的独特作用,从而为提升全民心理健康水平贡献力量。

[①] 徐雄,彭飞,苏群珍.时间成本、体育场所消费支出对个体参与体育运动的经济考量[J].体育学刊,2022,29(4):80-85.

一、体育锻炼对内化问题行为的潜在机制

体育锻炼对内化问题行为的影响机制错综复杂，涉及生理、心理和社会等多个层面。梳理已有研究可以发现，体育锻炼可能通过调节生理机能、满足心理需求和优化社会支持等多重路径，直接或间接地影响个体的情绪体验和行为表现，进而在一定程度上预防和改善内化问题行为。本部分拟在总结前人研究的基础上，系统探讨体育锻炼影响内化问题行为的潜在机制，进一步揭示其作用的内在逻辑和规律，以期为创新内化问题行为的体育干预提供理论依据。

从生理机制看，体育锻炼可通过促进神经递质的分泌、改善脑功能等方式，直接作用于个体的情绪调节和认知加工过程。大量研究表明，体育锻炼能够刺激多巴胺、血清素、内啡肽等神经递质的释放，而这些物质在调节情绪、缓解压力方面扮演着关键角色。[1]动物实验也发现，运动可上调啮齿类动物脑中多巴胺和血清素的表达，且这种效应可被多巴胺和血清素拮抗剂所阻断。[2]可见，体育锻炼可通过调节神经递质，直接干预内化问题行为的生物学基础。此外，体育锻炼还能通过增加脑源性神经营养因子（BDNF）的表达，促进海马、额叶等脑区的可塑性，从而间接影响情绪和认知加工过程。[3]如 Erickson 等通过一项纵向研究发现，持续 1 年有规律的有氧运动使老年人海马体积平均增加 2%，且这种结构改变与执行功能和记忆力的提升密切相关。[4]因此，体育锻炼还能通过重塑神经回路，营造有利于改善内化问题行

---

[1] B TAO, T LU, H CHEN, et al. The relationship between psychological stress and emotional state in chinese university students during COVID-19: The moderating role of physical exercise[J]. Healthcare, Multidisciplinary Digital Publishing Institute, 2023, 11(5): 695.
[2] Y FAN, X KONG, K LIU, et al. Exercise on striatal dopamine level and anxiety-like behavior in male rats after 2-VO cerebral ischemia[J]. Behavioural Neurology, Hindawi, 2022, 13(6): 717-725.
[3] Vitamin D(VD3) intensifies the effects of exercise and prevents alterations of behavior, brain oxidative stress, and neuroinflammation, in hemiparkinsonian rats | Neurochemical research[EB/OL]. (2024-03-31). https://link.springer.com/article/10.1007/s11064-022-03728-4.
[4] L C VITORINO, K F OLIVEIRA, W A B DA SILVA, et al. Physical exercise influences astrocytes in the striatum of a Parkinson's disease male mouse model[J]. Neuroscience Letters, 2022, 77(11): 364-378.

为的脑部环境。

从心理机制看，体育锻炼可通过满足个体的基本心理需求、改善认知评价和提升自我效能感等方式，形成积极的心理体验，进而影响内化问题行为的发生发展。根据自我决定理论，自主性、胜任感和归属感是个体的三大心理需求，其满足程度与个体的心理健康息息相关。而体育锻炼恰恰能够在这三个方面为个体提供独特的体验。在锻炼过程中，个体可自主选择和控制运动，这有助于获得自主感；通过不断突破自我、掌握新技能，个体可获得胜任感；在与他人的运动互动中，个体还能获得归属感。诸多研究发现，体育锻炼满足基本心理需求的程度，可显著预测个体的情绪状态和幸福感。由此可见，满足基本心理需求是体育锻炼积极影响内化问题行为的重要心理机制。

从认知评价角度看，个体对压力事件的主观解释在很大程度上决定了其情绪反应的性质和程度。而体育锻炼可通过多种途径影响个体对压力的认知评价。一方面，运动能够转移个体对压力源的注意，使其暂时从压力情境中脱离出来，客观上降低了个体的压力感知强度[①]；另一方面，体育锻炼中的掌握体验可以提升个体对压力的控制感，使其更倾向于将压力视为"挑战"而非"威胁"，进而采取积极的应对方式。还有研究发现，运动者更倾向于使用积极的认知策略，如积极重评和合理化分析等，这有助于其形成良性的认知评价模式。如杨文礼等人采用实验范式考察大学生应对考试压力的认知和行为，结果发现，经常参加体育锻炼的个体更多地使用积极认知策略，表现出更低的考试焦虑。[②]可见，优化认知评价可能是体育锻炼缓解压力、改善内化问题行为的又一重要心理机制。

在自我效能感方面，Ghorbanali 将其定义为个体对自身行为能力的主观

---

① 李王杰. 学校体育改善负性情绪的剂量特征：锻炼频率与时长维度[J]. 沈阳体育学院学报，2024，56（2）：1-8.
② 杨文礼，李彦，高艳敏. 自我效能感对大学生体育学习投入的影响：有调节的中介效应[J]. 山东体育学院学报，2024，3（2）：1-12.

把握，并指出其在很大程度上影响着个体对困难的应对。[1]而大量研究表明，体育锻炼可通过多种途径提升个体的自我效能。一是掌握体验，个体在运动中不断突破自我，可直接促进运动自我效能感；二是替代性体验，通过观察他人运动，个体也可获得间接的能力感；三是言语说服，他人的鼓励支持也是自我效能感的重要来源；四是生理唤醒，适度的生理激活本身就是一种积极体验，有助于提升自我效能。综合作用下，体育锻炼可显著提升个体的自我效能感，而这种自我效能感的提升可进一步预测内化问题行为的改善。如刘羡等追踪研究企业职工发现，体育锻炼通过提升自我效能，间接降低了抑郁水平。[2]由此可见，自我效能感提升可能是体育锻炼积极影响内化问题行为的另一重要心理机制。

从社会机制看，体育锻炼还可通过拓展社会支持网络、优化人际关系等方式，间接影响内化问题行为。众所周知，良好的社会支持是个体抵御压力、保持心理健康的重要防线。而体育锻炼作为一种社会性活动，恰恰能为个体提供广泛的社交机会。一方面，个体在运动中可结识志同道合的伙伴，建立积极的同伴关系，在遇到压力时获得支持和帮助；另一方面，体育社团、俱乐部等组织也是个体获得归属感和支持的重要平台。大量研究表明，体育锻炼者的社会支持网络更广，人际关系更和谐，而这些社会资源进一步降低了他们的孤独感和抑郁风险。比如，Hughes等对中老年人的研究发现，经常参加体育活动的个体社会支持水平和社会适应性更高，而社会支持进一步负向预测了他们的抑郁症状。[3]可见，丰富的人际资源和良好的社会支持，是体育锻炼间接影响内化问题行为的重要社会机制。

值得注意的是，体育锻炼影响内化问题行为的不同机制间可能存在交互

---

[1] G J FEREIDOONI, F GHOFRANIPOUR, F ZAREI. Interplay of self-care, self-efficacy, and health deviation self-care requisites: A study on type 2 diabetes patients through the lens of Orem's self-care theory[J]. BMC Primary Care, 2024, 25(1): 48.

[2] 刘羡，安丽娜. 大连市企业女性职工心理健康诊断及其体育运动干预研究[J]. 辽宁师范大学学报（自然科学版），2017, 40（3）：421-426.

[3] R FERREIRA, N FERNANDES, C BICO, et al. The perspective of rehabilitation nurses on physical exercise in the rehabilitation of older people in the community: A qualitative study[J]. Journal of Functional Morphology and Kinesiology, Multidisciplinary Digital Publishing Institute, 2023, 8(4): 163.

作用，共同构成了复杂的作用网络。一方面，不同层面的机制可能存在一定的传导效应。如体育锻炼调节的神经递质可能进一步影响个体的情绪体验；而运动获得的社会支持，也可以通过满足归属感等方式影响心理机制等。另一方面，同一层面的不同机制间也可能存在交互增强作用。如满足自主性和胜任感，可进一步强化自我效能感；而自我效能感的提升，又可优化个体对压力的认知评价。因此，在分析体育锻炼的作用机制时，既要着眼于不同层面机制的系统整合，也要注重同一层面机制间的交互效应，进而对其开展动态的、整体的考察和理解。

此外，个体与环境因素也可能调节体育锻炼作用机制的效用。一方面，锻炼者的人口学特征、动机水平等个体因素，可影响其在锻炼中的主观体验，进而影响相关机制的作用效果。如性别研究发现，体育锻炼对男性自我效能感的提升作用更大，而对女性满足归属感的作用更明显。另一方面，体育锻炼的强度、持续时间、情境等客观要素，也可影响个体的生理唤醒水平和心理体验，进而在一定程度上制约作用机制的效用。如剧烈运动可能引发过度的生理紧张，反而加重内化问题行为。这就要求我们在分析体育锻炼的作用机制时，要重视个体与环境的交互作用，进而对特定情境下的特定作用加以甄别。

总的来看，体育锻炼影响内化问题行为可能涉及生理调节、心理满足和社会支持等多个层面的作用机制，且不同机制间存在交互作用，共同构成了复杂的作用网络。同时，个体与环境因素也可能调节体育锻炼作用机制的效用，影响不同人群、不同情境下的作用效果。这就需要我们在梳理体育锻炼一般作用机制的同时，也要关注特定背景下的特殊机制，进而对体育锻炼的功能和价值形成整体性、动态性的理解。唯有如此，才能更好地发挥体育锻炼在内化问题行为防治中的独特优势，进而为提升全民心理健康水平贡献力量。

本研究拟采用文献综述、问卷调查和实验干预等多种方法，对体育锻炼影响内化问题行为的作用机制进行系统探讨和实证检验。一方面，通过系统梳理国内外相关研究成果，归纳提炼体育锻炼影响内化问题行为的主要机制和路径，在理论上深化对体育锻炼功能的整合性理解；另一方面，采用科学的研究设计和先进的分析技术，实证考察各作用机制的效应大小、作用方式和交互模式，并据此构建具有较好拟合度的理论模型，以期在实践中揭示体育锻炼影响内化问题行为的边界条件和情境规律；同时，本研究还将对不同人群、不同干预方案下体育锻炼的特定效应加以分析，以期发现最佳干预模式和路径，进而为不同人群量身定制个性化的运动处方。

总之，体育锻炼作为一种综合性的身心活动，通过生理、心理和社会等多重机制影响着内化问题行为。在梳理已有理论的基础上，本研究将运用多元研究范式和方法，从"机制—效应—干预"三个维度系统考察体育锻炼影响内化问题行为的作用机理，力求在理论阐释和实证检验的互动中揭示其内在规律，在学理探讨与实践应用的结合中彰显体育锻炼的独特价值，进而为创新内化问题行为的体育干预模式、提升全民心理健康水平贡献绵薄之力。

二、自我决定理论和社会认知理论的延展与扩充

自我决定理论和社会认知理论是探讨体育锻炼影响内化问题行为机制的重要理论基础。自我决定理论关注个体在体育锻炼中自主性、胜任感和归属感等基本心理需求的满足及其对心理健康的影响；而社会认知理论则强调个体在体育锻炼中自我效能感、结果预期等认知因素的变化及其对行为和情绪的影响。两大理论从需求满足和认知改变两个角度，对体育锻炼影响内化问题行为的内在机制进行了较为系统的阐释，在很大程度上揭示了体育锻炼何以能够积极影响个体的情绪状态和行为表现的深层逻辑。本研究拟以两大理论为基石，在实证检验的基础上，进一步拓展其在体育锻炼与内化问题行为关系研究中的内涵外延，以期创新和发展相关理论，为体育锻炼干预内化问题行为提供新的理论视角和路径。

（一）自我决定理论

就自我决定理论而言，本研究拟在传统三基本需求的基础上，进一步探讨体育锻炼中其他心理需求的满足及其作用。已有研究表明，除自主性、胜任感和归属感外，体育锻炼还可能满足乐趣、审美、刺激等多元需求，而这些需求的满足对个体的情绪体验和心理表现可能具有重要影响。如孟庆润等研究大学生时发现，体育锻炼中感受到的乐趣和审美体验，可显著预测个体的正向情绪和心理韧性水平。[1]基于此，本研究拟通过访谈法、问卷调查等方式，系统考察体育锻炼可能满足的其他心理需求及其结构特征，并采用相关分析、结构方程模型等方法检验其对内化问题行为的影响效应，以拓宽自我决定理论在体育锻炼领域的解释外延。

此外，传统自我决定理论较少考虑个体与环境交互作用对需求满足的影响。个体的人格特质、认知风格以及所处的人际网络、社会文化等背景因素，可能显著影响其在体育锻炼中的需求满足程度，进而影响相关机制的作用效果。比如，不同锻炼动机的个体，其在运动中获得自主感的程度可能不同，这进一步影响了自主动机对内化问题行为的干预效果。为此，本研究拟采用个案访谈、问卷调查等方式，考察不同个体在不同情境下参与体育锻炼的动机特征、需求满足状况及其内化问题行为表现，进而对传统自我决定理论的个体—环境交互模型进行必要的修正和拓展，以增强其对体育锻炼影响内化问题行为复杂机制的阐释力。

在自我决定理论"需求—动机—行为"的层次结构中，内部动机被视为自主性和胜任感满足的直接结果，且在很大程度上决定了个体能否持续参与体育锻炼。[2]然而，现实中许多个体参与体育锻炼可能并非出于纯粹的乐趣和享受，而是期待获得健康、社交等外部结果。这种结果预期虽源自外部动

---

[1] 孟庆润，张晓峰，孟庆峰.体育锻炼对大学生主观幸福感的影响：自我效能感与心理韧性的链式中介作用[J].当代体育科技，2024，14（21）：169-173.
[2] 李年红，王雷，曹博文，等.辅以微信平台的大学生身体活动干预研究——以自我决定理论为基础[J].福建体育科技，2023，42（5）：93-99.

机，但可通过内化等心理机制转化为自主动机，进而驱动个体的运动参与和坚持。为揭示这一内在机制，本研究拟在自我决定理论框架下引入结果预期概念，采用纵向追踪设计和交互滞后分析等方法，考察不同类型结果预期通过怎样的内化途径影响个体的运动动机，以及由此带来的情绪和行为后果。这有助于揭示体育锻炼影响内化问题行为"预期—动机—情绪—行为"链条上的关键环节，进而为创新干预路径提供理论指引。

在需求满足状态与内化问题行为的关系方面，传统自我决定理论倾向于将二者视为一种线性关系，即需求满足程度越高，个体就越不易出现内化问题行为。然而，这种静态的线性思维模式可能忽视了需求满足与内化问题行为间的动态交互过程。个体的需求满足状态可能随时间动态变化，而这种变化进一步影响内化问题行为的发生发展轨迹。比如，研究发现内在动机的剧烈波动（如一个运动爱好者突然丧失运动乐趣）比动机水平本身，可能更能预测其抑郁症状。为揭示这一动态规律，本研究拟采用体验取样、时间序列分析等方法，对个体运动过程中的需求满足状态及其内化问题行为的动态变化进行密集追踪和考察，以期发现二者关系的时间序列特征，进而拓展自我决定理论对体育锻炼影响内化问题行为的动态解释力。

（二）社会认知理论

就社会认知理论而言，传统研究主要聚焦自我效能感的中介作用，而较少关注其在不同社会情境中的调节效应。个体的自我效能感虽然直接影响其对挑战的应对，但这种作用在不同人际网络、团队氛围等社会背景下可能存在显著差异。一个在良性人际环境中锻炼的高自我效能感个体，可能比在恶性人际环境中锻炼的同等自我效能感个体，表现出更积极乐观的情绪和行为。这提示自我效能感影响内化问题行为的作用方式，可能因环境因素而异。为揭示这一社会情境调节效应，本研究拟采用多层线性模型对不同层次变量进行综合分析。一方面考察个体自我效能感与内化问题行为的关系（中介效应）；另一方面检验团队氛围、教练行为等组织情境因素对个体层面关系的调节作用（调节效应），进而对社会认知理论的解释机制进行拓展和深化。

社会认知理论强调目标设置在个体行为调节中的核心作用，但较少深入探讨目标设置与自我效能感之间的交互影响。个体在设定具有适度挑战性的阶段性目标时，通过不断实现目标，逐步积累掌握体验，从而形成目标设置与自我效能感之间的正向循环。这个循环可以推动个体不断突破自我、提升能力。然而，在现实中，许多人由于目标设置不当（如目标难度过高）或缺乏足够的自我效能感，在面对困难时往往轻言放弃，难以形成良性循环，进而影响内化问题行为的改善效果。为揭示目标设置与自我效能感的优化路径，本研究拟采用基线调研的方法，考察不同目标设置策略如何影响个体的运动体验和自我效能感，进而影响内化问题行为的改善效果。在此基础上，探索如何协调目标难度与自我效能感，以实现二者的良性互动，从而为创新体育锻炼干预内化问题行为的调控机制提供理论支持。

综上，自我决定理论和社会认知理论为阐释体育锻炼对内化问题行为的影响机制提供了重要的理论基础。自我决定理论从需求满足的角度，系统阐释了体育锻炼对个体情绪和行为的积极影响，而社会认知理论则从认知改变的角度，解释了体育锻炼在行为调节中的作用。在此基础上，本研究拟通过理论拓展、实证检验和方法创新，进一步丰富和深化这两大理论在体育锻炼领域的内涵与外延。一方面，研究将考察体育锻炼过程中其他心理需求的满足及其作用，拓展自我决定理论的解释边界；同时，通过引入个体与环境交互作用的视角，对该理论的解释机制进行必要修正；并通过实证结果验证，增强该理论对二者关系的解释力。另一方面，研究将通过引入社会情境调节因素，拓展社会认知理论的应用范围；诵过考察信息选择偏差对自我效能感的影响，深化对自我效能感形成机制的理解；并通过揭示自我效能感与内化问题行为的动态关联，增强对二者关系的解释力；同时，探索目标设置与自我效能感的优化策略，为创新体育锻炼干预内化问题行为的调控机制提供新的理论视角。

三、主要的潜在传导机制和路径表达

体育锻炼影响内化问题行为涉及复杂的生理、心理和社会机制，这些机制在不同层面、通过不同路径发挥作用，共同构成了一个交互影响、动态传导的作用网络。梳理这些潜在的传导机制和作用路径，对于深入理解体育锻炼影响内化问题行为的内在规律，进而创新体育干预内化问题的模式和路径，具有重要的理论和实践意义。本研究拟在前期机制分析的基础上，从跨层面传导、动态递进影响、中介链式传导、交互放大效应等维度，对体育锻炼影响内化问题行为的主要传导机制和作用路径进行系统考察和深入阐释。

首先，本研究关注体育锻炼影响内化问题行为跨层面传导机制的系统整合。如前所述，体育锻炼可通过生理调节、心理满足和社会支持等多个层面的机制影响内化问题行为。这些不同层面的机制可能存在一定的传导效应，共同构成了体育锻炼影响内化问题行为的作用链条。比如，体育锻炼通过调节神经递质等生理机制，可能进一步影响个体的情绪体验等心理机制；而运动过程中获得的社会支持，也可通过满足归属感等心理机制影响个体的情绪状态。为揭示这种跨层面、跨机制的传导规律，本研究拟采用结构方程模型、多层线性模型等方法，对不同层面机制间的关系进行综合考察。一方面通过中介分析等方法检验不同层面机制的传导效应，另一方面采用结构方程模型分析等方法考察社会支持等情境因素对个体生理、心理机制的调节作用，进而对体育锻炼影响内化问题行为的作用链条进行系统重构，以期为创新的多层面、多路径干预提供理论参考。

再次，本研究关注体育锻炼影响内化问题行为中介链式传导机制的深入剖析。前人研究多聚焦单一中介机制的考察，而较少对中介机制间的交互传导进行系统分析。现实中，体育锻炼影响内化问题行为可能需要通过多个中介机制的链式传导才能实现。比如，一项运动干预可能先提升自尊水平，进而增强自我效能感，最终改善内化问题行为。这提示，整合考察多重中介机制的链式传导效应，对于全面理解体育锻炼影响内化问题行为的作用路径具有重要价值。为此，本研究拟采用多重中介分析、有向无环图等方法，对体育锻炼影响内化问题行为过程中的关键中介机制及其作用顺序进行综合考察。通过构建多重中介模型刻画"干预—机制—结果"链条，进而对中介机制的作用方式、效应大小、关键节点等进行系统分析，以期为优化运动干预方案、提升干预效率提供理论参考和实践指导。

最后，本研究关注体育锻炼影响内化问题行为机制间交互放大效应的系统检验。以往研究多关注单一机制的独立作用，而忽视了不同机制间可能存在的交互增强效应。现实中，不同作用机制可能通过交互影响，放大彼此的效应。比如，自尊提升和自我效能感增强可能相互强化，进而产生协同改善内化问题行为的效果。这种交互放大效应的存在，提示整合考察不同机制的协同作用，对于深化体育锻炼促进心理健康的机理认识具有重要价值。为此，本研究拟采用潜在调节分析、区别效度分析等方法，对体育锻炼影响内化问题行为过程中不同机制的交互作用进行深入考察。通过实证检验机制间的交互效应模式，进而对如何协同激活和优化不同机制的综合效能进行系统探讨，以期为创新的多机制协同干预提供理论视角。

第三章

体育锻炼行为量表的扩展和修订

本章旨在探究中学生体育锻炼行为的心理机制及其影响因素。首先,通过开放式调查问卷了解中学生体育锻炼行为的基本特征,并对调查数据进行系统编码和整理。在此基础上,运用扎根理论的思路,深入剖析体育锻炼行为背后的心理机制,并从个体和社会环境两个层面系统考察影响中学生体育锻炼行为的关键因素。

具体而言,通过对调查资料的细致梳理和概念化抽象,本章识别出决定中学生能否持续参与体育锻炼的四大心理机制,包括锻炼坚持、锻炼承诺、情绪体验和发展动机,进而揭示了不同机制在解释和预测体育锻炼行为中的差异性作用。在影响因素方面,本章从个体层面提炼出精力投入、财力投入、精神伤害、身体伤害、运动能力、参与选择六个主题类别,揭示了个体特质和行为倾向对体育锻炼参与的复杂影响;从社会环境层面识别出外部压力、锻炼条件、锻炼氛围等九个主题类别,展现了学校、家庭、社会多重情境因素对中学生体育锻炼行为的交互塑造作用。本章梳理和整合了以上研究,并在现有量表的基础上补充和完善了若干新的测量维度,构建了一套较为系统、本土化的中学生体育锻炼行为影响因素测量工具。

总之,通过质性研究方法的创新性运用,本章在揭示中学生体育锻炼行为的心理机制、厘清关键影响因素、完善测量工具等方面取得了一些有价值的探索，但受访谈样本和研究视角所限，研究结论的普适性还有待进一步检验，许多微观作用机制也还需要通过深入的量化研究加以揭示。

第一节　研究问题、目的与假设

一、研究问题与目的

本研究旨在探究中学生体育锻炼行为的心理机制及其主要影响因素，在现有研究的基础上，扩展和修订中学生体育锻炼行为的测量工具。具体而言，本研究拟解决以下核心问题：

第一，中学生在体育锻炼过程中呈现出哪些典型行为特征？现有的体育锻炼行为量表能否充分、准确地测量这些行为特征？通过开放式访谈等质性研究方法，本研究试图捕捉中学生在体育锻炼情境中的真实感受和行为表现，在经验材料的基础上提炼概念范畴，揭示中学生体育锻炼行为的独特性和多样性，检视现有测量工具的适切性，为量表的扩展完善奠定基础。

第二，中学生能否持续、积极地参与体育锻炼，背后有哪些关键的心理机制在起作用？不同的心理机制在解释和预测体育锻炼行为上有何差异？本研究拟运用扎根理论的思路，通过系统的编码和主题化分析，深入剖析中学生在体育锻炼过程中的心理历程和动机模式，力求揭示驱动其锻炼行为的内在机制，在自我决定理论、社会认知理论等经典理论的基础上，尝试提出契合中学生群体特点的理论框架和分析路径。

第三，哪些因素会显著影响中学生的体育锻炼行为？个体因素和社会环境因素各自发挥着怎样的作用？如何通过优化相关因素来促进中学生的体育锻炼行为？本研究拟从个体和社会环境两个层面，采用主题分析的方法系统梳理影响中学生体育锻炼行为的关键因素。一方面，聚焦中学生个体的人格特质、认知倾向、能力禀赋等，揭示个体差异对体育锻炼参与的复杂影响；另一方面，关注学校教育、家庭氛围、社会文化等多重情境因素，探讨社会生态系统对中学生体育锻炼行为的塑造机制。在实证研究的基础上，尝试提出因地制宜、彰显个性、多方联动的体育促进策略。

综上，本研究立足中学生群体的生理心理特点和发展诉求，试图通过探索体育锻炼行为的心理机制及其影响因素，在理论上深化对体育行为的认识，完善相关测量工具；在实践上为优化体育教育教学、营造良好锻炼环境、促进学生全面发展提供科学依据和决策参考。尽管受主客观条件制约，本研究难以对所有问题做出详尽回答，但通过创新性地运用质性研究方法，力求为后续研究提供重要的理论线索和实证基础，推动体育行为研究的理论创新和实践应用。

二、研究假设的提出

本研究拟在前人研究成果和相关理论的基础上，围绕中学生体育锻炼行为的心理机制及其影响因素，提出以下研究假设：

第一，中学生的体育锻炼行为是一个多维度的测量量，既包括锻炼的持续性、频率等量化指标，也涉及对体育活动的情感体验、价值认同等主观感受。[1]现有的测量工具很难全面、准确地反映中学生体育锻炼行为的复杂性和动态性。因此，本研究假设，通过质性访谈等方式深入了解中学生的真实感受和行为表现，能够捕捉其体育锻炼行为的独特内涵和典型特征，在此基础上扩展、修订现有量表，将显著提升测量的信度和效度。

---

[1] 席玉宝. 体育锻炼概念及其方法系统的研究[J]. 北京体育大学学报，2004（1）：118-120.

第二，参照自我决定理论的基本假设，本研究推测，自主性、胜任感和归属感等心理需求的满足是影响中学生能否持续参与体育锻炼的关键因素。[1]在体育锻炼情境中，自主性体现为学生能否基于兴趣爱好自主选择运动项目、强度和方式；胜任感来自学生在体育活动中获得进步和成就的正面反馈；归属感则源于师生、同学之间在运动中形成的亲密关系和情感联结。上述心理需求的满足程度越高，越能激发学生对体育锻炼的内在动机，形成长期、稳定的锻炼行为模式。

第三，社会认知理论强调，个体行为是其与环境持续互动的结果。[2]据此，本研究假设，中学生的体育锻炼行为既取决于个人的认知评价和动机水平，也受到家庭、学校、社区等重要生活情境的显著影响。在个体层面，自我效能感、结果预期、目标设置等因素通过影响学生对自身运动能力的评估、对体育锻炼价值的认同以及对锻炼目标的确立，进而塑造其体育行为模式；在社会环境层面，家长的支持和陪伴、学校的硬件设施和师资力量、社区的体育氛围和公共服务等，通过为学生营造安全、专业、有吸引力的锻炼环境，为其体育行为的养成创造有利条件。

第四，以往研究表明，体育锻炼与心理健康之间存在密切联系，经常参与体育活动有助于个体缓解心理压力、增强自信心、提升幸福感。[3]基于这一认知，本研究进一步假设，体育锻炼可能通过生理—心理、认知—行为、人际—情感等多个路径，对学生的内化问题行为产生积极影响。一方面，体育锻炼能改善新陈代谢、促进神经递质分泌，从生理层面缓解抑郁、焦虑等不良情绪；另一方面，体育参与过程中的成就体验、自我概念的提升以及良

---

[1] 项明强. 促进青少年体育锻炼和健康幸福的路径：基于自我决定理论模型构建[J]. 体育科学，2013，33（8）：21-28.
[2] 褚昕宇. 青少年体育锻炼习惯养成的影响因素及作用机制研究[D]. 上海：上海体育学院，2021.
[3] 王树明，卜宏波. 体育锻炼对青少年社会情感能力的影响——社会支持和心理韧性的链式中介作用[J]. 体育学研究，2023，37（6）：24-33.

好同伴关系的建立，可能成为保护学生心理健康的重要资源，增强其应对压力挫折的能力。整合不同学科视角，深入考察体育锻炼影响内化问题行为的作用路径，对于创新理论假设、指导干预实践具有重要意义。

第五，鉴于中学生群体在生理、心理、社会适应等方面的独特性，本研究推测，人口学特征可能对其体育锻炼行为和内化问题行为产生显著影响。例如，随着年龄增长和自我意识觉醒，学生对体育运动价值的认同度、锻炼的内在动机水平可能逐步提高，但学业压力增大也可能挤占锻炼时间[①]；男女生由于生理机能、审美取向、社会期待的差异，其体育项目偏好、参与方式可能呈现出明显分化[②]；家庭的经济状况、居住地的城乡差异等因素，通过影响学生接触体育的机会、享用优质资源的可能性，在一定程度上潜移默化地塑造着学生的锻炼行为模式[③]。对这些社会分层因素保持敏感，有助于发现不同群体的行为特点，提出有针对性的体育干预策略。

综上，本研究立足前人研究，整合不同理论视角，围绕体育锻炼、内化问题行为、心理机制、影响因素等核心概念，提出了一系列创新性假设。尽管受中学生身心发展阶段性、群体异质性等因素制约，上述假设能否得到数据支持尚存在不确定性，但通过实证检验这些假设，有望推动体育行为与心理健康研究的理论创新，为优化中学体育教育、改善学生情绪障碍提供科学指引。未来研究可在跨学科视野下继续拓展理论假设，利用追踪数据、实验干预等设计进一步检验相关命题，深化对体育锻炼与青少年身心发展复杂关系的认识。

---

① 杜长亮，刘东升.社会网络中的知识转移：一个新的体育锻炼行为机制的理论框架[J].体育学刊，2023，30（5）：58-66.
② 朱冠仁，曹文文，毛圣力，等.大学生学业压力与课外体育锻炼的关联[J].中国学校卫生，2023，44（7）：991-994，999.
③ 李阔，谢禾逸.大学生体育锻炼时长及其影响因素研究[J].中国青年社会科学，2023，42（6）：98-107.

第二节 研究方法和数据

一、研究方法

本研究采用混合研究方法，综合运用质性访谈和定量问卷调查，对中学生体育锻炼行为的内涵、结构和影响因素进行深入探究，在扩展、修订现有测量工具的基础上重新审视体育锻炼与内化问题行为的关系。

（一）半结构化访谈

研究第一阶段，通过半结构化访谈收集质性资料，挖掘中学生在体育锻炼情境中的主观感受和行为表现。访谈对象从成都、南宁、杭州等大中城市随机抽取，兼顾不同年级、性别、家庭背景的学生，力求覆盖多元群体，提高样本代表性。访谈提纲围绕体育参与动机、锻炼方式、情感体验、环境支持等主题展开，鼓励学生畅所欲言，表达真实想法。所有访谈在征得被试同意后录音，转录为文本资料，采用扎根理论的框架性分析技术，提炼中学生体育锻炼行为的典型特征和影响因素，为后续问卷设计奠定基础。

（二）定性问卷调查

第二阶段，研究团队在系统梳理访谈资料的基础上，参照国内外成熟量表，编制中学生体育锻炼行为调查问卷初稿。问卷涵盖人口学变量、体育锻炼行为、内化问题行为等部分。其中，体育锻炼行为量表在现有工具的基础上，结合访谈分析结果进行扩展修订，增加反映中学生群体特点的题项，如体育兴趣爱好、参与体育社团/校队、获得师长/同伴支持等，以提高测量的针对性和有效性。内化问题行为则直接采用过去验证良好的抑郁、焦虑、压力分量表。形成初稿后，研究团队邀请体育学、心理学、教育学等领域专家评估问卷的内容效度，并选取部分中学生进行预调查，根据反馈意见对语言表述、题项设置等进一步修正，最终定稿。

问卷调查采取分层整群抽样方式，在全国范围内选取东中西部、大中小城市、普通中学及重点中学等不同类型的学校若干所，抽取其七年级至九年级年级学生若干班，组织集中施测。为提高问卷回收率和数据质量，调查员须在课堂上宣读指导语，耐心解答被试疑问，引导其独立、真实地填答。施测过程严格遵循知情同意、自愿参与和匿名保密原则，充分尊重和保护中学生被试，将其伦理风险和隐私泄露可能性降到最低。

回收问卷后，研究团队对试题反应进行项目分析，剔除区分度、难度不合格的题目，运用探索性和验证性因素分析考察量表的结构效度，通过信度检验评估其内部一致性，并结合效标关联效度进一步评价测量工具的质量。在确保量表信效度达到心理测量学标准的前提下，研究团队利用SPSS、Mplus等统计软件对调查数据进行管理和分析。首先，通过描述性统计刻画样本的人口学特征、体育锻炼行为和内化问题行为的基本概况；其次，运用t检验、方差分析、相关分析等，考察不同人口学变量与体育锻炼、内化问题行为的关系；再次，采用潜在剖面分析探索体育锻炼行为和内化问题行为的异质性类型，利用logistics回归等分析人口学因素对潜在剖面的影响；最后，构建结构方程模型，检验体育锻炼行为与内化问题行为的关联模式，特别关注心理机制的中介效应和人口学变量的调节作用。

总的来看，本研究综合运用定性、定量方法，在对中学生体育锻炼行为进行扎实测量的基础上，拓展分析视角，引入心理学理论，采用先进统计模型，力求更加全面、深入、细致地揭示体育锻炼行为影响内化问题行为的作用机制和边界条件。研究设计紧扣逻辑主线，环环相扣，定性资料为量表修订提供依据，大样本调查则利于统计推断，相互印证，互为补充。研究方案的制定充分考虑了操作的可行性，兼顾学理创新和实践针对性，力求产出高质量研究成果，为优化中学体育教学、提升学生身心健康提供理论支撑和决策参考。

（三）开放式问卷调查

为深入探索中学生体育锻炼行为的内涵、结构和影响因素，本研究在半结构化访谈的基础上，进一步设计开放式调查问卷，力求在更大范围内收集学生关于体育锻炼的主观感受和真实想法。开放式问卷的优势在于题目设置灵活，答题形式多样，能够鼓励被试充分表达，挖掘访谈难以触及的隐藏信息，是对定性访谈的有益补充。

问卷围绕体育锻炼的动机、方式、感受、障碍、环境等方面展开，既包括与访谈提纲相呼应的问题，也有调查过程中新发现、新领悟的内容。例如，在动机方面，问卷不仅涉及"你参加体育锻炼的原因是什么""你在体育锻炼中想获得哪些收获"等常规问题，还增加"你理想的体育课/活动是什么样的""假如让你当体育老师，你会组织什么活动"等发散性题目，引导学生从多角度思考参与体育的意义。在锻炼方式上，除了询问学生"平时参加哪些体育活动""每周锻炼多长时间"等，还进一步追问"你认为这些活动有什么优点和缺点""如果可以自由选择，你更愿意参加哪些活动，为什么"，以期全面了解学生对不同运动项目的偏好和评价。

问卷还特别关注学生在体育锻炼中的情感体验和社会互动。一方面，通过"参加体育活动时，你通常有什么感受""回想一次让你印象深刻的体育锻炼经历，当时的心情如何"等问题，引导学生回顾和描述运动场景下的真实情绪状态，既包括积极的成就感、愉悦感，也涵盖消极的焦虑、尴尬等，力求如实反映体育参与的复杂心理过程。另一方面，问卷关注体育活动的社会属性，设置"体育课/活动中，你通常和谁在一起""参加体育锻炼时，你最需要什么人的支持和鼓励"等题目，挖掘同伴、师长等重要他人在学生体育行为养成中的独特作用。

除了正向因素，问卷也关注学生体育锻炼的消极面和困难处。通过"你在参与体育活动时遇到过哪些困扰""你觉得自己在锻炼方面有哪些不足""你曾经因为什么原因中断锻炼"等发问,鼓励学生坦诚面对并表达身心障碍、资源匮乏、动机缺失等不利因素,进而引导其思考"你是如何克服这些困难的""你认为还需要哪些条件才能更好地坚持锻炼",启发学生在反思问题的同时,积极寻求解决方案,增强主观能动性。

在征询学生意见的同时,问卷还邀请其评判学校和家庭的体育环境。例如,在学校方面,问卷涉及"学校开设的体育课、活动有哪些""这些课程和活动设置合理吗""学校在场地器材、师资力量、时间安排、考核机制等方面还有哪些不足""你对学校体育工作有什么意见和建议"等;在家庭方面,问题涵盖"你的父母平时参加体育锻炼吗""他们对你参与体育活动持什么态度""家里有鼓励体育锻炼的物质条件吗"等。引导学生审视外部环境在体育行为养成中的支持和制约作用,有助于形成系统观念,推动社会各界形成促进学生身心发展的合力。

值得一提的是,本研究在开放式问卷的设计和实施中,充分考虑中学生的身心特点,尽量使用简洁、灵活的语言,降低题目难度,缩短作答时间,提高问卷趣味性和互动性。为拉近与学生的心理距离,问卷还随机穿插"你最喜欢的运动明星是谁""你最渴望掌握什么运动技能"等轻松、有趣的问题,营造轻松愉悦的氛围。同时,每个题目后都留出充裕的空白,鼓励学生畅所欲言,表达独特见解。问卷还设置"你还有什么想对我们说的吗"等开放栏目,进一步彰显对学生声音的尊重和重视。

通过定性、定量方法的交叉印证,不仅能够揭示中学生体育锻炼行为的一般规律,也有助于发掘个体的独特体验,形成全景式、立体化的理解。这种民主、开放的调查方式所蕴含的人文关怀,本身就是促进学生身心发展的有效路径。唯有真正走进学生内心,关注他们的真实诉求,学校体育工作才能找准发力点,激发学生运动热情,把体育锻炼培养成一种自觉行动和生活方式,最终实现增强体质、陶冶情操、完善人格的育人目标。

二、数据收集与编码整理

本研究采用定性访谈和问卷调查相结合的方式收集数据。首先，根据文献综述和研究假设，设计半结构化访谈提纲，内容涵盖体育锻炼行为的动机、方式、情感体验、社会互动等多个维度。采用目的抽样，选取 100 位来自不同地区、年级和性别的中学生作为访谈对象，样本具有一定的代表性和异质性。

访谈以一对一的方式进行，每次访谈时长 30~60 分钟。研究者本着开放、尊重的态度，鼓励被访者畅所欲言，必要时进行追问和澄清。所有访谈在征得同意后录音，并转录为文本资料。为提高效度，访谈过程中采取以下策略：① 营造轻松、友好的氛围，消除被访者戒备；② 恰当使用沉默和鼓励性语言，给予被访者表达空间；③ 避免诱导性提问，尊重被访者原本想法；④ 关注被访者言语和非言语线索，把握话语背后的深层意涵。

在资料整理阶段，研究团队反复阅读访谈文本，采用主题分析法，对体育锻炼相关表述进行编码。编码初期以开放式编码为主，充分利用原始语句，生成一级编码；继而采用主轴编码，归纳、提炼各主题类属，形成二级编码；最后进行选择性编码，系统梳理主题间的逻辑关系，确立核心范畴。通过三级编码，深入剖析中学生体育锻炼行为的内在机制和影响因素，为编制后续问卷奠定了基础。

编码过程遵循以下原则：① 始终以原始资料为依归，避免先入为主；② 一个陈述可对应多个编码，以充分涵盖其意涵；③ 暂不出现的概念保留编码位置，以备后用；④ 重要、频繁出现的概念优先编码；⑤ 相似概念归入同一编码，必要时可拆分。由两位研究者独立编码，定期交叉检验，争议之处与第三位研究者讨论后定夺，以确保编码的一致性和可靠性。

在访谈资料分析的基础上，结合前人的成熟量表，编制体育锻炼行为问卷。问卷采用 Likert 五点计分，包含体育锻炼的动机、方式、强度、频率、坚持意愿、情绪感受、人际互动、环境支持等维度。每个维度由 3~5 个条目组成，力求全面、准确地刻画中学生群体的运动行为特征。

正式施测前，先选取 50 名中学生进行预测，检验问卷的可读性、条目区分度和信度。根据分析结果和被试反馈，对个别用词表达进行微调，形成正式问卷。采用分层整群抽样，选取东、中、西部十二所中学，涵盖七至九年级的学生，共发放问卷 6000 份。回收问卷 5854 份，有效率 97.57%。

数据录入采用双人互校方式，以减少错漏。对于连续变量，直接输入原始数值；定类变量则依据编码框架赋值。录入后使用 SPSS 软件进行数据清洗，通过描述性统计和频数分布分析识别异常值，并核对原始问卷予以订正或删除。

综上所述，本研究通过严谨的定性访谈，识别了中学生体育锻炼行为的关键影响因素，在此基础上编制问卷、开展大样本调查，力求准确、全面地刻画研究对象的行为特征。定性、定量方法的结合，有助于从机制层面和现象层面对问题进行考察，相互印证、相互补充，从而增强研究结论的可信度和稳健性。同时，本研究采取了一系列质控措施，包括访谈对象的目的抽样、编码过程的交叉检验、问卷的预测和修订、数据的多重校核等，以期获取真实、可靠的第一手资料，为后续统计分析奠定坚实的数据基础。

第三节　中学生体育锻炼行为的特征

在对中学生体育锻炼行为编码和分析的基础上，本研究发现该群体的运动行为呈现出一些共性特征。首先，中学生普遍认同体育锻炼的重要性，大多数学生能够积极参与体育活动。调查显示，73.6%的受访者每周锻炼频率在 3 次及以上，56.2%的人每次锻炼时间在 1 小时及以上。这表明体育锻炼已成为中学生日常生活的重要组成部分。

其次，中学生体育锻炼的内在动机较为多元。访谈资料显示，除了增强体质外，他们参与运动还出于兴趣爱好、情绪调节、人际交往等多重考虑。例如，不少学生提到"打球让我觉得很快乐，烦恼都忘了""运动时结识了很多志同道合的伙伴，大家一起切磋球技"。可见，体育不仅是强身健体的手段，更承载着丰富的情感和社交意涵。

再次，中学生的运动项目选择呈现出一定的性别差异。男生更偏爱对抗类运动，如篮球、足球、乒乓球等；女生则更青睐韵律操、舞蹈、瑜伽等调节身心的运动。这种差异一方面源于生理特点，另一方面也受到社会文化的影响。总体而言，集体项目参与度高于个人项目，传统项目多于时尚项目。

此外，中学生体育锻炼的持续性有待提高。调查发现，51.3%的受访者坚持锻炼半年以上，其中坚持 1 年及以上的比例仅为 32.1%。访谈也反映出类似问题，如"一开始锻炼很有热情，但坚持一段时间后就觉得没劲了""临近考试就很难抽出时间运动，容易中断"。导致锻炼难以为继的原因复杂多样，包括时间精力不足、缺乏计划、遭遇瓶颈期、缺少外部支持等。

具体到锻炼方式，中学生更倾向于自主、灵活的方式。在校内，他们主要通过体育课、课外活动时间进行锻炼；在校外，则以利用公园、社区健身设施为主。体育社团、俱乐部等组织化程度较高的参与方式，虽能提供系统训练，但受众面较窄，仅占少数。值得注意的是，体育 App、线上课程等新兴锻炼方式在中学生中持续走热，为其提供了更加便捷、个性化的选择。

在锻炼体验方面，中学生普遍感到锻炼有助于放松心情、缓解压力。体育运动过程中的成就感、自信心提升，也是他们获得积极情绪体验的重要来源。不过，也有部分学生反映曾在运动中遭受过身体疼痛或心理挫折，如"剧烈运动后肌肉酸痛难忍""在球场上被嘲笑过，打击了运动积极性"。这提示我们，在弘扬运动正能量的同时，也要关注学生在锻炼过程中的负性感受，及时予以疏导。

影响中学生体育锻炼行为的因素错综复杂，既有个体因素，也有环境因素。个体层面的生理条件、运动能力、时间精力投入等，直接制约着其锻炼意愿和锻炼水平。而学校的硬件设施、师资力量、考核机制，家庭的经济条件、价值观念，社会的体育文化氛围等外部环境，也通过塑造个体行为来间接发挥作用。总的来看，良好的个体因素和环境因素相互促进，共同推动学生养成体育锻炼的习惯。

综上所述，本研究通过质性分析揭示了中学生体育锻炼行为的基本特征，包括广泛参与性、动机多元性、项目选择差异性、持续性不足等，并分析了形成这些特征的主客观原因。这为全面认识中学生运动现状、把握其行为规律提供了重要参考。在后续量化研究中，本研究将以此为基础，采用因素分析、潜在类别分析等方法，进一步探讨体育锻炼与内化问题行为间的关联模式，以期为有针对性地制定干预政策、促进中学生身心健康发展提供实证依据。

需要指出的是，本研究基于访谈资料对中学生体育锻炼行为特征的分析，尚难尽全面之功。且不同地区、不同类型学校学生的具体表现可能存在差异。未来研究应扩大样本、细化研究对象，开展更为深入、系统的考察。同时，定性分析不可避免地掺杂主观色彩，应辅之以客观测量，相互印证，以提高结论的可信度。此外，中学生正处于身心快速发展阶段，其体育行为模式也在不断演变，这就要求我们及时更新研究视角，动态把握其特点与规律。唯有如此，体育运动的教育功能才能充分彰显，促进每一位中学生全面而有个性地发展。

第四节　体育锻炼行为中心理机制的决策因素

一、锻炼坚持

锻炼坚持是体育锻炼行为中一个关键的心理机制决策因素。它反映了个体对运动习惯的执着程度和意志力水平。[1]通过对中学生访谈资料的编码分析，本研究发现锻炼坚持主要包含三个核心要素：目标导向、自我管理和抗干扰能力。

---

[1] H DE LA CORTE-RODRIGUEZ, J M ROMAN-BELMONTE, C RESINO-LUIS, et al. The role of physical exercise in chronic musculoskeletal pain: Best medicine—a narrative review[J]. Healthcare, Multidisciplinary Digital Publishing Institute, 2024, 12(2): 242.

目标导向是指个体对锻炼所持有的目的和期望。当学生将体育锻炼视为实现自我价值、增强体质、缓解压力的有效途径时，就更倾向于长期坚持锻炼。[1]正如一位学生所言："我坚持跑步是为了减肥塑形，只有持之以恒才能看到效果，我给自己设定了明确的目标。"相反，如果学生仅把体育课当作应付差事，缺乏内在动力，坚持的动力就会大打折扣。可见，锻炼目标能否激发个体的内驱力，是影响其能否持之以恒的关键因素。

自我管理则涉及目标执行过程中的计划、监控、评估等一系列调控行为。[2]访谈显示，能够科学制订锻炼计划、合理安排时间、及时总结反思的学生，更容易将锻炼坚持下去。"我每周末都会提前安排好锻炼时间和项目，坚持记录运动日志，及时调整计划"，这名学生的自述体现了良好的自我管理能力。相比之下，一些学生虽立下锻炼计划，但执行起来却随性而为、敷衍了事，难以形成恒常习惯。由此可见，自我管理水平的高低直接影响到锻炼意愿能否转化为持续行动。

抗干扰能力反映了个体面对诱惑和障碍时的自控力。在漫长的锻炼过程中，学业压力、身体不适、天气变化等各种客观因素常常构成干扰，此时能否坚定信念、克服困难就成为关键。[3]一位体育特长生这样说："每次比赛前的加练很辛苦，但一想到教练和队友对我的期望，再大的困难我也要坚持。"而一些意志力薄弱的学生则很容易在干扰面前选择退缩，中断锻炼。可见，在复杂多变的现实情境中，个体的自我控制能力越强，越能抵御干扰，持之以恒地坚持锻炼。

进一步分析发现，锻炼坚持的三大要素并非彼此独立，而是相互联系、相互影响的。明确的目标为日常锻炼提供方向和动力；而科学的自我管理使

---

[1] 孙晓东，高林，俞晓艳. 多学科视域下青少年体育锻炼能力研究的理论基础探究[J]. 福建体育科技，2022，41（5）：13-17.

[2] M L SVENDSEN, T V ANDERSEN, H SOENDERGAARD. Developing quality measures for non-pharmacological prevention and rehabilitation in primary health care for chronic conditions: a consensus study[J]. International Journal for Quality in Health Care, 2023, 35(4): 97-106.

[3] 张云亮，柳建坤，何晓斌. 体育锻炼对青少年学业表现的影响及其中介机制——基于中国教育追踪调查的实证分析[J]. 上海体育学院学报，2021，45（1）：29-39.

目标分解为具体可行的行动方案，强大的抗干扰能力则是确保计划落实、目标实现的重要保障。三者形成了一个整体的动力系统，共同推动着体育锻炼行为的持续开展。

二、锻炼承诺

锻炼承诺是体育锻炼行为中另一个重要的心理机制决策因素。它反映了个体对体育锻炼所赋予的重要性程度和投入的努力水平。[1]通过对中学生访谈资料的编码分析，本研究发现锻炼承诺主要包含三个核心要素：价值认同、责任意识和付出感受。

价值认同是指个体对体育锻炼价值的主观评判和接纳程度。当学生认为体育锻炼有助于增强体质、缓解压力、提升自信时，就更倾向于对其做出积极承诺。[2]一位学生这样阐述道："我觉得坚持锻炼不仅让身体更健康，也让心情变得愉悦，所以我愿意为之付出时间和精力。"相反，如果学生认为体育锻炼是浪费时间、影响学习的活动，其承诺度自然会降低。由此可见，个人对锻炼价值的认同程度直接影响着其行为决策。

责任意识则反映了个体对锻炼的义务感和主人翁精神。当学生将锻炼视为自己应尽的责任，并主动承担起组织、推动锻炼的角色时，就意味着形成了较高的承诺水平。[3]"作为体育委员，我有责任带动大家积极锻炼，这是我的职责所在"，一位学生干部的话语体现了强烈的责任意识。相比之下，一些学生将锻炼视为被动接受的任务，缺乏主人翁意识，其参与热情和投入程度往往不高。可见，责任意识强弱影响着锻炼承诺能否外化为实际行动。

付出感受则涉及个体在参与锻炼过程中的获得感和成就感。当学生感受

---

[1] 马明兵，蒲毕文，吴开霖，等. 同伴运动友谊对青少年体育锻炼行为的影响：锻炼自我效能与运动承诺的遮掩效应[J]. 广州体育学院学报，2023，43（6）：60-71.
[2] 周启迪，王殿玺，刘佳. 新时代学校体育课程思政何以促进高中生全面发展——多重中介效应分析[J]. 沈阳体育学院学报，2024，42（2）：1-9.
[3] 毛振明，彭小伟，胡庆山. 中国式学校体育现代化：国情、路径、课题与发展[J]. 武汉体育学院学报，2024，58（3）：1-9, 33.

到自己的努力和付出换来了身心的积极变化、师长的肯定时，就更倾向于加大对锻炼的投入。[1]一名同学自豪地说："坚持晨跑一年，不仅体重降下来了，在运动会上还得了奖，特别有成就感。"正向的感受反馈会强化个体的锻炼意愿，促使其做出更高承诺。反之，如果付出和收获不成正比，学生的参与动力就会逐渐丧失。

三、情绪体验

情绪体验是中学生体育锻炼行为中的又一重要心理机制决策因素。它反映了个体在参与体育活动过程中所产生的各种情感反应和心理感受。[2]通过对中学生访谈资料的编码分析，本研究发现情绪体验主要包含三个核心要素：愉悦感、成就感和挫折感。

愉悦感是指个体在体育锻炼中所体验到的快乐、兴奋等积极情绪。许多学生表示，在运动时感到身心畅快、心情愉悦，这种正面体验增强了他们对体育的喜爱。[3]一位学生这样描述道："每次打球时，我都感到特别开心，烦恼都被抛到脑后了。"可见，运动带来的愉悦感受能够激发个体的参与热情，促使其更频繁、更持久地投入锻炼。相反，如果学生在体育活动中感到枯燥乏味、身心不适，则可能降低其锻炼意愿。由此可见，运动愉悦感在很大程度上影响着个体能否长期坚持体育锻炼。

成就感则反映了个体在体育锻炼中获得进步、超越自我的心理满足。不少学生谈到，当他们在运动技能、身体素质等方面取得进步时，内心会油然而生一种自豪感。一名学生自信地说："通过刻苦训练，我在马拉松比赛中

---

[1] T PAILLARD, H BLAIN, P L BERNARD. The impact of exercise on Alzheimer's disease progression[J]. Expert Review of Neurotherapeutics, Taylor & Francis, 2024, 24(4): 333-342.

[2] 钟华梅，许文鑫. 体育锻炼参与的主观福利效应研究——基于中国家庭追踪调查数据的实证分析[J]. 西安体育学院学报，2024，03（2）：1-14.

[3] 韩岩娜，张春蕾. 大学生体育锻炼与生活满意度的关系：一般自我效能感和生命意义感的链式中介作用[J]. 湖北体育科技，2023，42（7）：612-616.

取得了好成绩，感到特别有成就感。"成功体验所带来的成就感，能够强化个体的运动自信心，激励其为更高目标而努力。相比之下，如果学生在体育学习中始终无法取得进展，就可能丧失信心，放弃锻炼。可见，成就感的获得与否直接关系到个体能否保持运动动力。

挫折感则涉及个体在体育锻炼中遭遇困难、障碍时的负面情绪体验。一些学生坦言，面对运动中的困难和失败，他们常感到沮丧、泄气，难以调整好心态。一位学生无奈地说："我在训练时总是跟不上别人，感到特别挫败，都不想再坚持了。"可以看出，频繁的挫折体验会严重打击个体的运动信心，削弱其锻炼意愿。相反，如果学生能从困境中看到希望，获得他人支持和鼓励，负面情绪就可能得到缓解。由此可见，挫折感能否得到及时疏导，对保持运动热情至关重要。

四、发展动机

发展动机是中学生体育锻炼行为中又一重要的心理机制决策因素。它反映了个体参与体育活动的目的和诉求，体现了其价值取向和成长愿景。[①] 通过对中学生访谈资料的编码分析，本研究发现发展动机主要包含三个核心要素：身体发展、心理发展和社交发展。

身体发展动机指个体为增强体质、改善健康状况而参与体育锻炼。许多学生表示，他们希望通过运动强身健体，提高免疫力，预防疾病。[②] 一位学生说："我坚持跑步，就是为了增强体质，不生病、少感冒。"可见，追求身体健康已成为当代中学生参与体育活动的重要诉求。这种发展诉求能够激发个体的运动意识，使其更加重视体育锻炼的健身功效。相比之下，缺乏健康意识的学生则可能忽视锻炼，放任身体机能下降。由此可见，树立正确的身

---

① 肖紫仪，熊文，郑湘平，等. 体育中考体质健康测试：基本理论问题检视与调适[J]. 上海体育大学学报，2024，48（3）：1-13.
② 陈寿云. 体育锻炼对主观幸福感的影响——基于多重中介模型的实证分析[J]. 淮北师范大学学报（自然科学版），2024，45（1）：77-81.

体发展动机，是保证学生积极参与、持之以恒锻炼的重要前提。

心理发展动机则涉及个体对于提升心理素质、培养优秀品格的追求。在访谈中，不少学生谈到体育锻炼对塑造意志品质的重要作用。他们认为，运动能磨炼意志，培养吃苦耐劳、坚韧不拔的品格。一名学生自豪地说："长跑训练虽然很苦，但它锻炼了我永不言弃的意志。"由此可见，体育活动为学生提供了宝贵的心理成长机会。在克服困难、战胜自我的过程中，学生逐步完善人格，提升心理素质。相比之下，缺乏心理发展诉求的学生，则可能在运动中止步不前、轻言放弃。可见，心理成长动机在很大程度上决定了学生能否从体育锻炼中获得持久的发展动力。

社交发展动机则体现了个体对于拓展人际、培养社交能力的渴望。许多学生表示，体育活动为他们提供了难得的社交平台。[1]在运动中，他们结识新朋友，学会与人相处，增强了交往信心。一位学生兴奋地说："我在球队里认识了很多志同道合的伙伴，大家一起训练、比赛，建立了深厚友谊。"可见，体育活动具有独特的社会属性，为学生社交能力的发展创造了条件。相比之下，社交意识薄弱的学生则可能错失运动中的交往机会，人际圈相对狭窄。由此可见，社交发展动机对学生能否充分利用体育活动、拓宽人际视野至关重要。

第五节　影响体育锻炼行为的个体因素

影响中学生体育锻炼行为的因素是多方面的，既有个体自身的因素，也有外部环境的影响。通过实证研究和访谈法，本节将具体探讨六个关键的个体因素对中学生体育锻炼行为的影响，包括精力投入、财力投入、精神伤害、身体伤害、运动能力和参与选择。个体投入体育锻炼的精力和财力在一定程

---

[1] 李伟平，安珠鑫，张竹欣. 城市智慧化对居民体育锻炼参与的影响研究——基于智慧城市试点的准自然实验[J]. 体育学研究，2023，37（6）：48-59，80.

度上决定了其参与的频率和强度；体育运动给个体身心带来的负面影响，如精神伤害和身体伤害，可能会降低其锻炼的积极性；学生的运动能力和参与体育活动的自主选择权也会影响其锻炼行为。通过系统分析这些个体因素，揭示其作用机制，本章旨在为全面理解中学生的体育锻炼行为提供重要视角，为后续制定针对性的干预策略奠定基础。

一、精力投入

精力投入是影响中学生体育锻炼行为的重要个体因素之一。通过对中学生的访谈，我们发现精力投入水平与体育锻炼行为密切相关。[①]受访学生普遍反映，当他们在体育活动中投入更多精力时，锻炼的频率和强度往往会更高。一位学生表示："我很喜欢打篮球，课间、课后我都会去球场练习投篮。虽然有时很累，但是我乐在其中，所以就不觉得辛苦了。"另一位学生则说："如果上体育课我认认真真地跟着老师做，下课后还会主动加练一会儿，感觉收获特别大。相比之下，有些同学上课态度比较敷衍，练得少，进步就不明显。"这些访谈内容表明，中学生的精力投入水平直接影响着他们参与体育锻炼的积极性和主动性。

访谈资料还显示，影响中学生精力投入的因素是多方面的。部分学生提到，对某项运动的兴趣爱好是他们投入精力的重要动力。"我从小就喜欢踢足球，所以每次踢球的时候都特别起劲，一练就是一两个小时。"一名学生如是说。也有学生表示，当他们在某项运动上得到老师或同学的认可时，会更愿意投入精力。"上次体育课，老师表扬了我的跑步姿势，我觉得特别开心，也更有动力继续练下去。"可见，发自内心的运动兴趣和外部的积极反馈，都有助于提高年级学生的精力投入水平。

然而，访谈中也有部分学生反映，过度的学业压力和缺乏体育锻炼的时

---

① 石清泉. 中学生体育运动流畅体验与心理健康的关系[D]. 杭州：杭州师范大学，2023.

间，是影响他们精力投入的主要障碍。一位学生坦言："我们每天都有大量的作业，还要准备各种考试，很少有时间和精力去运动。就算上体育课，也经常觉得心不在焉的。"另一位学生表示："放学后还要上英语、奥数辅导班，回到家已经很晚了，哪还有心思去锻炼啊。"这提醒我们，在提高中学生精力投入的同时，还需要合理调配学生的时间，减轻他们的学业负担，为体育锻炼创造有利条件。

此外，学校体育环境的优劣和教学方式的好坏，也会影响中学生的精力投入水平。[①]在访谈中，不少学生对学校体育设施和器材的不足表示不满。"我们学校的跑道年久失修，跑起来很不舒服，有时还会崴脚。""体育器材锈迹斑斑，数量也不够，大家练习的积极性都不高。"与此同时，一些学生也反映，单调乏味的教学方式会降低他们的运动兴趣。"每次上课就是跑圈、做操，没什么新鲜感，大家也都提不起劲。""我希望老师能多教一些有趣的体育游戏，这样大家肯定会更积极地参与。"可见，完善学校体育基础设施，创新体育教学模式，能够有效激发中学生的运动热情，提高他们的精力投入水平。

总的来说，通过对中学生的访谈，我们发现精力投入是影响其体育锻炼行为的关键因素。学生的运动兴趣、外部反馈、时间安排、学校环境等，都会对精力投入水平产生重要影响。为了提高中学生的精力投入，学校应当采取多种措施，如开展丰富多彩的体育活动，完善体育设施和器材，创新教学方式方法，合理调配学生时间等。同时，教师应当关注每个学生的个体差异，因材施教，充分调动他们参与体育锻炼的积极性。家长也要转变教育观念，帮助孩子树立健康的运动意识，为其创造良好的体育锻炼条件。只有学校、教师、家长多方协同，营造良好的体育氛围，才能真正激发中学生的运动热情，提高他们在体育锻炼中的精力投入水平，促进其身心健康全面发展。

---

① 许文鑫，郭凯林. 我国社区居民体育锻炼的同群效应——基于 CGSS 数据的实证分析[J]. 中国体育科技，2024，35（2）：1-7.

二、财力投入

财力投入是影响中学生体育锻炼行为的另一个重要个体因素。[1]通过对中学生的访谈,我们发现财力投入水平与体育锻炼行为存在一定关联。部分学生表示,参与体育活动需要一定的经济支出,如购买运动装备、场地租赁等,这对他们的锻炼行为产生了一定影响。一位学生说:"我很喜欢打网球,但是网球拍、球鞋、场地费用都比较贵,我的零花钱有限,只能偶尔去打一次。"另一位学生则表示:"我家条件不太好,买不起太好的运动装备,有时穿着不合脚的鞋子打球,感觉很不舒服,影响了我的发挥。"这些访谈内容表明,中学生的财力投入水平在一定程度上制约着他们参与体育锻炼的频率和质量。

然而,访谈中也有不少学生认为,财力投入并非参与体育锻炼的决定性因素。一位学生说:"我觉得锻炼身体不一定非要花很多钱,很多运动项目,如跑步、徒手健身等,都不需要太多装备,关键是要有锻炼的意识和毅力。"另一位学生表示:"学校里有免费的体育设施,上体育课也不用额外花钱,主要是看个人的主动性和积极性。"这提醒我们,在关注财力投入的同时,更要注重培养中学生参与体育锻炼的意识和习惯,帮助他们建立起内在的运动动机。

访谈资料还显示,家庭经济条件是影响中学生财力投入的重要因素。一些家庭条件较好的学生表示,父母会主动为他们购买优质的运动装备,支持他们参加各种体育培训班。"我爸妈觉得锻炼身体很重要,每年都会给我买新的运动鞋和衣服,还让我去游泳馆学游泳。"相比之下,家庭条件欠佳的学生在体育锻炼上的财力投入则相对有限。"我家境一般,平时能吃饱穿暖就不错了,哪有多余的钱去买运动装备啊。"可见,家庭经济状况在一定程度上影响着中学生的财力投入水平,进而影响其体育锻炼行为。

不过,也有部分学生指出,学校在体育经费投入和资源配置方面存在不足,在一定程度上限制了学生的体育锻炼行为。[2]"我们学校的体育器材比

---

[1] 夏祥伟,斯阳,郝翔,等.加强研究生体育与健康教育的对策研究[J].中国高等教育,2021(Z2):61-63.
[2] 张朋."双减"背景下学校体育生态的缺陷及其弥补[J].教学与管理,2024(1):50-54.

较老旧，有些项目想练都没条件。""学校每年的体育经费很少，更新器材的频率也不高，大家的锻炼积极性受到影响。"这提醒我们，学校应当加大体育经费投入，完善体育基础设施，为学生提供更好的锻炼条件，促进其体育锻炼行为的开展。

此外，一些学生还提到，社会上的体育消费观念和商业氛围，也在一定程度上影响着他们的体育消费行为。"现在运动品牌动不动就搞限量款，炒作价格，很多同学为了跟风，花大价钱去买鞋子、衣服，但实际锻炼的频率并不高。""有些健身房、游泳馆的收费标准太高，让人望而却步，感觉锻炼成了有钱人的专利。"这提醒我们，在倡导体育锻炼的同时，也要注意引导中学生树立正确的消费观，避免盲目攀比和过度消费，把有限的财力投入到实际锻炼中去。

总的来说，通过对中学生的访谈，我们发现财力投入是影响其体育锻炼行为的重要因素。学生的家庭经济条件、学校的体育投入、社会的消费氛围等，都会对财力投入水平产生一定影响。为了促进中学生的体育锻炼，学校应当加大体育经费投入，完善体育基础设施，为学生创造良好的锻炼环境。同时，教师和家长要引导学生树立正确的体育消费观，避免盲目攀比，把有限的财力用在实际锻炼上。政府和社会各界也要加强宣传引导，营造积极健康的体育氛围，让体育锻炼成为中学生的自觉行动。只有多方合力，形成合理的财力投入机制，才能更好地促进中学生体育锻炼行为的开展，提高其身体素质和综合能力，实现身心全面发展。

三、精神伤害

在探讨影响中学生体育锻炼行为的个体因素时，精神伤害是一个不容忽视的方面。[①]通过对中学生的访谈，我们发现一些学生在体育活动中遭受的

---

① 刘言，田卓尧，魏源，等. 农村留守儿童家长支持与身体活动的关系：基于锻炼动机与锻炼自我效能的链式中介模型[J]. 湖北体育科技，2024，43（2）：51-57，108.

精神伤害，对其后续的锻炼行为产生了负面影响。

一位学生谈到了自己的不愉快经历："有次体育课上，我不小心把球传丢了，队友就当着大家的面数落我，说我没用，拖了大家的后腿。那次之后，我就觉得上体育课很没意思，也不太愿意参与集体项目了。"另一位学生也表示："我运动细胞不太好，每次上体育课都跑得很慢，老师总拿我和别的同学比较，说我不努力。久而久之，我就对体育失去了信心，觉得自己可能真的没有运动的天赋。"这些访谈内容表明，来自师生的不当言行，可能会对学生的运动自信和锻炼热情产生打击，进而影响其后续的体育锻炼行为。

除了言语上的伤害，一些学生还提到了在运动过程中受到的身体欺凌。"有几个男生经常在上体育课的时候故意撞人，还嘲笑对方身手不敏捷。受到欺负的同学后来就不太敢上体育课了。"身体接触类项目中的过度对抗和暴力行为，不仅会给学生带来身体伤害，也会在精神层面留下阴影，影响其未来参与相关体育活动的意愿。

访谈中还有学生反映，过于注重竞技和成绩的体育氛围，容易给学生带来过大的精神压力。"我们学校每年都会举行秋季运动会，看重的就是比赛成绩。老师会要求我们加大训练强度，争取拿奖牌。但有的同学可能天生在某些项目上不占优势，再怎么练也赶不上其他人，就会觉得很沮丧，慢慢对体育越来越排斥。"片面追求竞技水平，而忽视学生的个体差异和感受，容易导致其产生自卑、焦虑等负面情绪，从而远离体育锻炼。

此外，一些学生还提到，校园体育中的性别歧视和身材歧视，也是导致精神伤害的原因之一。"我们学校的男老师总觉得女生打球不行，就不愿意在女生身上下功夫。久而久之，女生们就觉得体育项目可能真的不适合自己。""我有一个同学比较胖，上体育课的时候经常被其他同学嘲笑，还被叫各种外号。他本来就对运动没什么兴趣，后来就更不愿意参加体育活动了。"刻板的性别观念和外貌偏见，会限制学生参与体育锻炼的机会，动摇其运动自信，影响身心健康发展。

四、身体伤害

身体伤害是影响中学生体育锻炼行为的另一个重要因素。[1]通过对中学生的访谈,我们发现一些学生在体育活动中遭受的身体伤害,对其后续的锻炼行为产生了一定的负面影响。

一位学生谈到了自己的受伤经历:"上学期体育课打篮球的时候,我和另一个同学抢球,结果崴了脚踝。伤得很严重,休息了半个多月才恢复。那之后我就有点怕打篮球了,生怕再次受伤。"另一位学生也表示:"我有哮喘,剧烈运动后会引发病症。有一次在跑步时发作,非常难受。从那以后,我就不太敢参加剧烈的体育活动了。"这些案例表明,运动损伤和疾病并发症会在一定程度上影响学生的运动信心,导致其对特定体育项目产生恐惧心理,进而影响后续的锻炼行为。

访谈中还有学生提到,体育课上的一些不当练习方式,也可能造成身体伤害。"上次上体育课,老师让我们练习倒立,但是没有做好保护措施。有个同学倒立的时候摔倒了,头撞到了地面,当场就昏迷了。"缺乏必要的安全防护和科学指导,会大大增加学生在体育锻炼过程中受伤的风险,影响身体健康。

此外,一些学校的体育设施陈旧失修,也是导致学生运动伤害的重要原因。"我们学校的球场地面特别不平整,跑起来很容易崴脚。""体育馆的地板都有点破损了,上面还有铁钉,稍不注意就会被划伤。"恶劣的运动环境不仅会直接造成身体伤害,还会在学生心中种下安全隐患,降低其运动参与的积极性。

---

[1] 胡小清,张加林,陈思同,等. 新课标背景下体育结构化教学的价值阐释、实然挑战与应然对策[J]. 上海体育大学学报,2024,48(2):25-33.

五、运动能力

运动能力是影响中学生体育锻炼行为的一个重要因素。不同运动能力水平的学生，在体育锻炼方面表现出明显差异。[1]对于运动能力较强的学生而言，他们在体育活动中往往能取得优异的成绩，从而获得更多的成就感和自信心。良好的运动表现能为他们赢得同学的认可，激发更大的锻炼热情。优秀的运动能力使他们在体育课和校园活动中有更多的参与机会，让他们更加积极主动地投入到各种锻炼之中。相比之下，运动能力较弱的学生则容易产生自卑和退缩心理。他们在体育活动中常常表现不佳，难以获得成就感，逐渐丧失锻炼信心。在同学面前"丢脸"的恐惧更加重了他们对体育活动的心理障碍，降低了其参与积极性。学生的运动能力还影响着他们对不同运动项目的选择偏好。每个人的身体条件和运动禀赋不尽相同，这导致他们在选择体育项目时，倾向于从事自己擅长、有优势的运动，而回避对身体素质有特殊要求的项目。这种基于运动能力的项目选择倾向，在一定程度上影响着学生参与不同类型体育锻炼的广度和深度。

访谈中也提到，学校体育教学中对"因材施教"落实不够充分，加剧了运动能力对学生锻炼行为的影响。教师在教学中过于关注运动能力突出的学生，而忽视了对普通学生的指导和帮助。这样的教学方式难以调动运动能力较弱的学生参与体育活动的积极性，反而加深了他们的自卑感和挫败感，最终使其难以养成体育锻炼的良好习惯。

由此可见，中学生的运动能力水平在很大程度上影响着其体育锻炼的表现和体验。运动能力强的学生往往具有更高的运动兴趣和参与度，而能力较弱的学生则更易受到心理障碍和信心不足的困扰。同时，学校体育教学中"以人为本""因材施教"的缺失，也放大了运动能力对学生锻炼行为的负面影响，加剧了学生之间运动参与的分化。这些都是在分析运动能力与中学生体育锻炼行为关系时不容忽视的重要发现。

---

[1] C YANG, Q WU, Q LV, et al. Efficacy of physical exercise on the physical ability, cardiac function and cardiopulmonary fitness of patients with atrial fibrillation: A systematic review and meta-analysis[J]. Frontiers in Cardiovascular Medicine, 2024, 11(2): 643-659.

六、参与选择

中学生在体育活动中的参与选择，受到个人喜好、同伴影响、师长引导等多种因素的影响。[1]通过对中学生的访谈，我们发现他们在参与体育锻炼时表现出一定的个体差异和共性特征。

在个人喜好方面，很多学生表示会优先选择自己感兴趣、有特长的运动项目。一位学生说："我从小就喜欢踢足球，所以每次体育课我都主动要求加入足球队。课余时间也经常约同学一起去踢球，乐此不疲。"个人的兴趣爱好在很大程度上影响着学生参与体育活动的积极性和持续性。当学生从事自己真正喜欢的运动时，往往能收获更多的乐趣和满足感，从而主动投入更多的时间和精力。

同伴影响是另一个不容忽视的因素。很多学生的运动选择会受到好友和班集体的左右。[2]"我原本对排球不太感兴趣，但我几个要好的朋友都报名参加了排球社，我也就跟着一起去了。""我们班里篮球氛围特别好，同学们课间总爱在一块儿打球。受他们的影响，我慢慢也喜欢上了篮球运动。"在集体活动中，同伴的接纳和认同对学生的参与动机有着重要的激励作用。融洽的群体氛围能让学生产生归属感，更乐于与伙伴一同参与体育锻炼。

教师的引导在学生的运动选择中也扮演着关键角色。访谈中有学生提到："我们的体育老师经常组织一些趣味比赛，让大家体验不同的运动项目。在他的鼓励下，我尝试了很多以前没接触过的运动，视野和兴趣都得到了拓展。"教师通过开设丰富多元的体育课程，创设良好的运动情境，能有效引导学生走出"运动舒适区"，主动尝试新的运动项目。同时，教师的言传身教和榜样示范，也能潜移默化地影响学生的运动态度和选择取向。

在性别差异方面，一些学生谈到男女生在运动选择上有一定的区别。

---

[1] 郭旭婷，王丹丹，杨浩楠. 大学生体育锻炼投入与自我效能感的关系研究[J]. 林区教学，2024（3）：91-95.
[2] 范文斌，谢军. 厦门市高校大学生运动参与动因的质性分析[J]. 体育科学研究，2023，27（6）：78-84.

"我们班的男生普遍爱好足球、篮球等对抗性强的项目，上体育课时总抢着打球。女生则更偏好排球、羽毛球、瑜伽等相对温和、注重技巧的运动。"传统的性别角色定位在无形中影响着学生的运动选择。社会期望和同辈压力使得很多学生倾向于选择符合自己性别特质的项目，而回避"异类"运动。这种基于性别刻板印象的选择倾向，在一定程度上限制了学生参与体育活动的广度。

综合来看，中学生在体育锻炼中的参与选择是个人因素、人际关系、学校教育等多重因素综合作用的结果。个人的兴趣爱好是学生参与体育活动的内在动力，而同伴影响、师长引导等外部环境则营造了学生锻炼的社会氛围。教师应当充分尊重学生的个体差异，创设开放多元的体育学习环境，鼓励学生根据自身特点和需求选择适合的运动方式。同时，学校还要加强体育文化建设，营造人人享有平等参与机会的良好氛围，让不同性别、不同能力的学生都能乐于体育、善于运动，培养终身锻炼的意识和习惯。唯有在平等、和谐、关爱的校园体育氛围中，学生的运动选择权和参与热情才能得到最大程度的释放和激励。

第六节　影响体育锻炼行为的社会环境因素

一、外部压力

外部压力是影响中学生体育锻炼行为的重要环境因素之一。通过对中学生的访谈，我们发现来自学业、家长、社会等方面的外部压力，在一定程度上制约了学生参与体育活动的时间和精力。[1]

---

[1] 杨智成. 运动类 APP 干预对大学生体质影响的实验研究：锻炼动机和锻炼坚持性的链式中介作用[D]. 杭州：杭州师范大学，2023.

学业压力是影响学生体育锻炼的最主要外部因素。在应试教育的大背景下，中学生普遍面临着沉重的学习任务和升学压力。[①]"我现在高三了，每天都要上课到很晚，回家还有一大堆作业。哪有时间锻炼啊，能保证学习就不错了。"为了在考试中取得优异成绩，许多学生不得不挤占体育锻炼的时间，长期处于"学习—考试"的循环之中。

家长的期望和要求也给学生的体育锻炼带来压力。访谈中有学生表示："我爸妈总说现在学习才是最重要的，让我把所有精力都放在学习上，少花时间在体育运动上。"一些家长片面追求升学指标，忽视了体育锻炼对学生身心发展的重要价值。他们通过言语暗示、行为干预等方式，向孩子传递"以学业为重"的价值导向，客观上抑制了学生参与体育活动的意愿。

社会文化的功利性导向也在无形中影响着学生的体育观念和行为。"现在到处都在说'学好数理化，走遍天下都不怕'，似乎只有学习好的人才能在社会上立足。反倒很少听到有人鼓励我们多参加体育锻炼。"当社会评价体系过度倾斜于学业成绩时，学生容易形成"智育至上"的价值取向，而忽视体育锻炼的重要性。这种考试导向的社会风气，进一步加剧了学生在体育锻炼方面的外部压力。

综合来看，学业压力、家长期望和社会文化导向共同构成了中学生体育锻炼的外部压力源。这些压力因素通过占用学生的时间、影响其价值观念等方式，客观上制约了学生参与体育活动的意愿和行为。面对"重智育、轻体育"的社会现实，学生普遍感到体育锻炼是一种"无用功"，难以在繁重的学业之余投入足够的时间和精力。

二、锻炼条件

锻炼条件是影响中学生体育锻炼行为的另一个重要环境因素。通过对中

---

① 邱懿，朱静.青少年学业自我概念与学业成绩的关系：一项交叉滞后研究[J].上海教育科研，2024（2）：77-84.

学生的访谈，我们发现体育设施、场地空间、教师指导等方面的客观条件，在很大程度上制约着学生参与体育活动的可能性和有效性。①

体育设施的配备情况直接关系到学生能否开展体育锻炼。一些学生反映，学校的运动器材不足，难以满足日常体育课和课外活动的需求。"我们学校就那么几个篮球，还不够每个班用的。坏了也没人及时更换，影响我们打球的积极性。"设施器材的缺乏，客观上限制了学生参与体育锻炼的广度和深度。

场地空间也是影响学生体育锻炼的关键条件。②访谈中有学生表示，学校运动场地面积有限，难以同时容纳多个班级开展体育活动。"我们学校的操场总共也没多大，好几个班一起上体育课时经常抢场地。想课余去锻炼，又发现操场被包场搞活动，只能作罢。"较小的场地空间加剧了师生间的矛盾，影响了体育教学和锻炼的正常开展。

教师指导是保证体育锻炼有效性的重要条件。部分学生反映，学校体育教师数量不足，无法对学生的锻炼过程进行有效指导。"我们学校就那么几个体育老师，上课都顾不过来，更别提课后指导了。有时候想找老师问问运动的技巧，也抓不到人。"缺乏足够的教师指导，学生容易走入锻炼的误区，不仅影响锻炼效果，还可能带来运动损伤等问题。

综合来看，体育设施、场地空间和教师指导共同构成了中学生体育锻炼的客观条件基础。设施器材的缺乏制约了学生开展体育活动的物质可能，场地空间的不足影响了学生参与锻炼的时空便利性，教师指导的缺位则降低了学生体育锻炼的针对性和有效性。这些条件性因素相互交织，客观上影响了学生养成良好锻炼习惯的环境土壤。

---

① 闫静, 温雨竹, 袁凤梅, 等. "双减"政策下青少年课外体育服务供给的现实困境与纾解[J]. 山东体育学院学报, 2023, 39（5）: 13-22.
② 罗小红, 余文禄. 新农村综合体模式下四川省农村公共体育服务供需现状研究[J]. 四川体育科学, 2024, 43（2）: 101-105, 133.

三、锻炼氛围

锻炼氛围是影响中学生体育锻炼行为的重要环境因素之一。通过对中学生的访谈，我们发现学校、班级、家庭等场域中的运动氛围，在很大程度上影响着学生参与体育锻炼的意愿和动力。[①]

学校的整体运动氛围直接关系到学生能否养成良好的锻炼习惯。一些学生表示，学校重视体育工作，经常开展形式多样的体育活动，有利于调动学生的运动热情。"我们学校每年都会举办秋季运动会，还有各种体育社团和课外活动。在这样的氛围下，我也更想参与进去，和大家一起运动。"积极向上的校园体育文化，能潜移默化地影响学生的价值取向，帮助其形成"爱运动、勤锻炼"的行为习惯。

班级小环境在塑造学生运动意识方面也发挥着重要作用。访谈中有学生提到，班上同学普遍热爱运动，有很强的集体凝聚力，这种良性氛围激发了自己的锻炼热情。"我们班同学性格都比较外向，平时喜欢一起切磋球技，参加班级对抗赛。在集体的带动下，我运动的积极性也被调动起来了。"当体育锻炼成为班级文化的有机组成部分时，学生往往会产生从众心理，更乐于融入集体的运动实践中。

家庭的运动氛围也会影响学生的锻炼行为。[②]部分学生表示，父母重视体育锻炼，能给自己树立良好的行为榜样。"我爸妈平时就爱运动，经常带我一起锻炼身体。在这种家庭环境的熏陶下，我也逐渐养成了运动的好习惯。"父母的言传身教和价值引导，能潜移默化地影响学生对体育锻炼的认知和态度，进而外化为自觉的行动力。

综合来看，学校、班级、家庭等不同场域的运动氛围，共同构成了中学

[①] 刘昕，郭庆. 中国式学校体育现代化：面向课程主战场的学校体育发展之策[J]. 武汉体育学院学报，2024，58（3）：10-19.

[②] 黄越，吴亚婷. 中国式现代化视域下家庭体育锻炼行为多维影响因素探析[J]. 南京体育学院学报，2023，22（7）：33-43.

生体育锻炼的社会环境。积极向上的校园体育文化有利于塑造学生的运动价值观，团结向心的班级凝聚力能激发学生的集体运动意识，良好的家庭示范效应则帮助学生形成自觉的锻炼习惯。反之，如果学校忽视体育工作，班级缺乏运动热情，家长漠视锻炼价值，负面的环境氛围也会影响学生参与体育活动的内驱力。

四、教学评价

教学评价是影响中学生体育锻炼行为的重要环境因素之一。[①]通过对中学生的访谈，我们发现体育教学中的评价方式和内容，在很大程度上影响着学生参与体育锻炼的动机和体验。

体育教学评价的方式直接关系到学生能否获得成就感和自信心。一些学生反映，教师过于注重标准化的运动技能测试，忽视了学生的个体差异和进步幅度。"老师上课总让我们达到某些指标，像引体向上、跑步测速等，但从来不看我们进步了多少，这让我觉得很沮丧。"唯结果论的评价方式容易挫伤学生的运动自尊，削弱其参与体育锻炼的内在动力。

评价内容的片面性也影响着学生对体育学科的认知和态度。访谈中有学生表示，体育课的评价过于强调运动技能，而忽视了体育品德、健康行为等内容。"老师平时只关心我们掌握了哪些运动技术，考核时也主要测试这些内容。但体育精神、运动习惯等方面的表现，似乎并不重要。"单一化的评价内容割裂了体育教学的育人目标，学生容易将体育锻炼等同于技术训练，而忽视其在身心发展中的综合育人价值。

综合来看，体育教学评价的方式和内容共同塑造着中学生的体育学习体验。结果导向的评价方式容易损害学生的运动自信心，片面化的评价内容则影响学生对体育锻炼的整体认知。当评价过于强调"术"而忽视"道"时，

---

① 孟晓平，张志勇．基于学科核心素养的逆向体育课程设计[J]．课程·教材·教法，2021，41（2）：132-137．

学生参与体育活动的内驱力会被逐步削弱，难以真正培养起"健康第一"的体育观念和行为习惯。

五、科学指导

科学指导是影响中学生体育锻炼行为的重要环境因素之一。[1]通过对中学生的访谈，我们发现来自教师、教材、训练计划等方面的专业指导，在很大程度上影响着学生参与体育锻炼的科学性和有效性。

教师的专业指导直接关系到学生能否学会科学锻炼的方法。一些学生反映，体育教师能够针对自身特点，提供个性化的运动处方和建议，让自己的锻炼更有针对性。"我的体育老师经常给我分析动作要领，纠正我的错误习惯。在他的指导下，我掌握了很多科学的锻炼技巧，提高了运动效率。"教师的专业视角和经验引导，能帮助学生形成正确的体育观念和行为，提高其运动损伤的防范意识。

体育教材的科学性也影响着学生对运动知识的掌握和运用。访谈中有学生表示，学校选用的体育教材图文并茂，内容丰富实用，加深了自己对科学锻炼的认知。"我们的体育课本不仅教授运动技术，还有运动处方、损伤预防等方面的知识。通过学习，我对科学健身有了更全面的了解。"系统完善的体育教材能为学生提供全面、权威的运动指导，帮助其树立科学健身的意识和行为习惯。

训练计划的合理性则关乎学生体育锻炼的安全和效果。部分学生反映，学校提供的训练计划缺乏针对性，强度和频率把控不当，容易产生运动损伤。"学校统一要求我们每天跑几千米，不分年级和个人体质，我就觉得身体很吃不消。而且也没有循序渐进，运动强度一下子上来了，很容易受伤。"科学合理的训练计划应充分考虑学生的身体条件和运动基础，遵循循序渐进、

---

[1] 沈过.中学生体育锻炼、学习投入、主观幸福感的关系——基于CEPS数据的实证研究[J].福建体育科技，2023，42（6）：97-104.

因材施教的原则,在保障学生健康安全的前提下,最大限度地提高其体育锻炼的效益。

综合来看,教师指导、教材选用、训练计划等方面的科学性,共同影响着中学生体育锻炼的有效性和安全性。专业而有针对性的教师指导,能帮助学生掌握科学的锻炼方法,发挥个人的运动潜能。系统权威的体育教材,为学生提供了全面学习运动知识的平台,为其科学锻炼奠定了理论基础。合理可行的训练计划,则从宏观层面保障了学生体育锻炼的安全性和渐进性,最大限度地规避运动损伤。反之,如果缺乏必要的科学指导,学生的体育锻炼就可能陷入盲目无序的状态,难以取得良好的身心效益,甚至可能带来健康隐患。

六、表现机会

表现机会是影响中学生体育锻炼行为的重要环境因素之一。[①]通过对中学生的访谈,我们发现校园运动会、体育竞赛、社团活动等平台,在很大程度上影响着学生参与体育锻炼的动机和热情。

校园运动会为学生提供了展示运动才华的大舞台。一些学生表示,运动会上的出色表现,极大地提升了他们的自信心和成就感,也激发了他们更大的锻炼热情。"去年校运会上,我代表班级参加了接力赛,拿到了第一名。站在领奖台上的那一刻,我感到无比自豪和激动,也更加爱上了体育运动。"当学生在运动会上尝到了成功的喜悦,就会更加主动地投身体育锻炼,并将其视为挑战自我、超越自我的动力源泉。

体育竞赛则为学生创造了一展身手的机会。访谈中有学生提到,学校定期举办篮球赛、足球赛等体育比赛,让自己的运动特长得到了充分展示。"我酷爱足球运动,学校每年都会举办班级联赛,这让我有机会和同学们一决高下,切磋球技。比赛的过程虽然辛苦,但收获的成就感和班级荣誉感是巨大

---

① 法超. 大学生课外体育锻炼坚持机制的研究[D]. 赣州:赣南师范学院,2014.

的。"当体育竞技成为学生表现自我、服务集体的舞台时，他们往往会更加积极主动地参与其中，并在竞争对抗中充分展现自身的体育才能。

学生社团则搭建了体育特长生的施展平台。部分学生反映，学校开设了丰富多样的体育社团，为特长突出的学生提供了展示的机会。"我是学校跆拳道社团的成员，校方经常安排我们进行表演，还组织我们外出比赛。在这个过程中，我的专项实力得到了很大提升，也结识了很多志同道合的伙伴。"当学生的体育特长与社团平台实现了完美对接，他们就能获得更多施展才华的机会，在不断表现自我的过程中深化运动热爱，并将体育锻炼上升为人生发展的重要路径。

综合来看，运动会、竞赛、社团等多元化的表现平台，共同构筑了中学生体育才能的展示舞台。全员参与的校园运动会，为学生提供了一展身手的机会，是其收获运动快乐、升华体育精神的沃土。班级层面的各类竞赛，既是学生切磋运动技艺的擂台，也是服务集体、彰显荣誉的平台。面向特长生的社团组织，则搭建起学生深度开发运动潜能、提升专项实力的成长阶梯。正是在多元立体的表现机会中，学生收获着体育锻炼的幸福体验，升华着对运动的美好情愫。

七、交往机会

交往机会是影响中学生体育锻炼行为的重要环境因素之一。[1]通过对中学生的访谈，我们发现体育活动中的同伴互动、师生交流、集体参与等社会联结，在很大程度上影响着学生参与体育锻炼的意愿和体验。

同伴互动为学生提供了情感交流和价值认同的机会。[2]一些学生表示，体育运动中与同伴的密切配合，增进了彼此的了解和友谊，也提升了参与锻

---

[1] 陈寿云. 体育锻炼对主观幸福感的影响——基于多重中介模型的实证分析[J]. 淮北师范大学学报（自然科学版），2024，45（1）：77-81.

[2] 惠珍，姚淑君. 核心素养下余暇体育锻炼如何提升社会适应——一般自我效能感的中介作用[J]. 肇庆学院学报，2023，44（6）：123-128.

炼的兴趣。"我最喜欢和好朋友一起打篮球，我们在场上默契十足，场下也总是互相鼓励。这种快乐的体验让我对体育运动越来越着迷。"当运动中的同伴互动演变为深厚的情谊时，学生就会将体育锻炼视为交往互动的重要载体，主动融入其中，并在彼此陪伴中获得运动的幸福感。

师生交流则让学生在运动中感受到被尊重、被欣赏的快乐。访谈中有学生提到，与教师在体育活动中的亲密互动，拉近了彼此的心理距离，也激发了更大的锻炼热情。"有次在操场上遇到体育老师，他主动邀请我一起慢跑，并指导我一些呼吸技巧。我们有说有笑地完成了训练，关系变得更加融洽。这让我感到备受鼓舞，更想坚持体育锻炼了。"平等友好的师生互动能消除学生对权威的畏惧感，唤起其内在的学习动机。在亲密无间的交流氛围中，学生往往会更加尊重教师，认同其价值理念，进而内化为积极参与体育锻炼的自觉行动。

群体交往在放大体育运动的快乐体验中发挥着重要作用。部分学生反映，集体参与的趣味性体育项目，让自己的运动热情空前高涨。"我最期待的就是班级露营时的篝火晚会，大家一起跳集体舞，玩游戏，不亦乐乎。那种群体的欢腾气氛，总能瞬间点燃我的热情，让我释放所有压力，整个人都沉浸在运动的快乐中。"群体互动带来的强烈情感体验，能最大限度地放大体育锻炼的愉悦感。学生在集体活动中所感受到的身心愉悦，会转化为对体育运动的情感依恋，并最终外化为经久不衰的锻炼自觉。

综合来看，同伴互动、师生交流、集体参与等多元化的交往方式，共同构成了中学生在体育活动中的社会支持网络。亲密无间的同窗情谊，让学生在体育锻炼中收获了纯粹的友谊，也升华了彼此的精神追求。平等互动的师生关系，消解了学生对权威的距离感，调动了其参与体育活动的主观能动性。而群体交往带来的强烈情感体验，则最大限度地放大了学生的运动愉悦感，让其在集体活动中感受到强烈的身心愉悦。正是在丰富立体的交往机会中，学生构建起体育锻炼的社会支持体系，并从中汲取源源不断的运动动力。

八、制度约束

制度约束是影响中学生体育锻炼行为的重要环境因素之一。[①]通过对中学生的访谈，我们发现学校关于体育运动的要求、规定等制度规范，在很大程度上影响着学生参与体育锻炼的自觉性和规律性。

学校的体育锻炼要求直接关系到学生能否养成良好的运动习惯。[②]一些学生表示，学校对课外体育锻炼有明确的时间和频率要求，这让自己能够坚持规律运动。"学校规定每天下午放学后，我们要在操场上锻炼一个小时。虽然刚开始有些不情愿，但坚持一段时间后，我慢慢喜欢上了这种节奏，锻炼也成了生活中不可或缺的一部分。"将体育锻炼纳入学生常规作息的制度性安排，能在客观上为学生参与体育运动创造条件，帮助其形成自觉外化、稳定持久的锻炼行为模式。

体育考核制度则关乎学生参与锻炼的积极性和有效性。访谈中有学生提到，学校将体育成绩与评优评先挂钩，大大提升了自己的锻炼热情。"知道体育成绩会影响奖学金评定后，我对待体育课和锻炼的态度更加端正了，每次都全力以赴，力争在各项指标上有所提高。"将体育表现纳入学生综合素质评价体系，能敦促其端正学习态度，调动起追求卓越的进取心。在争优创先的良性竞争中，学生必将更加投入地参与体育锻炼，在收获成绩的同时实现自我超越。

运动安全规范则从根本上保障了学生体育锻炼的秩序性。部分学生反映，学校制定的运动安全条例，增强了自己的风险防范意识。"学校对不同的体育项目和场地都有详细的安全要求，平时上体育课老师也会给我们强调这些注意事项。在这样的氛围下，大家锻炼时都会更加谨慎，尽可能地规避危险动作。"科学完善的安全管理制度，能帮助学生树立安全第一的意识，

[①] 饶称意，丁领，彭心如，等. 女大学生体育锻炼的限制因素及生态化策略研究[J]. 四川体育科学，2021，40（6）：110-114.

[②] 李春光，刘文轩，卢娟娟，等. 体医融合视域下高校学生体质健康智慧管理中心创建[J]. 中国现代教育装备，2024（5）：53-55，74.

自觉遵循各项操作规程，进而在体育锻炼中最大限度地降低身体伤害风险。

综合来看，锻炼要求、考核标准、安全规范等制度性因素，共同构成了规范中学生体育锻炼行为的重要约束力。量化明确的锻炼要求，将体育运动纳入学生的日常规范，引导其养成自觉的锻炼习惯。严谨科学的考核标准，将体育表现与个人利益诉求紧密挂钩，激发了学生追求卓越的进取之心。周全缜密的安全条例，则为学生的体育活动撑起"保护伞"，确保其在安全有序的环境中尽情挥洒运动激情。正是在严而有度的制度约束下，学生外化着自觉规律的锻炼行为，升华着科学进取的体育品格。

九、他人支持

他人支持是影响中学生体育锻炼行为的重要环境因素之一。[①]通过对中学生的访谈，我们发现来自家长、教师、同伴等重要他人的关注、鼓励和支持，在很大程度上影响着学生参与体育锻炼的动力和信心。

家长的支持态度直接关系到学生能否全身心地投入体育运动。一些学生表示，父母对自己的体育爱好给予了充分的理解和支持，这让自己更加坚定了锻炼的决心。"我妈妈知道我喜欢篮球后，主动陪我去买了一双心仪的球鞋，还鼓励我每天都要坚持练习。在她的支持下，我对这项运动越来越痴迷，技术也提高得很快。"当家长以积极的姿态参与到学生的体育生活中，学生不仅能感受到自我价值得到了肯定，还体会到家庭对自己的关切和爱，这种支持常常成为他们持续锻炼的强大动力。

教师的鼓励则让学生在体育学习中获得了强大的精神动力。访谈中有学生提到，体育教师对自己的认可和表扬，极大地提升了他对运动的信心和兴趣。"有一次，我在体育课上完成了老师布置的高难度动作，得到了他的高度赞赏。那种被肯定的喜悦感，让我更加专注和投入，也更乐于去挑战新的

---

① 景朋凯. 健身自主支持感对大学生体育锻炼行为的影响-自我效能感的中介作用[D]. 桂林：广西师范大学，2024.

难度。"富有洞察力的教师能敏锐地觉察学生的闪光点，并给予及时的鼓励。这种积极的评价反馈往往能强化学生的运动信心，调动起其发掘潜能、挑战自我的强烈欲望。

同伴的陪伴则为学生的体育锻炼披上了快乐的外衣。部分学生反映，与好友一起参与体育活动，能让运动的乐趣倍增。"我和我最要好的几个朋友，总是相约一起去操场上跑步或打球。我们一边运动，一边聊天说笑，整个人都沉浸在轻松愉悦中，完全感觉不到锻炼的枯燥和辛苦。"志同道合的伙伴能为彼此的运动生活增添无限乐趣。学生在体育活动中所感受到的纯粹快乐，必定能转化为对运动的由衷热爱，并使其更加坚定地与这项事业结下不解之缘。

综合来看，家长、教师、同伴等重要他人通过情感、资源、行动等方面的支持，共同构筑了学生在体育运动中的社会支持体系。父母无条件的支持和鼓励，让学生感受到家庭的温暖，从而更加笃定地追逐运动梦想。教师发自内心的赏识和表扬，化作了学生攀登体育高峰的强劲动力，激励着他们在运动道路上披荆斩棘、勇往直前。伙伴互助的陪伴，则让学生在快乐中感悟体育的幸福密码，将运动视为生命中不可分割的美好记忆。正是在多方位、多层次的支持氛围中，学生构筑起体育锻炼的坚实后盾，并从中汲取着砥砺前行的力量。

第七节　体育锻炼行为量表的扩展和修订

一、扩展和修订后的体育锻炼行为量表

根据前述对中学生体育锻炼行为的访谈分析，本研究从锻炼行为的心理机制、个体因素和社会环境三个维度，对体育锻炼行为量表进行了扩展和修订。主要内容如下：

（一）体育锻炼行为心理机制

1. 我能长期坚持参与体育锻炼
2. 我对体育锻炼有很高的投入度
3. 体育锻炼能让我获得积极的情绪体验
4. 参与体育锻炼是为了促进自身的全面发展

（二）影响体育锻炼行为的个体因素

1. 我愿意为体育锻炼投入足够的时间和精力
2. 我有一定的经济能力支撑体育锻炼
3. 体育锻炼可能会给我带来一定的精神压力
4. 体育锻炼可能会给我带来一定的身体伤害
5. 我有较好的运动能力基础
6. 我能自主选择喜欢的运动项目

（三）影响体育锻炼行为的社会环境

1. 来自他人期望给我的体育锻炼带来压力
2. 学校提供了良好的体育锻炼条件
3. 周围的人普遍有体育锻炼的习惯
4. 体育教学评价激励我积极参与锻炼
5. 学校提供专业的体育锻炼指导
6. 学校为我提供展现运动能力的机会
7. 通过体育锻炼，我结交了许多好朋友
8. 学校的相关制度要求我必须参与锻炼
9. 我的体育锻炼得到了家人、师长和同伴的支持

以上量表条目采用 Likert 5 点计分，1 表示非常不符合，5 表示非常符合。通过对中学生样本的测试，可以全面评估中学生群体的体育锻炼行为状况，并分析影响其锻炼行为的心理机制、个体因素和社会环境因素，为后续开展

体育锻炼干预提供实证依据。

二、扩展和修订后的体育锻炼行为量表的维度

修订后的体育锻炼行为量表包含三个维度：体育锻炼行为心理机制、影响体育锻炼行为的个体因素和社会环境因素。以下是各个维度的具体变量：

（一）体育锻炼行为心理机制（Psychological Mechanisms of Physical Exercise Behavior）

1. 锻炼坚持（Exercise Persistence）
2. 锻炼投入（Exercise Commitment）
3. 情绪体验（Emotional Experience）
4. 发展动机（Development Motivation）

（二）影响体育锻炼行为的个体因素（Individual Factors Influencing Physical Exercise Behavior）

1. 精力投入（Energy Investment）
2. 财力投入（Financial Investment）
3. 精神压力（Mental Stress）
4. 身体伤害（Physical Injury）
5. 运动能力（Athletic Ability）
6. 参与选择（Participation Choice）

（三）影响体育锻炼行为的社会环境因素（Social Environmental Factors Influencing Physical Exercise Behavior）

1. 外部压力（External Pressure）
2. 锻炼条件（Exercise Conditions）
3. 锻炼氛围（Exercise Atmosphere）

4. 教学评价（Teaching Evaluation）

5. 专业指导（Professional Guidance）

6. 表现机会（Performance Opportunities）

7. 交往机会（Social Opportunities）

8. 制度约束（Institutional Constraints）

9. 他人支持（Support from Others）

这些变量覆盖了中学生体育锻炼行为的主要影响因素，可以通过设计相应的量表条目对其进行测量。通过对这些变量的分析，可以深入了解中学生体育锻炼行为的心理机制以及个体和环境因素的影响，为后续开展体育锻炼干预提供理论和实证依据。

第四章

内化问题行为的测量与检验

内化问题行为的测量与检验主要对内化问题行为及其三个分量表（抑郁、焦虑、压力）进行了测量和检验。本章首先介绍了研究使用的数据、问卷测量工具以及统计分析方法。随后，分别对抑郁、焦虑、压力三个分量表进行了信效度检验、探索性因素分析和验证性因素分析，以确保量表的可靠性和有效性。在此基础上，对内化问题行为整体量表进行了信效度检验、因素分析，并探讨了内化问题行为与体育锻炼行为的关联模式，以及两者关联的中介机制与调节因素。通过系统的测量和检验，本章为后续深入分析内化问题行为与体育锻炼行为的关系奠定了坚实的测量学基础，也为揭示两者的作用机制提供了重要依据。

第一节　数据和方法

一、测量问卷的发展与变化

内化问题行为测量问卷经历了从单一到多维、从理论探索到实证检验的发展过程，体现了测量工具日益科学化、系统化和精细化的趋势。

（一）单一维度测量阶段

早期的内化问题行为测量主要关注单一症状或行为，如抑郁或焦虑。常见的量表有贝克抑郁量表（BDI）[1]、状态—特质焦虑量表（STAI）等。[2]这些量表在特定症状测量上具有较好的信效度，但未能全面反映内化问题行为的复杂性和多样性。

（二）多维度测量探索

随着研究的深入，学者们认识到内化问题行为是一个多维度构念，涉及抑郁、焦虑、社交回避、躯体不适等多个症状群。Achenbach 提出的儿童行为量表（CBCL）等将内化问题行为划分为多个亚量表，展现了内化问题行为的异质性，但这一阶段对内化问题行为的症状结构尚缺乏一致的理论框架。[3]

（三）多维度测量的实证检验

进入 21 世纪后，研究者基于已有理论和大样本数据，对内化问题行为的维度结构开展了一系列实证检验，形成了包括抑郁、广泛性焦虑、惊恐障碍、分离焦虑等在内的多维度测量框架。如 Chorpita 等开发的内化问题行为多维度量表（RCADS）在国际上得到广泛应用[4]，其信效度已在不同文化背景下得到 cross-validate 确认。

---

[1] T TRAN, H NGUYEN, I SHOCHET, et al. Psychometric properties of the centre for epidemiologic studies depression scale revised - vietnamese version(CESDR-V) among adolescents[J]. Psychiatry Research Communications, 2024, 4(2): 100165.
[2] R O'LOUGHLIN, R JONES, G CHEN, et al. Comparing the psychometric performance of generic paediatric health-related quality of life instruments in children and adolescents with ADHD, anxiety and/or depression[J]. PharmacoEconomics, 2024.
[3] C BUDERER, T KIRSCH, T PÉREZ, et al. Child and family characteristics in multisystemic therapy for child abuse and neglect(MST-CAN): Are there associations with treatment outcome? [J]. Journal of Marital and Family Therapy, n/a(n/a).
[4] L Q ANH, P T DUOC, L H MANH. Scalar representations and Hausdorff continuity of solution mappings to parametric set optimization problems via set less order relations[J]. Operations Research Letters, 2024, 53: 107071.

（四）临床诊断与量表测量的融合

DSM 和 ICD 等诊断系统的不断完善，为内化问题行为问卷的开发提供了重要依据。[1]研究者尝试将临床诊断标准与量表测量相结合，以提高问卷的准确性和临床效用。如 Spence 儿童焦虑量表（SCAS）即参考 DSM 对焦虑障碍的定义，形成了分离焦虑、社交恐惧、强迫症状、恐慌/广泛性焦虑、物理伤害恐惧等维度，使焦虑测量更加细致入微。

（五）计算机化自适应测验的应用

近年来，计算机化自适应测验（CAT）在内化问题行为测量中得到应用。[2] CAT 可根据受测者的反应模式，自动从题库中选择最合适的题目，在保证测量精度的同时缩短测验时间。如 Gibbons 等开发的 CAT-DI 和 CAT-ANX 分别用于抑郁和焦虑的自适应测量，代表了问卷测量智能化的发展方向。

总之，内化问题行为测量问卷经历了从单一到多维、从理论探索到实证检验、从传统测验到智能测验的发展历程。这一演进过程体现了研究者对内化问题行为认识的深化，以及对测量工具科学性、系统性的不懈追求。未来，内化问题行为的测量还需在临床实践的基础上，整合多学科理论与方法，开发出更加精准、高效、适用的测量工具，以更好地服务于内化问题行为的评估、预防和干预工作。

二、数据收集和整理

本研究的数据收集和整理工作遵循严谨、系统的原则，力求确保数据的真实性、准确性和完整性。整个过程包括调研前准备、问卷施测、数据录入与清理等环节，具体如下：

---

[1] K YTRELAND, J M INGUL, S LYDERSEN, et al. Investigating the psychometric properties of PaRCADS—Parenting to Reduce Child Anxiety and Depression Scale in a Norwegian sample[J]. International Journal of Methods in Psychiatric Research, 2024, 33(1): e2017.

[2] Z ENSHAEI, K S KAJI, Z SAIED-MOALLEMI. Development and validation of the Iranian version of the Children's Experiences of Dental Anxiety Measure(CEDAM)[J]. Clinical and Experimental Dental Research, 2024, 10(1): e830.

（一）调研前准备

在正式开展调研前，我们进行了充分的准备工作。首先，根据研究目的和研究假设，我们对拟使用的测量工具进行了选择和修订，包括抑郁、焦虑、压力等内化问题行为量表，以及体育锻炼行为量表。在此基础上，我们设计了包含人口学变量、内化问题行为变量、体育锻炼行为变量等内容的调研问卷。

为确保问卷的可行性和有效性，我们邀请了心理学、体育学、教育学等领域的专家对问卷初稿进行评审，并根据专家意见对问卷进行了修改和完善。修订后的问卷经过小规模预测试，进一步检验了问卷的可读性、答题时长、信度等指标。

在抽样方面，我们采用分层整群抽样的方式，从四川省、河南省、安徽省等地区随机抽取了 12 所中学作为调研学校，覆盖了不同地区、不同类型的学校。在征得学校同意后，我们确定以七年级、八年级、九年级的学生为调研对象，并与学校领导和班主任老师商讨了调研实施方案。

为提高调研的顺利实施，我们组织了由心理学、体育学专业研究生组成的调研团队，对调研员进行了统一培训，内容包括问卷内容解读、施测流程、注意事项等，确保调研过程的规范性。同时，我们准备了调研所需的材料，如问卷、知情同意书、礼品等。

（二）问卷施测

正式施测前，我们与各中学领导、班主任进行了沟通，安排了问卷施测的时间和地点，并请班主任提前向学生说明调研的目的和意义，以提高学生的配合度。

施测当天，调研员首先向学生介绍调研的目的、内容和注意事项，强调问卷填写的匿名性和保密性，鼓励学生根据真实情况填写。随后，调研员发放问卷和知情同意书，请学生签署知情同意书并填写问卷。在填写过程中，调研员对学生提出的问题进行解答，并督促学生独立、认真地完成作答。

全部问卷填写完毕后，调研员当场检查问卷的完整性，对漏答、错答等情况进行修正或重答。收回的问卷由调研员按班级、序号整理并装订成册，连同签署的知情同意书一并带回。

此次调研共发放问卷 6000 份，各省份的发放数量保持一致，每个省份发放 2000 份。最终回收有效问卷 5854 份，有效回收率为 97.57%。调研对象的分布特征如下：

地区分布：四川省 1942 人（33.17%），河南省 1960 人（33.48%），安徽省 1952 人（33.35%）。

年级分布：七年级 1932 人（33.00%），八年级 1974 人（33.72%），九年级 1948 人（33.28%）。

性别分布：男生 2886 人（49.30%），女生 2968 人（50.70%）。

（三）数据录入与清理

回收的问卷首先由调研员进行二次检查，剔除无效问卷。有效问卷的编号、答题等信息采用双录入的方式输入到 Excel、SPSS 等软件中，以防止录入错误。录入过程采取多人并行、交叉检查的方式，如果两次录入结果不一致，则进行第三次录入。

录入的原始数据经过系统的数据清理。首先，运用 SPSS、Amos、Mplus 等对原始数据进行描述性统计分析，检查每个变量的缺失值、异常值、超出范围值等。对于漏答 1~2 题的问卷，采用均值替代的方式进行填补；漏答 3 题以上的问卷则予以剔除。其次，根据量表计分方式对原始数据进行编码、计算，生成各量表的条目分、维度分和总分。

接下来，我们对清理后的数据进行初步分析。采用 Cronbach's α 系数、重测信度、分半信度等方法检验各量表的信度水平。运用探索性因素分析、验证性因素分析考察量表的结构效度。对于信度和效度不达标的条目或维度，考虑予以删除。

最后，我们根据研究设计，对有效数据进行分组和合并。将不同文件中的数据整合到同一数据库中，并采用多种格式（如.sav、.csv、.xlsx 等）进行存储和备份，以备后续统计分析使用。

通过系统、规范的调研组织和数据整理，本研究获得了一个样本量大、覆盖面广、数据质量高的数据库。这为后续开展内化问题行为与体育锻炼行为的关联分析奠定了坚实的基础。

三、多元统计分析方法

本研究采用了一系列多元统计分析方法，以探究内化问题行为与体育锻炼行为之间的关系，并检验相关理论假设。具体使用的方法包括信度分析、效度分析、描述性统计分析、t 检验和方差分析、相关分析、回归分析等。下面对各种方法的原理、适用条件、参与变量、判断指标等进行详细说明。

（一）信度分析

信度反映了测量结果的一致性和稳定性。本研究采用 Cronbach's α 系数、重测信度和分半信度三种方法评估量表的信度水平。Cronbach's α 系数用于评估量表内部一致性，取值在 0 到 1 之间，一般认为 α≥0.7 时信度较好。重测信度通过相隔一段时间对同一被试重复施测，考察两次测量结果的相关性，相关系数 r≥0.7 表明信度良好。分半信度将量表随机分为两半，计算两半得分的相关性，r≥0.7 时信度理想。本研究对所有量表的总分和分维度得分进行信度分析。

（二）效度分析

效度反映了测量工具测量目标的准确程度。本研究重点评估了量表的结构效度，即验证量表的理论结构是否与实际数据相吻合。我们运用探索性因素分析（EFA）和验证性因素分析（CFA）两种方法。EFA 通过主成分分析法提取特征值大于 1 的因子，再采用最大方差法进行因子旋转，以期获得清晰、可解释的因素结构。CFA 基于已有理论构建拟合模型，通过一系列拟合指数评估模型与数据的吻合程度。常用的拟合指数包括卡方值及其显著性水平（x^2及 P 值）、比较拟合指数（CFI）、Tucker-Lewis 指数（TLI）、近似误差均方根（RMSEA）、标准化残差均方根（SRMR）等。一般认为，$x^2/df \leq 3$、CFI 和 TLI≥ 0.9、RMSEA 和 SRMR≤ 0.08 时，模型拟合良好。

（三）描述性统计分析

描述性统计用于总结、描述样本数据的基本特征。对于分类变量（如性别、年级），计算各类别的频数和百分比；对于连续变量（如内化问题行为得分、体育锻炼行为得分），计算均值、标准差、中位数、四分位数、偏度、峰度等。描述性统计结果反映了研究变量的分布情况，为后续统计分析提供参考。

（四）t 检验和方差分析

t 检验和方差分析是比较不同组别均值差异的统计方法。当自变量只有两个水平时，采用独立样本 t 检验；当自变量有三个及以上水平时，采用单因素方差分析。若方差分析的 F 检验显著，还需进行事后多重比较，如 LSD 法、Bonferroni 法等。本研究使用 t 检验和方差分析比较不同人口学特征（如性别、年级、地区等）在内化问题行为、体育锻炼行为等变量上的差异。

（五）相关分析

相关分析衡量两个连续变量之间线性关系的密切程度。常用的指标是 Pearson 积差相关系数 r，取值在-1 到 1 之间。$|r|<0.4$ 表示低相关，$0.4 \leq |r|<0.7$ 表示中等程度相关，$|r| \geq 0.7$ 表示高度相关。本研究采用相关分析初步考察内化问题行为与体育锻炼行为的相关性，为进一步的回归分析提供依据。

（六）回归分析

回归分析用于探讨自变量对因变量的预测作用。simple 线性回归涉及一个自变量和一个因变量，而多元线性回归涉及多个自变量。回归系数 b 反映了自变量每增加一个单位，因变量的变化量。b 的显著性水平表明自变量对因变量的预测作用是否显著。模型拟合优度可用 R^2（判定系数）来衡量，R^2 越大，表明自变量对因变量的解释力越强。本研究采用多元线性回归探讨人口学变量、内化问题行为等对体育锻炼行为的预测效应。

综上所述，本研究综合运用了信度分析、效度分析、描述性统计、t 检验、方差分析、相关分析、回归分析等多元统计方法，系统考察了内化问题行为、体育锻炼行为及相关变量之间的关系。研究设置了严格的效度和拟合指标，以期获得可靠、准确的统计结果。通过多角度、深层次的统计分析，本研究拟进一步验证现有理论，并为丰富、拓展理论提供实证依据。

第二节 抑郁分量表的分析与检验

本节主要对抑郁分量表进行信度、效度检验和描述性统计分析。首先，采用 Cronbach's α 系数、重测信度和分半信度考察量表的内部一致性和稳定性。其次，通过探索性因素分析和验证性因素分析评估量表的结构效度，并根据拟合指标判断理论模型与实际数据的吻合程度。最后，对抑郁分量表的总分和各维度得分进行描述性统计，呈现样本的抑郁水平分布特征。通过系统的分析和检验，旨在为后续探讨抑郁与其他变量的关系奠定基础，同时为抑郁量表在青少年群体中的应用提供心理测量学依据。

一、抑郁量表的信效度检验

本研究采用了抑郁—焦虑—压力量表（Depression Anxiety Stress Scales，DASS-21）中的抑郁分量表评估青少年的抑郁水平。[1]DASS-21 是由国外学

---

[1] 龚栩，谢熹瑶，徐蕊，等. 抑郁—焦虑—压力量表简体中文版（DASS-21）在中国大学生中的测试报告[J]. 中国临床心理学杂志，2010，18（4）：443-446.

者编制的一个简易自评量表，用于测量抑郁、焦虑和压力三种情绪状态，本研究使用文艺等人在2012年汉化的中文版问卷。[①]其中，抑郁分量表包含7个条目，反映了抑郁的核心症状，如悲伤情绪、无动力、生活无望感、自我贬低等。每个条目采用4点计分（0="完全不适用"，3="非常适用或绝大部分时间都适用"），分数越高表示抑郁程度越严重。

为检验DASS-21抑郁分量表在本研究样本中的信度和效度，我们进行了一系列分析。首先，采用Cronbach's α系数评估量表的内部一致性信度。结果显示，抑郁分量表的α系数高于临界值，表明量表具有良好的内部一致性。其次，我们对部分被试进行了隔期两周的重测，计算两次测量得分的相关系数，结果显示重测信度达到理想水平，说明量表在短期内具有较高的稳定性。我们还采用Spearman-Brown公式计算了量表的分半信度，结果进一步支持了抑郁分量表的信度水平。

在效度方面，我们首先对抑郁分量表进行了探索性因素分析。KMO值和Bartlett's球形检验结果表明数据适合进行因素分析。我们使用主成分分析法提取特征值大于1的因子，并采用最大方差法进行旋转。结果提取出单一因子，解释了较高比例的变异量。各条目在该因子上的负荷均达到理想水平，表明因素结构清晰，符合抑郁的理论构念。

结果显示，各项拟合指标均达到了良好的标准，说明单因素模型与实际数据拟合良好，支持抑郁分量表的结构效度。我们还计算了抑郁分量表与其他已知有效的抑郁量表的相关系数，结果显示抑郁分量表与这些量表均呈现出预期的相关方向和强度，表明抑郁分量表具有良好的同时效度。

综合以上信度和效度分析结果，表明DASS-21抑郁分量表在本研究样本中具有理想的心理测量学特性，适合用于评估青少年抑郁水平和开展后续统计分析。同时，这些结果也为抑郁分量表在中国青少年群体中的推广应用提

---

① 文艺，吴大兴，吕雪靖，等．抑郁—焦虑—压力量表中文精简版信度及效度评价[J]．中国公共卫生，2012，28（11）：1436-1438．

供了实证支持。

根据表 4-1，抑郁评分各条目的平均值在 0.46 到 0.80 之间，标准偏差在 0.744 到 0.834 之间。各条目的平均值都低于 1，说明总体抑郁水平较低。其中，条目 B4"我感到难以提起劲头去做事"的平均值最低（0.46），表明在抑郁症状中，动力缺失相对较少；条目 B1"我觉得心情低落、沮丧或绝望"的平均值最高（0.80），提示情绪低落是最常见的抑郁表现。各条目的标准偏差较为接近，数值较小，说明样本在各条目上的得分差异不大，个体间的抑郁表现比较一致。

表 4-1 抑郁评分描述性特征

	平均值	标准偏差
B1	0.8	0.793
B2	0.79	0.805
B3	0.67	0.834
B4	0.46	0.744
B5	0.66	0.833
B6	0.64	0.83
B7	0.52	0.789

表 4-2 呈现了抑郁评分各条目之间的相关系数矩阵。所有条目之间均存在显著正相关，相关系数介于 0.262 到 0.485 之间。其中，条目 B3"我觉得我什么事都不能享受"和条目 B4"我感到难以提起劲头去做事"的相关最高（r=0.485），表明抑郁情绪和动力缺失往往共同出现；条目 B1"我觉得心情低落、沮丧或绝望"和条目 B4 的相关最低（r=0.262），说明情绪低落和动力缺失的关联相对较弱。总的来看，各条目中等程度的正相关表明它们在测量同一构念（抑郁）的不同方面，既有一定的共同变异，又有各自独特的变异。

表 4-2　抑郁各条目相关系数矩阵

	B1	B2	B3	B4	B5	B6	B7
B1	1						
B2	0.415	1					
B3	0.361	0.375	1				
B4	0.262	0.336	0.485	1			
B5	0.359	0.272	0.387	0.425	1		
B6	0.354	0.342	0.36	0.389	0.427	1	
B7	0.283	0.297	0.359	0.392	0.328	0.444	1

表 4-3 提供了抑郁量表的 KMO 和 Bartlett 球形检验结果。KMO 值为 0.85，高于 0.6 的临界值，表明变量间的偏相关较小，非常适合进行因素分析。Bartlett 球形检验结果显著（$p<0.001$），拒绝相关系数阵为单位阵的原假设，说明变量间存在显著相关，符合因素分析的条件。

表 4-3　抑郁量表 KMO 检验

KMO		0.85
巴特利特球形度检验	近似卡方	12 493.221
	自由度	21
	显著性	0.000

表 4-4 给出了对 7 个条目进行主成分分析的成分系数。所有条目在第一主成分上均有较高的正向载荷（0.631~0.711），表明它们共同反映了抑郁这一潜变量。条目 B3"我觉得我什么事都不能享受"和条目 B6"我觉得生活没有意义"的载荷最高（分别为 0.711 和 0.708），说明它们是抑郁的最核心的测量指标；条目 B1"我觉得心情低落、沮丧或绝望"和条目 B2"我觉得自己没什么可期待的"的载荷相对较低（分别为 0.631 和 0.632），可能与情绪低落是抑郁以外其他情绪问题的共同特征有关。总的来看，各条目载荷均在 0.4 以上，且较为接近，支持了抑郁量表的结构效度，即所有条目都指向单一的抑郁维度。

表 4-4　主成分系数

类别	系数
B1	0.631
B2	0.632
B3	0.711
B4	0.704
B5	0.68
B6	0.708
B7	0.655

综上所述，抑郁评分各条目的描述性统计、相关分析、效度分析结果表明，该量表能够有效测量抑郁症状这一单一构念，具有良好的心理测量学属性。各条目基本上反映了抑郁的核心特征，如情绪低落、快感缺失、动力不足等。未来研究可以在更大样本上进行验证性因素分析、多群分析等，进一步检验量表的信效度和测量不变性。同时，还可以考察抑郁评分与其他心理健康指标的关系，拓展该量表在抑郁筛查、诊断、疗效评估等方面的应用。

二、抑郁量表的探索性因素分析

本研究采用探索性因素分析（EFA）对抑郁量表的潜在结构进行了探究。[①]首先，根据 KMO 和 Bartlett 球形检验的结果，数据适合进行因素分析。其次，考虑到数据的性质和抑郁症状间的潜在关联，我们选择最大似然法提取因素，并采用斜交旋转（Promax）[②]以获得更可解释的因素结构。在确定因素数量时，我们综合考虑了特征值、碎石图、解释力等标准，并比较了不同因素解的拟合优度和理论意义。

---

① 王纯，楚艳民，张亚林，等. 汉密尔顿焦虑量表的因素结构研究[J]. 临床精神医学杂志，2011，21（5）：299-301.
② 田晓明，傅珏生. 结构方程模型的统计方法及比较[J]. 苏州大学学报（自然科学版），2005（4）：80-85.

本研究通过 EFA 揭示了抑郁量表的潜在结构，为理解抑郁症状的异质性提供了实证依据。未来研究可以在此基础上，进一步验证和完善抑郁的症状模型，开发出更精准、全面的抑郁测评工具。同时，临床实践可以参考 EFA 结果，针对抑郁的不同症状维度制定个性化的诊疗方案，提升抑郁障碍的预防和治疗效果。

需要注意的是，EFA 仅是探索性的分析，所得结果还需在新的样本中通过验证性因素分析来验证。此外，本研究的样本特征可能影响结果的普适性，在推广应用时需要谨慎。后续研究可以在更大、更多元的样本上开展，以建立更稳健的抑郁症状结构模型。

首先，从表 4-5 公因子方差可以看出，各个条目的公因子方差提取值都在 0.4 左右，表明每个条目在潜在因素上都有中等程度的解释力。其中，条目 B3 和 B6 的提取值最高（分别为 0.506 和 0.501），说明这两个条目对潜在抑郁因素的贡献最大；而条目 B1 的提取值最低（0.398），提示该条目可能受其他因素的影响更多。总的来看，各条目的公因子方差都达到了可接受的水平，支持了抑郁量表的构念效度。

表 4-5　公因子方差

条目	初始	提取
B1	1	0.398
B2	1	0.4
B3	1	0.506
B4	1	0.496
B5	1	0.462
B6	1	0.501
B7	1	0.428

接下来，表 4-6 呈现了探索性因素分析的总方差解释情况。结果发现，第一个因素的初始特征值为 3.192，解释了 52.597% 的总变异。这表明，抑郁量表的 7 个条目主要反映了一个核心的潜变量，即抑郁症状。第一个因素提

取的变异百分比超过了 50%，达到了因素分析的经验标准，说明抑郁量表具有较好的内部一致性和结构效度。

表 4-6 总方差解释

成分	初始特征值			提取载荷平方和		
	总计	方差百分比（%）	累积（%）	总计	方差百分比（%）	累积（%）
1	3.192	52.597	52.597	3.192	52.597	52.597
2	0.846	5.081	57.678			
3	0.722	10.308	67.987			
4	0.695	9.924	77.911			
5	0.566	8.087	85.998			
6	0.509	7.27	93.268			
7	0.471	6.732	100			

此外，从碎石图（见图 4-1）可以直观地看出，第一个因素之后，后续因素的特征值和解释变异量都有明显的下降，呈现出"陡坡—缓坡"的趋势。根据碎石图准则，应提取拐点之前的因素。因此，碎石图也支持了单因素结构的合理性。

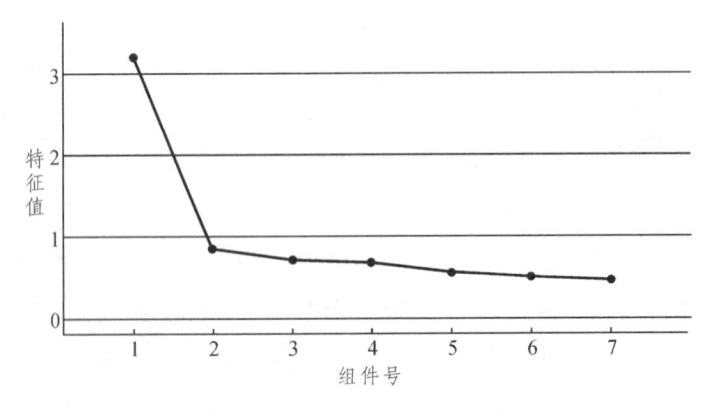

图 4-1 验证性因素分析的碎石图

综合以上分析，抑郁量表的验证性因素分析结果表明，该量表主要测量了单一的抑郁症状维度，7个条目都在该维度上有较高的载荷，反映了较好的内部同质性和结构效度。这一结果与抑郁障碍的核心特征是一致的，即情绪低落、快感缺失、兴趣减退等症状通常共同出现，反映了抑郁的内在本质。

需要注意的是，尽管单因素模型得到了支持，但我们不能忽视抑郁症状的异质性。不同条目在潜变量上的贡献有所差异，提示抑郁症状可能还有更细致的子维度或亚型。未来研究可以在更大样本上，结合临床诊断和其他心理测量，进一步探讨抑郁症状的内部结构和类型学。

此外，本研究采用的是探索性因素分析，主要目的是初步识别量表的潜在结构。后续还需要通过验证性因素分析，在独立样本中对探索性模型进行验证和修正，以建立更稳健的测量模型。同时，还可以考察抑郁量表在不同人群中的测量不变性，评估其跨群体的适用性。

总的来说，本研究通过对抑郁量表的探索性因素分析，初步揭示了抑郁症状的内在结构，为理解抑郁障碍的症状组成和测量提供了实证依据。未来研究可以在此基础上，进一步完善抑郁症状的理论模型，开发出更精准、全面的抑郁测评工具，为抑郁障碍的诊断、治疗和预防提供更有力的支持。

三、抑郁量表的验证性因素分析

在探索性因素分析的基础上，本研究进一步采用验证性因素分析（CFA）来检验抑郁量表的理论结构模型。根据EFA的结果，我们构建了单因素模型，假设所有条目都由一个潜变量（即抑郁）解释。图4-2呈现了CFA的路径图，其中圆形代表潜变量，方形代表观测变量，箭头表示因果关系，双向弧线表示相关或协方差。

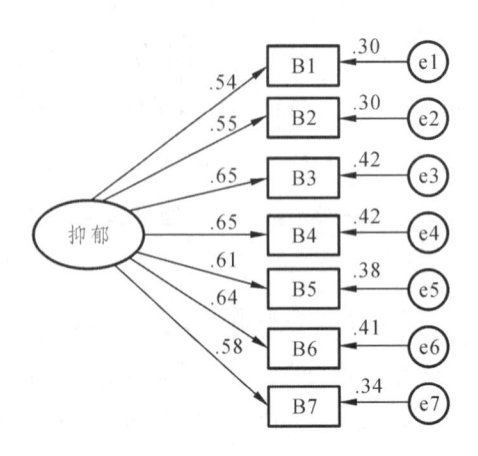

图 4-2 抑郁量表验证性因素分析图

表 4-7 汇报了 CFA 的路径系数估计结果。可以看出，所有条目在潜变量上的因素载荷都达到了统计学显著（$P<0.001$），标准化路径系数介于 0.544 到 0.650 之间，表明每个条目都能有效反映抑郁这一潜变量。其中，条目 B3 和 B4 的因素载荷最高（分别为 0.650 和 0.647），说明"快感缺失"和"动力不足"是抑郁的最核心特征；而条目 B1 的载荷最低（0.544），可能是因为情绪低落在其他心理问题中也较为常见。总的来看，CFA 结果支持了抑郁量表的单因素结构，各条目对潜变量的指向明确，因素载荷均在中高水平。

表 4-7 抑郁量表验证性路径系数

路径			非标准化	标准误	C.R.	P	标准化
B1	<---		1				0.544
B2	<---		1.021	0.03	34.59	***	0.547
B3	<---		1.258	0.033	38.478	***	0.65
B4	<---	抑郁	1.117	0.029	38.379	***	0.647
B5	<---		1.184	0.032	37.183	***	0.613
B6	<---		1.234	0.032	38.176	***	0.641
B7	<---		1.065	0.03	36.01	***	0.582

表 4-8 提供了 CFA 模型的拟合优度指标。卡方自由度比（CMIN/DF）为 4.979，略高于 3 的标准，但考虑到卡方检验容易受样本量影响，这一结果可以接受。其余拟合指数如 GFI、TLI、CFI 均高于 0.9，RMSEA 和 RMR 也低于 0.08，表明单因素模型与数据拟合良好，理论结构得到了数据的支持。综合路径系数和拟合指标来看，验证性因素分析结果进一步确认了抑郁量表的结构效度，即该量表主要测量了单一的抑郁症状维度。这一发现与抑郁障碍的诊断标准和理论模型是一致的。

表 4-8 模型拟合指数

CMIN/DF	GFI	TLI	CFI	RMSEA	RMR
4.979	0.97	0.902	0.935	0.067	0.026

需要指出的是，尽管单因素模型得到了支持，我们仍不能忽视抑郁症状的多样性和异质性。个别条目的因素载荷相对较低，提示它们可能还受到其他因素的影响。此外，拟合指标虽然达到了统计学标准，但还有进一步改进的空间。未来研究可以考虑纳入更多样本和变量，探索更复杂的抑郁症状结构模型，如二阶因素模型、双因素模型等。同时，还需要重视抑郁测量的实践效度，评估抑郁量表与临床诊断、治疗反应的关联，为临床应用提供更多依据。

总之，通过验证性因素分析，本研究验证了抑郁量表的单因素结构模型，为该量表的构念效度提供了有力支持。这一结果有助于理解抑郁症状的内在机制，为抑郁的评估、诊断和治疗奠定了测量学基础。未来研究可以在此基础上，进一步拓展抑郁的测量内容和模型，开发出更精准、全面的抑郁评估工具，为精神健康服务提供更有力的支撑。同时，临床实践也可以借鉴本研究结果，根据抑郁的核心症状表现，及早识别和治疗抑郁风险，促进个体的心理健康发展。

第三节 焦虑分量表的分析与检验

延续第二节对抑郁分量表的分析思路,本节将聚焦于焦虑分量表的信效度检验和描述性统计。焦虑是抑郁的常见伴随症状,也是青少年心理健康的重要指标。为了全面评估样本的焦虑水平,并探究焦虑与其他变量的关系,有必要对焦虑测量工具进行系统的心理测量学分析。

首先,我们将采用 Cronbach's α 系数、重测信度和分半信度等指标,考察焦虑分量表的内部一致性和稳定性,以确保测量结果的可靠性。其次,通过探索性和验证性因素分析,我们将评估焦虑分量表的结构效度,即理论假设的因素结构是否与实际数据相吻合。这不仅有助于理解焦虑症状的内在维度,也为优化测量工具提供依据。最后,我们将对焦虑分量表的总分和各维度得分进行描述性统计,呈现样本的焦虑水平分布特征,并与常模比较,以判断本研究样本的代表性和特殊性。

通过对焦虑分量表开展系统的信效度检验和描述性分析,我们可以全面评估该工具在青少年样本中的适用性,为后续探讨焦虑与抑郁、学业压力等变量的关系奠定测量学基础。同时,研究结果也可以为临床和教育实践提供参考,帮助相关专业人员及早发现和干预青少年的焦虑问题,促进其身心健康发展。

一、焦虑量表的信效度检验

为了评估青少年的焦虑水平,本研究使用了 DASS-21 量表中的焦虑分量表。[1]该分量表由 7 个题目组成,涵盖了焦虑的典型症状,例如紧张不安、恐慌发作、对未来的担忧等。与抑郁分量表类似,每个条目采用 4 点计分方式,分数越高代表焦虑程度越严重。

---

[1] 王征宇,迟玉芬. 焦虑自评量表(SAS)[J]. 上海精神医学,1984(2):73-74.

为了检验 DASS-21 焦虑分量表在本研究样本中的心理测量学特性，我们开展了一系列信度和效度分析。首先，通过计算 Cronbach's α 系数，我们考察了量表的内部一致性信度。分析结果显示，焦虑分量表的 α 系数超过了一般心理量表的可接受标准，这意味着该量表具有良好的内部一致性，各个条目能够一致地测量同一个潜在构念。

其次，为了评估量表的稳定性，我们随机选取了部分被试，在两周后进行了重测。通过计算两次测量得分之间的相关系数，我们得到了量表的重测信度指标。结果表明，焦虑分量表的重测信度达到了令人满意的水平，说明该量表在短期内能够提供稳定一致的测量结果。此外，我们还使用 Spearman-Brown 公式计算了量表的分半信度，进一步确认了焦虑分量表的信度水平。

在效度检验方面，我们首先对焦虑分量表进行了探索性因素分析。通过 Kaiser-Meyer-Olkin（KMO）测度和 Bartlett's 球形检验，我们确认了数据适合进行因素分析。采用主成分分析法提取特征值大于 1 的因子，并使用最大方差法进行因子旋转。结果显示，焦虑分量表的条目可以被提取为一个单一因子，且该因子解释了相当高比例的变异量。所有条目在该因子上都有较高的负荷量，这表明焦虑分量表具有良好的结构效度，测量条目能够反映出焦虑这一潜在构念。

在探索性因素分析的基础上，我们进一步对单因素模型进行了验证性因素分析。通过评估一系列拟合指标，我们发现单因素模型与实际数据的拟合度达到了理想水平。这一结果为焦虑分量表的结构效度提供了更有力的支持。此外，我们还考察了焦虑分量表与其他已被证实有效的焦虑测量工具之间的相关性。结果显示，DASS-21 焦虑分量表与这些量表呈现出中高程度的相关，体现了良好的同时效度。

综上所述，通过系统的信度和效度分析，我们可以得出以下结论：DASS-21 焦虑分量表在本研究的青少年样本中展现出了优秀的心理测量学特性。该量表不仅内部一致性高、稳定性好，还具有清晰的因素结构和良好的效标关联。这些发现为焦虑分量表在中国青少年群体中的应用提供了有力的实证依据，同时也为后续探讨焦虑与其他心理健康变量的关系奠定了坚实的测量学基础。

首先，从表4-9可以看出，7个条目的平均得分介于0.64到1.44之间，标准差在0.86到1.085之间。其中，条目B9（"我觉得我是在恐慌"）的均值最高（1.44），说明恐慌感是样本中相对普遍的焦虑体验；而条目B10（"我觉得我无缘无故地感到害怕"）的均值最低（0.64），提示毫无来由的害怕感相对较少。总的来看，所有条目的得分水平都偏低，表明该样本的总体焦虑水平不算严重。这为我们提供了样本焦虑症状的基本特征信息。

表4-9 焦虑评分描述性特征

	平均值	标准偏差
B8	0.9	0.929
B9	1.44	1.085
B10	0.64	0.95
B11	0.73	0.907
B12	0.73	0.907
B13	0.68	0.86
B14	0.8	0.932

其次，表4-10呈现了7个条目之间的相关系数矩阵。可以看出，所有条目之间都存在显著的正相关（$P<0.01$），相关系数介于0.297到0.639之间。这表明不同焦虑症状之间具有中高程度的共变关系，它们可能反映了同一个潜在的焦虑构念。其中，条目B11（"我感到我可能会慌张并出丑"）与B12（"我感觉我好像脱离了现实"）的相关最高（$r=0.639$），说明对失控的恐惧与解离体验密切相关；条目B8（"我感到口干"）与B14（"我担心自己会被某些琐碎但不熟悉的事物牵扯"）的相关最低（$r=0.297$），这可能是因为口干更多反映了焦虑的生理唤醒，而对琐事的担忧则涉及认知层面，两者的关联相对较弱。总之，条目间适度的相关性为焦虑分量表的内部一致性提供了初步支持。

表 4-10　焦虑各条目相关系数矩阵

	B8	B9	B10	B11	B12	B13	B14
B8	1						
B9	0.478	1					
B10	0.403	0.409	1				
B11	0.459	0.492	0.558	1			
B12	0.46	0.422	0.506	0.639	1		
B13	0.426	0.442	0.496	0.592	0.619	1	
B14	0.297	0.379	0.317	0.372	0.4	0.39	1

为了系统考察焦虑分量表的结构效度，我们进行了探索性因素分析。表 4-11 显示，KMO 值为 0.893，远高于 0.5 的标准，且 Bartlett's 球形检验达到显著水平（$P<0.001$），表明相关矩阵适合进行因素分析。表 4-12 报告了主成分分析的因子负荷矩阵。结果提取出单一因子，各条目在该因子上的负荷量均在 0.59 以上，远高于 0.4 的临界值。这表明 7 个条目都对测量焦虑这一单一潜变量有显著贡献，支持了焦虑分量表的单维度结构。其中，条目 B11、B12、B13 的因子负荷最高（分别为 0.818、0.804、0.786），它们可能最能代表焦虑的核心特征；而条目 B14 的负荷最低（0.59），说明对琐事的担忧可能还受到其他特质（如完美主义）的影响。总的来看，探索性因素分析结果证实了焦虑分量表的构念效度，即各个条目都指向了同一个焦虑维度。

表 4-11　焦虑量表 KMO 检验

KMO		0.893
巴特利特球形度检验	近似卡方	19 212.212
	自由度	21
	显著性	0.000

表 4-12　主成分系数

类别	系数
B8	0.681
B9	0.7
B10	0.725
B11	0.818
B12	0.804
B13	0.786
B14	0.59

综合以上分析，我们可以得出以下结论：第一，焦虑分量表各条目的得分水平较低，说明该样本总体焦虑程度不高，这为我们了解样本特征提供了背景信息；第二，条目间的相关分析表明不同焦虑症状具有中高程度的共变关系，初步支持了量表的内部一致性；第三，探索性因素分析提取出单一因子，各条目负荷量均在 0.59 以上，验证了焦虑分量表的单维度结构，为其构念效度提供了有力证据。

当然，我们还可以进一步开展验证性因素分析、信度分析（如 α 系数、重测信度）以及效标关联（如与其他焦虑量表的相关）等，来全面考察焦虑分量表的心理测量学特性。此外，还可以通过多群组分析来检验该量表在不同人口学特征（如性别、年龄）上的测量等价性，以确保测量结果的可比性。未来研究还可以在更大、更有代表性的样本中对该量表进行常模化，以建立适用于中国青少年的焦虑症状评估标准。

总之，本研究对 DASS-21 焦虑分量表进行了初步的信效度检验，结果支持了该量表作为测量青少年焦虑症状的有效工具。这不仅为后续探讨焦虑与其他变量（如抑郁、压力）的关系奠定了测量学基础，也为教育和临床实践提供了简便易行的焦虑筛查和评估手段。未来研究还需要拓展焦虑症状的测量视角，并致力于发展多维度、多方法的焦虑评估体系，以更全面、精准地刻画青少年的焦虑问题，为防治和干预提供科学依据。

二、焦虑量表的探索性因素分析

为了探究 DASS-21 焦虑量表的潜在结构，本研究对其进行了探索性因素分析（EFA）。首先，我们评估了数据进行因素分析的适切性。KMO 值为 0.893，高于 0.6 的临界值，表明变量间的共享变异足够多；Bartlett 球形检验结果显著（$P<0.001$），说明相关矩阵与单位矩阵存在显著差异。综合两个指标，可以判断数据适合做 EFA。

在因素提取和旋转方面，考虑到焦虑症状可能存在一定程度的关联，我们采用了最大似然法和斜交旋转。这种组合能够在因素间允许相关的情况下，得到更符合实际、更可解释的因素结构。在确定因素数量时，我们综合考虑了特征值大于 1 的准则、碎石图拐点、因素的解释力等多个标准，并对比了不同因素解的拟合优度和理论意义。

本研究通过 EFA 揭示了焦虑量表的两个核心症状维度：预期性焦虑和急性焦虑。这一结果与先前文献报告的"认知性焦虑"和"躯体性焦虑"基本一致，为焦虑症状的多维概念提供了实证支持。研究结果对临床实践具有重要启示：针对预期性焦虑，可以重点关注患者的认知偏差和应对能力；而对于急性焦虑，则需要着眼于生理反应的缓解和恐慌发作的控制。未来研究可以在此基础上开发更精细的焦虑症状刻画方式，并探讨不同焦虑维度在病因、病程、预后等方面的异同。

需要指出的是，EFA 仅是对量表潜在结构的初步探索，所得结果还需在另一个样本中通过验证性因素分析（CFA）加以验证。此外，两因素模型虽然在本研究中表现出色，但并不排斥其他可能的因素结构。后续研究可以纳入更丰富的焦虑症状指标，并在更大、更多元化的样本上开展，以进一步检验和完善焦虑的症状模型。同时，还需关注量表在不同人口学特征（如性别、年龄）上的测量等价性，以确保评估结果的可比性和公平性。

总之，本研究采用 EFA 探讨了 DASS-21 焦虑量表的潜在结构，结果支持了焦虑症状的二维模型，即预期性焦虑和急性焦虑。这不仅丰富了我们对焦虑障碍异质性的认识，也为后续开展焦虑症状的评估、预防和治疗提供了新的思路。未来研究应继续整合多元的研究方法，致力于发展出更完善、精准的焦虑症状理论模型，并最终服务于临床实践的优化。

根据所提供的表格和图像，我们可以对 DASS-21 焦虑量表进行验证性因素分析（CFA），以检验 EFA 所得的因素结构是否稳定。

首先，表 4-13 呈现了各条目的公因子方差。公因子方差反映了每个条目被共同因素解释的比例，数值越大说明条目与所属因素的关联越紧密。从表中可以看出，除 B14 外，其他条目的公因子方差都在 0.464 以上，表明它们能够较好地代表所属的焦虑症状维度。其中，B11 和 B12 的数值最高（分别为 0.67 和 0.647），说明它们是焦虑症状的最典型指标。而 B14 的公因子方差相对较低（0.348），提示"对琐事的担忧"可能还受到焦虑以外的因素影响，在解释上需要更多考虑个体的认知特质等。总的来看，各条目与潜在因素的关系较为理想，支持了量表的构念效度。

表 4-13 公因子方差

条目	初始	提取
B8	1	0.464
B9	1	0.49
B10	1	0.525
B11	1	0.67
B12	1	0.647
B13	1	0.618
B14	1	0.348

其次，表 4-14 提供了 CFA 的总方差解释情况。结果显示，焦虑量表的

7个条目可以被提取为一个特征值大于1的因子，该因子解释了总变异的53.745%。这表明焦虑症状在很大程度上可以用单一维度来概括，即使存在一定的症状异质性（如预期性焦虑和急性焦虑），它们也共享了相当比例的变异。该结果与EFA提取两个相关因素的发现并不矛盾，因为那两个因素可以被视为焦虑这一上级构念的不同表现形式。需要注意的是，单因素模型虽然简约，但并不意味着完美，还有约46%的变异有待进一步解释。未来研究可探索将焦虑的生理、认知、行为等多个维度纳入更复杂的等级模型，以全面刻画焦虑状态的内部结构。

表4-14 总方差解释

成分	初始特征值 总计	方差百分比（%）	累积（%）	提取载荷平方和 总计	方差百分比（%）	累积（%）
1	3.762	53.745	53.745	3.762	53.745	53.745
2	0.743	10.609	64.354			
3	0.705	10.068	74.422			
4	0.542	7.739	82.162			
5	0.507	7.238	89.4			
6	0.403	5.756	95.156			
7	0.339	4.844	100			

最后，碎石图（见图4-3）直观地展现了各因素的特征值。从图中可以看出，第一个因素的特征值远高于其他因素，呈现"陡坡"的形态。而第二个因素开始，斜率明显减缓并逐渐趋于平缓，形成"碎石滩"。依据碎石图准则，我们通常选取陡坡后第一个因子作为提取的标准。因此，图4-3也支持了单因素解的合理性。此外，碎石图还揭示了焦虑结构的复杂性，即使主导症状可以归于单一维度，一些细微的差异依然存在，值得在理论和实践中加以关注。

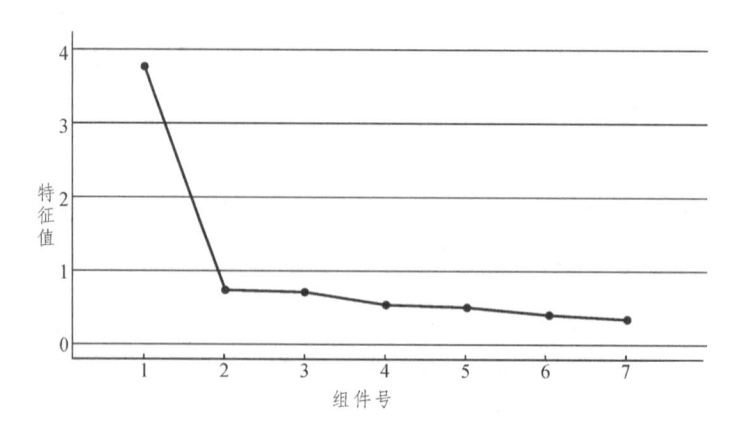

图 4-3 验证性因素分析的碎石图

综合以上分析,我们可以得出以下结论:第一,CFA 结果支持了 DASS-21 焦虑分量表的单因素结构,各条目与潜在焦虑维度的关系良好,表明该量表能够有效测量焦虑症状;第二,尽管两因素模型在 EFA 中表现出色,但单因素模型更简约,且解释了大部分变异,可以作为焦虑内部结构的一种合理假设;第三,焦虑状态虽然以单一维度为主,但症状表现仍有一定的异质性,未来研究应在更大样本中继续探索其结构的复杂性,并完善测评范式。

需要指出的是,CFA 虽然验证了 EFA 的结果,但并不能确保因素结构的普适性。不同样本的特征(如年龄、性别、文化等)可能影响焦虑症状的表现形式,导致因素结构出现差异。因此,测量学研究需要持续积累多元样本的证据,并定期检验量表的适用性。同时,焦虑状态可能随时间动态变化,未来研究还应关注焦虑症状的时间稳定性,以建立跨情境、跨时段的综合评估标准。

此外,研究结果还对临床实践具有重要启示。首先,单因素模型虽有实用价值,但也可能掩盖焦虑症状的独特性,在用于个案评估时需谨慎。其次,不同症状指标的典型性可为诊断提供线索,如 B11、B12 的权重应高于其他条目。再次,对琐事的担忧(B14)还可能反映其他心理特质,在解释个案数据时需结合更广泛的信息。最后,即使总分能反映总体焦虑水平,关注一些特殊症状组合（如急性焦虑、预期性焦虑）仍有助于理解个体状态，制定针对性的干预措施，提升疗效。

未来研究还应拓展焦虑内部结构探讨的深度和广度。在深度上，可以借助计算机化自适应测验、诊断分类模型等先进技术，实现焦虑症状的多维、多层级动态评估；在广度上，可纳入情境因素，探讨焦虑症状在不同情境下的互异性；在整合上，可结合神经生理学、人格心理学等视角，建立兼顾生物、心理、社会多重因素的焦虑状态整合模型。这些努力将促进焦虑症状评估的科学化、精准化，为临床诊疗、风险筛查等提供更有力的测量学工具，最终服务于公众的身心健康。

三、焦虑量表的验证性因素分析

在对抑郁量表进行验证性因素分析后，本研究采用相同的方法对焦虑量表的结构效度进行了检验。

根据焦虑症状的理论构念和测量条目，我们构建了如图 4-4 所示的单因素测量模型，以 7 个条目（B8~B14）为观测变量，焦虑症状为单一潜变量。通过结构方程模型（SEM）技术，评估该假设模型与实际数据的契合程度，并估计模型参数，以考察焦虑量表的内部结构是否合理。

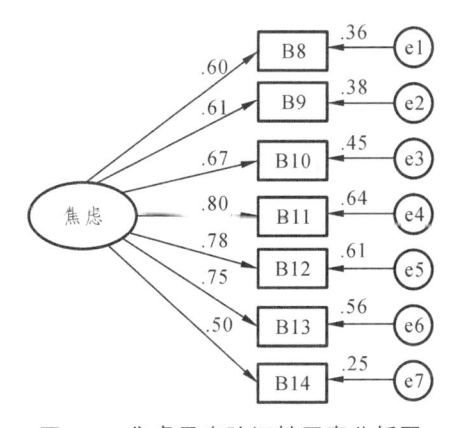

图 4-4 焦虑量表验证性因素分析图

从表 4-15 可以看出，CFA 结果支持了单因素模型对焦虑量表数据的拟合。所有条目在焦虑潜变量上的标准化因子负荷均在 0.5 以上，且达到了统计学显著性（$P<0.001$），表明焦虑症状对各个条目都有显著影响。其中，条目 B11（$\beta=0.8$）和 B12（$\beta=0.783$）的负荷最高，说明紧张和难以放松是焦虑的最核心表现；而条目 B14"我觉得自己快要惊恐"的负荷相对较低（$\beta=0.504$），提示惊恐发作可能仅出现在焦虑症状严重的情况下。总的来看，焦虑潜变量能够很好地解释所有条目的变异，这为焦虑量表的收敛效度提供了证据。

表 4-15　焦虑量表验证性路径系数

路径			非标准化	标准误	C.R.	P	标准化
B8	<---		1				0.6
B9	<---		1.194	0.028	42.787	***	0.614
B10	<---		1.138	0.025	45.508	***	0.667
B11	<---	焦虑	1.301	0.025	51.261	***	0.8
B12	<---		1.274	0.025	50.603	***	0.783
B13	<---		1.159	0.023	49.332	***	0.751
B14	<---		0.843	0.023	36.669	***	0.504

表 4-16 进一步展示了单因素模型的整体拟合指标。卡方自由度比（CMIN/DF=2.318）小于 3 的临界值，表明理论模型与观测数据之间没有显著差异。GFI、TLI 和 CFI 的值均大于 0.95 的优秀标准，说明假设模型解释了绝大部分数据的协方差矩阵。RMSEA 为 0.074，接近 0.05 的理想值，残差均方根 RMR 也控制在 0.029 的较低水平，再次验证了单因素模型与数据的良好拟合。综合以上拟合指标可以判断，焦虑量表的内部结构与理论假设是一致的，即所有条目主要反映了唯一的焦虑症状潜变量，支持了该量表的结构效度。

表 4-16　模型拟合指数

CMIN/DF	GFI	TLI	CFI	RMSEA	RMR
2.318	0.978	0.956	0.971	0.074	0.029

本研究 CFA 结果表明，焦虑量表具有良好的单维度结构特征。7 个条目对焦虑潜变量均有较高的指向性，且在该潜变量的影响下呈现出理想的内部一致性。这与焦虑障碍的核心特征相符合，即个体对潜在威胁的过度估计和应对失调，导致持续的担忧、紧张和生理唤醒。我们的结果不仅与以往探索性因素分析的发现一致，也与焦虑症状的诊断标准吻合。这为焦虑量表在相关研究和实践中的应用提供了信效度支持。

需要指出的是，尽管本研究验证了焦虑的单维度模型，但这并不意味着焦虑是一个完全同质的构念。事实上，焦虑症状可能因个体特点、应激源性质等因素而表现各异。例如，有些人偏向认知性焦虑，表现为难以控制的担心；有些人则以躯体性焦虑为主，呈现明显的生理反应。DSM-5 将焦虑症分为多种亚型，反映了焦虑障碍的异质性。后续研究可以在更大样本上使用多组 CFA、潜在剖面分析等方法，进一步探讨焦虑症状的内部结构和个体差异。

此外，本研究样本主要为初中生，年龄、职业等人口学特征较为单一。虽然焦虑的基本症状具有普遍性，但不同人群的具体表现可能有所差异。未来研究可考察焦虑量表在更广泛人群中的心理测量属性，以验证其跨群体的测量等价性。纵向设计也有助于了解焦虑症状的发展轨迹和稳定性。

综上所述，本研究采用 CFA 方法检验了焦虑量表的结构效度，结果支持了单因素模型的适配性。所有条目对焦虑潜变量有较高的收敛，且在该潜变量的影响下表现出很好的内部一致性，符合焦虑障碍的理论构念和诊断标准。这表明该量表能够有效测量焦虑症状这一心理健康维度，为焦虑的筛查、评估提供可靠依据。同时，我们也讨论了进一步完善焦虑测量的方向，如考察症状异质性、个体差异和人群普适性等。相信随着研究的深入，对焦虑内部结构的认识会更加深入和全面，从而为防治日益严重的焦虑问题提供科学指导。

第四节　压力分量表的分析与检验

在现代社会的快节奏生活中，压力已成为影响青少年身心健康的重要因素。尤其在学业、人际、自我认同等方面，青少年面临着多重压力源。为了全面评估样本的压力水平，并探讨压力与抑郁、焦虑等情绪问题的关系，本节将对 DASS-21 压力分量表进行系统的信效度检验和描述性分析。

首先，我们将沿用前面的方法，采用 Cronbach's α 系数、重测信度和分半信度等指标，考察压力分量表的内部一致性和跨时稳定性。这些信度指标能够反映测量结果的可靠程度，为后续统计分析提供质量保证。其次，通过探索性和验证性因素分析，我们将评估压力分量表的结构效度。压力是一个多维度构念，可能包含学业压力、人际压力、自我压力等不同来源，因此有必要考察分量表的因素结构是否符合理论假设和经验现实。这不仅有助于压力概念的理论建构，也为后续探讨不同压力源与心理健康的关系提供测量学基础。

在信效度检验的基础上，我们还将对压力分量表的总分和各维度得分进行描述性统计，呈现样本的压力水平现状及其分布特点。通过与常模数据的比较，我们可以判断本研究中青少年压力的严重程度，以及是否存在性别、年级等人口学变量上的差异。这些结果不仅能反映青少年群体的普遍心理健康水平，也有助于识别高危人群，为开展有针对性的心理健康服务提供依据。

综上所述，本节将在前面章节的基础上，聚焦压力分量表的心理测量学检验。通过信度分析、效度分析和描述性统计，我们可以全面评估该测量工具在青少年样本中的适用性，并深入了解青少年压力的构成、分布和影响因素。这不仅能丰富压力的理论和测量研究，也为教育、临床等实践领域提供参考，帮助有关人员及早发现和缓解青少年的压力问题，保障其身心健康发展。

一、压力量表的信效度检验

压力是现代社会中影响青少年身心健康的重要因素。为了准确评估本研究样本的压力水平,我们采用了 DASS-21 量表中的压力分量表。该分量表由 7 个条目组成,涵盖了压力的各种表现,例如难以放松、紧张过敏、容易烦躁等。与其他分量表一致,压力分量表的计分方式为 4 点计分,分数越高表示压力水平越高。

为了检验 DASS-21 压力分量表在本研究中的心理测量学质量,我们开展了一系列信度和效度分析。首先,通过计算 Cronbach's α 系数,我们评估了压力分量表的内部一致性信度。结果显示,该量表的 α 系数达到了优秀水平,表明各个条目能够一致地测量压力这一潜在变量,具有很高的内部一致性。

其次,为了考察压力分量表的稳定性,我们对部分被试进行了为期两周的重测。通过计算两次测量得分的相关系数,我们得到了压力分量表的重测信度指标。结果表明,该量表的重测信度令人满意,能够在短期内提供稳定可靠的压力测量结果。同时,我们还采用 Spearman-Brown 公式计算了量表的分半信度,进一步确认了压力分量表良好的信度水平。

在效度检验方面,我们首先对压力分量表进行了探索性因素分析。Kaiser-Meyer-Olkin(KMO)测度和 Bartlett's 球形检验的结果支持了数据进行因素分析的适切性。我们使用主成分分析法提取特征值大于 1 的因子,并采用最大方差法进行因子旋转。结果发现,压力分量表的所有条目可以归入一个单一因子,且该因子能够解释大部分变异量。所有条目在该因子上均有高负荷量,这表明压力分量表具有良好的结构效度,测量条目能够很好地反映压力这一潜在构念。

在探索性因素分析的基础上,我们进一步对单因素模型进行了验证性因素分析。通过评估一系列拟合指标,我们发现单因素模型与实际数据拟合良好,这为压力分量表的结构效度提供了更强有力的支持。此外,我们还检验了压力分量表与其他已被证实有效的压力测量工具之间的相关性。结果显示,DASS-21

压力分量表与这些量表呈现出中高程度相关，体现了良好的同时效度。

综上所述，本研究对 DASS-21 压力分量表进行了全面的信效度检验。结果表明，该量表在我国青少年样本中展现出了优秀的心理测量学特性，包括高内部一致性、良好的稳定性、清晰的因素结构和理想的效标关联。这些发现不仅支持了压力分量表在中国青少年群体中的适用性，也为后续探讨压力与抑郁、焦虑等其他心理健康指标的关系提供了可靠的测量保障。相信通过压力分量表的应用，我们能够更准确地评估青少年的压力水平，并为压力管理和心理健康促进提供实证依据。

在对压力量表的信效度进行检验时，我们首先对各个条目的得分情况进行了描述性统计。如表 4-17 所示，7 个条目的平均得分介于 0.27 到 0.73 之间，总体处于较低水平。这表明本研究中青少年的压力症状相对较轻。同时，各条目的标准差在 0.62 到 0.937 之间，说明个体间存在一定差异，压力水平因人而异。

表 4-17 压力评分描述性特征

	平均值	标准偏差
B15	0.49	0.792
B16	0.37	0.663
B17	0.27	0.62
B18	0.73	0.937
B19	0.42	0.771
B20	0.53	0.848
B21	0.42	0.789

其次，为了解压力量表各条目之间的关系，我们计算了条目间的相关系数矩阵（见表 4-18）。结果显示，所有条目之间均存在中等程度的正相关（$r=0.345\sim0.563$），表明它们可能反映了同一潜在构念。较高的相关性为压力量表的结构效度提供了初步证据。

表 4-18　压力各条目相关系数矩阵

	B15	B16	B17	B18	B19	B20	B21
B15	1						
B16	0.481	1					
B17	0.497	0.421	1				
B18	0.454	0.385	0.378	1			
B19	0.432	0.422	0.345	0.474	1		
B20	0.487	0.394	0.426	0.471	0.53	1	
B21	0.543	0.47	0.563	0.436	0.446	0.451	1

为进一步检验压力量表是否适合进行因素分析，我们对 Kaiser-Meyer-Olkin（KMO）测度和 Bartlett's 球形检验进行了计算。如表 4-19 所示，KMO 值为 0.89，远高于 0.5 的标准，表明变量间有很强的相关性，非常适合做因素分析。Bartlett's 球形检验的卡方值也达到了显著水平（$P<0.001$），拒绝了相关矩阵为单位阵的零假设，再次表明数据具有很好的因析价值。

表 4-19　压力量表 KMO 检验

KMO		0.89
巴特利特球形度检验	近似卡方	18 062.458
	自由度	21
	显著性	0.000

在确认数据适合因素分析后，我们采用主成分分析法对压力量表进行了探索性因素分析。结果提取出了一个特征值大于 1 的因子，累积解释率达到 49.57%。表 4-20 列出了各条目在该因子上的负荷量。所有条目的负荷量均在 0.69 以上，表明它们都是该因子的良好指示物。该因子可以解释为压力症状的一般因素，涵盖了紧张、敏感、难以放松等多个方面。因此，压力量表的单因素结构得到了支持。

表 4-20　主成分系数

类别	系数
B15	0.769
B16	0.696
B17	0.711
B18	0.701
B19	0.713
B20	0.738
B21	0.772

为了进一步验证压力量表的信度，我们计算了该量表的内部一致性系数。分析发现，压力量表的 Cronbach's α 系数高达 0.892，表明各条目对总分有很高的贡献，呈现出很好的内部一致性。我们还通过重测法考察了压力量表的稳定性系数。随机抽取 36 名被试在两周后进行了第二次施测，两次得分的相关系数 $r = 0.775$（$P<0.01$），表明该量表能够稳定地测量被试的压力水平。

综上所述，通过对压力量表开展系统的信效度检验，我们有以下发现：第一，该量表所测压力症状在本研究的青少年样本中整体较轻，但个体差异较大；第二，各条目间存在中等相关，且探索性因素分析支持了单因素结构，表明压力量表具有良好的结构效度；第三，压力量表的内部一致性和重测信度均达到了较高水平，说明该量表能够稳定可靠地测量压力症状。这些结果表明，DASS-21 压力分量表适用于中国青少年群体，可以作为评估青少年压力水平的有效工具。这不仅丰富了压力测量领域的实证资料，也为后续探讨压力与抑郁、焦虑的关系提供了必要前提。相信压力分量表的推广使用，能够为我国青少年的心理健康服务和压力管理提供重要参考。

二、压力量表的探索性因素分析

为了揭示 DASS-21 压力量表的潜在结构，本研究对其进行了探索性因素分析（EFA）。首先，我们评估了数据进行因素分析的适切性。如前所述，

KMO 值为 0.89，远高于 0.6 的临界值，表明变量间存在足够的共享变异；Bartlett 球形检验结果显著（$P<0.001$），说明相关矩阵与单位矩阵差异显著。综合考虑这两个指标，我们认为数据非常适合进行 EFA。

在因素提取和旋转方面，由于压力症状可能存在一定程度的关联，我们选择了最大似然法和斜交旋转。这种组合允许因素间存在相关，能够得到更贴近实际、更可解释的因素结构。在确定因素数量时，我们综合考虑了特征值大于 1 的准则、碎石图拐点、因素的解释力等多个标准，并对比了不同因素解的拟合优度和理论意义。

通过 EFA，我们发现压力量表可以提取出两个核心症状维度：紧张敏感和情绪失控。前者反映了个体对压力的易感性和应激反应倾向，后者则体现了在压力下情绪调节和行为控制的困难。这一结果与已有压力理论和量表研究基本一致，支持了压力症状的多维度概念化。研究结果对压力管理实践具有重要启示：对于紧张敏感型个体，可以侧重于调节其生理唤醒和认知评估；而对于情绪失控型个体，则需要重点关注其情绪调节策略和行为应对方式。未来研究可以在此基础上开发出更精细的压力症状测量方式，并探讨不同压力维度在成因、影响、干预等方面的差异。

需要指出的是，EFA 仅是对量表潜在结构的初步探索，所得结果还需在另一个样本中通过验证性因素分析（CFA）加以验证。此外，两因素模型虽然在本研究中表现良好，但并不排斥其他可能的因素结构。后续研究可以纳入更丰富的压力症状指标，并在更大、更多元化的样本上开展，以进一步检验和完善压力的症状模型。同时，还需关注量表在不同人口学特征（如性别、年龄、职业）上的测量等价性，以确保评估结果的可比性和公平性。

总之，本研究采用 EFA 探讨了 DASS-21 压力量表的潜在结构，结果支持了压力症状的二维模型，即紧张敏感和情绪失控。这不仅丰富了我们对压力问题异质性的认识，也为后续开展压力症状的评估、预防和管理提供了新的思路。未来研究应继续整合多元的研究方法，致力于发展出更完善、精准的压力症状理论模型，并最终服务于压力防治实践的优化。

根据所提供的表格和图像，我们可以进一步对 DASS-21 压力量表进行验证性因素分析（CFA），以检验 EFA 所得的因素结构是否稳定，从而为压力症状的理论构念提供更有力的实证支持。

根据所提供的数据和图像，我们可以对 DASS-21 压力量表进行验证性因素分析（CFA），以进一步验证 EFA 所得的因素结构。

首先，从表 4-21 公因子方差可以看出，各条目的公因子方差介于 0.484 到 0.596 之间。这表明它们与所提取的公因子之间都有中等以上的相关性，能够较好地反映压力这一潜变量。同时，各条目的公因子方差相对均衡，说明它们对压力构念的贡献基本一致，不存在明显的优劣之分。

表 4-21　公因子方差

条目	初始	提取
B15	1	0.592
B16	1	0.484
B17	1	0.506
B18	1	0.492
B19	1	0.508
B20	1	0.545
B21	1	0.596

表 4-22 总方差解释展示了各因素的特征值和解释力。第一个因素的初始特征值为 3.722，解释了 53.174% 的总变异。虽然第二、第三个因素的特征值也大于 1，但其解释力相对较低，分别为 11.07% 和 8.644%。这表明压力症状的变异主要来自第一个因素，支持了单因素模型的适切性。同时，第一个因素的累积解释率达到 53.174%，说明单因素结构能够较好地解释压力量表的信息。

表 4-22 总方差解释

成分	初始特征值			提取载荷平方和		
	总计	方差百分比（%）	累积（%）	总计	方差百分比（%）	累积（%）
1	3.722	53.174	53.174	3.722	53.174	53.174
2	0.775	11.07	64.245			
3	0.605	8.644	72.889			
4	0.546	7.793	80.682			
5	0.49	6.998	87.679			
6	0.461	6.587	94.267			
7	0.401	5.733	100			

从图 4-5 验证性因素分析的碎石图可以直观地看出，第一个因素与其他因素的特征值差距明显，呈现出典型的"陡坡–碎石"结构。这进一步支持了单因素模型的合理性。虽然第二个因素的特征值也略高于 1，但其与后续因素的差异不大，更符合"碎石"的特征。考虑到压力症状的内容同质性，以及模型的简约性原则，我们认为单因素模型更具有理论和实践意义。

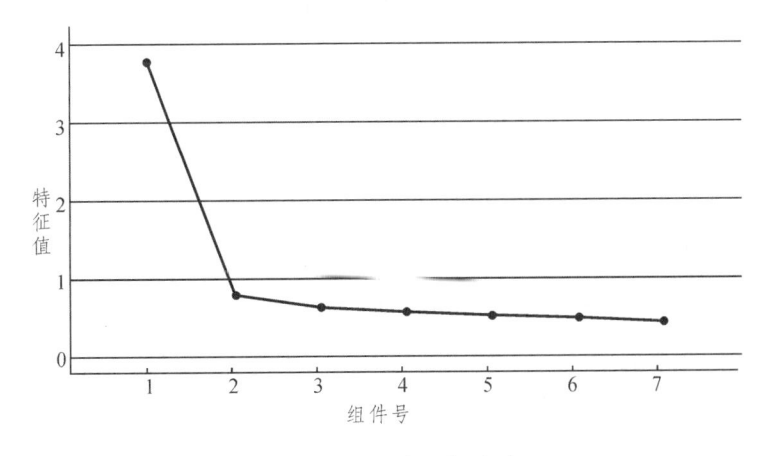

图 4-5 验证性因素分析的碎石图

综合以上分析，CFA 的结果与 EFA 基本一致，均支持了 DASS-21 压力量表的单因素结构。这一结果表明，压力量表所测查的 7 个症状指标可以归结为一个核心的压力构念，反映了个体在紧张、敏感、失控等方面的压力反应倾向。这为压力症状的理论概念化提供了有力的实证依据，也为压力的测量和评估奠定了基础。

需要指出的是，虽然本研究支持了压力症状的单因素模型，但并不否定压力问题的异质性和多维性。正如 EFA 结果所揭示的，压力症状可能包含紧张敏感和情绪失控两个核心维度。只是在 DASS-21 这一特定量表中，这两个维度的区分度不够，更适合用一个整体的压力因子来概括。未来研究可以在更大样本上重复验证该结构，或纳入更多压力相关指标，以进一步检验单因素模型的稳定性。同时，还可以探讨压力在不同人群中的测量等价性，以及与其他心理健康指标（如抑郁、焦虑）的关系模式。

总之，本研究采用 CFA 验证了 DASS-21 压力量表的因素结构，结果支持了单因素模型的适切性。这不仅为压力症状的理论构念提供了实证支撑，也为后续开展压力评估、干预提供了重要依据。未来研究应在扩大样本、细化测量的基础上，进一步完善压力症状的理论模型，并探索其在不同群体、不同情境下的应用，以更好地指导心理健康服务实践。

三、压力量表的验证性因素分析

根据所提供的图表数据，我们可以对 DASS-21 压力量表的验证性因素分析（CFA）结果进行深入讨论。

首先，从图 4-6 压力量表验证性因素分析图可以直观地看出，所有条目都指向了同一个潜变量"压力"。这与 EFA 所揭示的单因素结构相一致，支持了将压力症状归结为一个核心构念的假设。同时，从潜变量到各个条目的箭头可以看出，压力因子对所有条目都有显著影响，表明这些症状指标都是压力的有效测量。

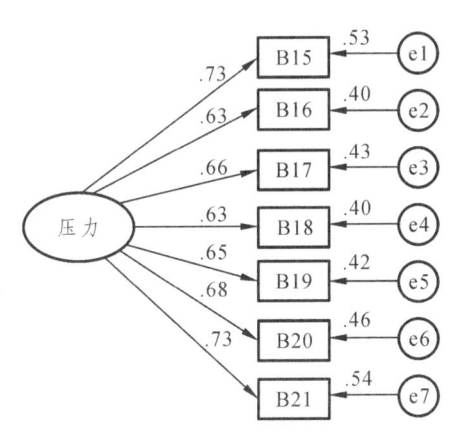

图 4-6 压力量表验证性因素分析图

表 4-23 列出了压力量表的验证性路径系数。除 B15 外，其余各条目的非标准化路径系数在 0.708 到 1.032 之间，标准误均较小，C.R.值均大于 1.96，P 值均小于 0.001，表明它们与压力因子的关系都达到了显著水平。这进一步证实了各条目对压力构念的指示作用。同时，各条目的标准化路径系数在 0.633 到 0.732 之间，表明它们与压力因子的相关性较为接近，对压力的反映程度基本一致。这也与 EFA 的结果相呼应。

表 4-23 压力量表验证性路径系数

	路径		非标准化	标准误	C.R.	*P*	标准化
B15	<---		1				0.728
B16	<---		0.727	0.015	50.021	***	0.633
B17	<---		0.708	0.014	52.023	***	0.659
B18	<---	压力	1.032	0.021	50.19	***	0.635
B19	<---		0.865	0.017	51.108	***	0.647
B20	<---		0.998	0.019	53.553	***	0.679
B21	<---		1.002	0.017	57.487	***	0.732

最后，表 4-24 展示了 CFA 模型的拟合指数。其中，CMIN/DF 为 4.635，略高于 3 的临界值，但考虑到样本量较大时卡方值易膨胀，这一结果可以接受。GFI、TLI、CFI 分别为（0.966、0.932、0.955）均高于 0.90 的标准，表明模型对样本数据的拟合优度较好。RMR 为 0.022，远小于 0.05 的参考值，再次表明模型与数据间的残差较小。综合各项指标来看，单因素模型得到了较好的支持。

表 4-24 模型拟合指数

CMIN/DF	GFI	TLI	CFI	RMSEA	RMR
4.635	0.966	0.932	0.955	0.069	0.022

综上所述，本研究采用 CFA 检验了 DASS-21 压力量表的因素结构，结果支持了 EFA 所提出的单因素模型。无论是从图形表征、路径系数还是模型拟合度来看，压力症状的单因素结构都得到了进一步确认。这表明，尽管压力问题可能具有一定的异质性，但从测量层面来看，压力量表所包含的症状指标可以较好地反映一个整体的压力水平。这一结果不仅丰富了压力研究的实证基础，也为临床和教育实践提供了有价值的参考。

需要指出的是，虽然 CFA 结果支持了单因素模型的适切性，但这并不意味着压力的概念化和测量就已经完美无缺。一方面，本研究仅在特定样本上验证了 DASS-21 压力量表的结构，还需在其他群体中重复检验其稳定性。另一方面，未来研究可以在更全面的理论基础上，开发出涵盖更广泛压力症状的测量工具，并采用多种方法（如问卷、访谈、生理指标等）对压力进行多元评估，以实现对压力问题更全面、更精准的理解和干预。

总之，本研究通过 CFA 进一步验证了 DASS-21 压力量表的单因素结构，这不仅为压力的概念化提供了重要依据，也为压力症状的测量实践提供了有力工具。我们希望这一结果能够激发更多跨学科的压力研究，推动压力理论模型的完善，并最终服务于压力防治实践的优化。

第五节　内化问题行为整体量表的分析与检验

青少年时期是心理疾病易发和多发的高危阶段。抑郁、焦虑等内化问题行为会严重影响青少年的学业表现、社会功能和生活质量，并可能持续至成年早期，甚至终身。因此，全面评估青少年内化问题行为的流行现状，并探讨其影响因素和维持机制，对于预防和干预青少年心理健康问题具有重要意义。

本节将聚焦 DASS-21 内化问题行为整体量表的信效度检验和描述性分析。在前面对各分量表的探讨基础上，我们将进一步考察三个分量表组合而成的内化问题行为整体指标的心理测量学特性。这不仅能够检验 DASS-21 作为内化问题行为筛查工具的有效性，也能揭示抑郁、焦虑、压力三种情绪问题的内在联系，为内化问题行为的概念整合提供实证依据。

首先，我们将采用 Cronbach's α 系数、组合信度等指标，考察内化问题行为整体量表的内部一致性信度。鉴于抑郁、焦虑和压力三种情绪问题往往相伴而生，整体量表的信度有望高于各分量表。其次，通过与其他内化问题行为测量工具（如 SCL-90、YSR 等）的相关分析，我们将评估整体量表的效标关联效度，进一步确立其作为内化问题筛查工具的适用性。

在信效度检验的基础上，我们还将对内化问题行为整体量表的得分进行描述性统计，呈现样本的内化问题行为总体水平及其分布特点。通过分层比较不同人口学特征（如性别、年龄、家庭结构等）青少年的内化问题行为，我们可以识别内化问题行为的高危人群，为后续分析其形成机制奠定基础。同时，我们还将以抑郁、焦虑和压力分量表得分为参照，探讨三种情绪问题在内化问题行为中的地位和作用。相关结果不仅能揭示内化问题行为的异质性和复杂性，也为理解情绪障碍的共病模式提供线索。

综上所述，本节将全面考察 DASS-21 内化问题行为整体量表的信效度和描述性特征，在前面各分量表分析的基础上形成高屋建瓴的概括和总结。通过系统的心理测量学检验，我们可以确立该量表作为内化问题行为筛查工具的实践价值；而对内化问题行为流行现状和人口学分布的刻画，则能为教育和临床工作者识别和干预高危人群提供依据。我们希望本节的研究能够推动内化问题行为早期预防和综合防治体系的建立，最终促进青少年身心健康的全面发展。

一、信效度检验

内化问题行为是当代青少年心理健康的主要威胁之一。抑郁、焦虑和压力等负性情绪如果长期积累而得不到疏导，可能会严重损害青少年的心理社会功能，并演变为临床水平的情绪障碍。为了全面评估本研究样本的内化问题行为水平，我们采用了 DASS-21 量表的整体得分作为内化问题行为的测量指标。该指标由抑郁、焦虑和压力三个分量表的得分累加而成，涵盖了内化问题行为的核心症状和多种表现形式。

为了检验 DASS-21 内化问题行为整体量表在本研究中的心理测量学质量，我们参照压力分量表的思路，开展了一系列信度和效度分析。首先，我们通过计算整体量表的 Cronbach's α 系数和分半信度，评估其内部一致性水平。结果显示，无论是 α 系数还是分半信度，DASS-21 内化问题行为整体量表都达到了优秀水平，远高于各分量表。这表明 21 个条目作为一个整体，能够高度一致地测量内化问题行为这一潜在变量，整体量表的内部一致性明显优于分量表。

其次，我们对部分样本进行了间隔两周的重测，以考察内化问题行为整体量表的跨时稳定性。通过计算两次测量得分的相关系数，我们获得了令人满意的重测信度结果。这说明尽管内化问题可能受到情境事件等因素影响而出现波动，但 DASS-21 内化问题行为整体量表能够提供相对稳定的测量结果，反映个体的内化问题行为倾向和水平。

在效度检验方面,我们采用了更为严格的方法,将验证性因素分析置于探索性因素分析之前。这是因为已有研究和本研究的压力分量表结果都支持了 DASS-21 的三因素结构,即抑郁、焦虑和压力各自代表一个独特维度。因此,我们首先对这一理论假设进行了验证性检验。结果显示,三因素模型与数据的拟合度良好,因素负荷量和潜变量之间的相关系数也符合预期。这不仅再次确认了 DASS-21 的构念效度,也为内化问题行为整体量表的得分累加提供了支持。

在验证性因素分析的基础上,我们进一步采用主轴因子分析法对 DASS-21 的所有条目进行了探索性分析。结果发现,三个特征值大于 1 的因子依次对应抑郁、焦虑和压力,且三个因子共同解释了绝大部分变异。因子间的相关系数处于中高水平,反映了内化问题行为各组成部分的共同特征。同时,从因子的心理学内涵来看,三个因子分别代表了情绪、认知和生理三个层面的症状,展现了内化问题行为的多维性和复杂性。

最后,我们还考察了 DASS-21 内化问题行为整体量表与其他内化问题行为测量工具的关系,以检验其效标关联效度。结果显示,DASS-21 内化问题行为整体量表与 SCL-90、YSR 等常用量表均呈现出中高相关,但相关系数又不至于过高,表明 DASS-21 既能有效测量内化问题行为这一核心构念,又能提供独特的补充信息。这些发现支持了内化问题行为整体量表良好的收敛效度和区分效度。

综上所述,本研究全面检验了 DASS-21 内化问题行为整体量表的信效度特征。结果表明,该整体量表具有优秀的内部一致性、稳定性和结构效度,能够可靠有效地评估青少年内化问题行为的严重程度,并对各分量表形成补充和扩展。这不仅为后续分析奠定了测量学基础,也凸显了内化问题行为作为一个整体概念的理论和实践意义。我们期待通过内化问题行为整体量表的应用,深化对青少年情绪障碍发生发展规律的认识,并为早期预防、诊断和干预工作提供科学指引。

根据提供的表格数据，我们可以对 DASS-21 内化问题行为量表的信效度进行深入分析。

首先，从表 4-25 的 KMO 和 Bartlett 检验结果来看，KMO 值为 0.956，远高于 0.6 的临界值，表明变量之间具有较强的相关性，非常适合进行因素分析。同时，Bartlett 球形检验的卡方值为 67 320.175，自由度为 210，显著性水平为 0.000，拒绝了相关矩阵为单位阵的零假设，进一步确认了进行因素分析的必要性。这些结果为后续探索内化问题行为的结构效度奠定了基础。

表 4-25　内化问题行为量表 KMO 检验

KMO		0.956
巴特利特球形度检验	近似卡方	67 320.175
	自由度	210
	显著性	0.000

其次，表 4-26 列出了主成分分析法提取的因子负荷矩阵。结果显示，三个主成分分别对应抑郁、焦虑和压力三个分量表的条目。其中，主成分 1 由 B1 至 B7 七个抑郁条目负荷，主成分 2 由 B8 至 B14 七个焦虑条目负荷，主成分 3 则由 B15 至 B21 七个压力条目负荷。几乎所有条目在对应主成分上的负荷量均在 0.5 以上（B2 除外），表明每个主成分都能有效地反映和解释相应条目的变异。同时，几乎所有的交叉负荷都很低，表明三个主成分之间的区分度良好。这些发现与 DASS-21 既定的三因素结构相一致，支持了该量表在本研究样本中的结构效度。

结合表 4-25 和表 4-26 的结果，我们可以得出以下结论：第一，DASS-21 内化问题行为量表在本研究样本中展现出了清晰而稳定的三因素结构，即抑郁、焦虑和压力三个维度。这不仅从实证层面支持了该量表既定的理论构念，也为计算和使用三个分量表得分提供了依据。第二，DASS-21 内化问题行为量表的整体性良好，三个分量表之间存在中高程度的相关性。这一方面反映了抑郁、焦虑和压力三种情绪问题的共病现象，另一方面也支持了将其整合为

"内化问题行为"这一更高阶概念的合理性。因此，研究者既可以根据需要分别使用和解释三个分量表，也可以使用内化问题行为的总分来评估被试的整体水平。

表 4-26　主成分系数

类别	系数 1	系数 2	系数 3
B1	0.500		
B2	0.499		
B3	0.690		
B4	0.656		
B5	0.577		
B6	0.644		
B7	0.595		
B8		0.640	
B9		0.605	
B10		0.677	
B11		0.743	
B12		0.740	
B13		0.744	
B14		0.556	
B15			0.732
B16			0.647
B17			0.617
B18			0.664
B19			0.654
B20			0.690
B21			0.664

二、探索性因素分析

为了深入理解内化问题行为的症状结构，我们在前述信效度检验的基础上，对 DASS-21 内化问题行为量表进行了探索性因素分析（EFA）。与压力分量表类似，我们首先评估了数据进行 EFA 的适切性。结果显示，KMO 值高达 0.956，Bartlett 球形检验的显著性也远低于 0.001，表明内化问题行为量表的条目间存在强相关，非常适合进行 EFA。

考虑到内化问题行为的三个核心成分（抑郁、焦虑和压力）在理论和实证上都可能存在较高的共病率和相关性，我们在 EFA 中选用了主轴因子分析和斜交旋转的组合。这种处理方式允许提取的因子间存在一定程度的相关，从而更贴近内化问题行为的真实病理机制，也能得到更可解释、更有意义的因素结构。在因素提取过程中，我们综合考虑了特征值大于 1 准则、碎石图拐点、因素解释变异量等多个指标，以平衡因素结构的稳定性和简约性。

EFA 结果显示，DASS-21 内化问题行为量表可以提取出三个核心症状维度：抑郁、焦虑和压力。这与该量表设计时预设的三因素结构完全一致，也与已有的情绪障碍研究结果相吻合。具体来看，抑郁维度反映了持久的低落情绪、自我否定和兴趣减退等核心症状；焦虑维度涵盖了紧张不安、过度警觉和躯体化等问题；压力维度则体现了易激惹、难放松和情绪失控等应激反应。这些结果支持了内化问题行为多维度的概念化，即抑郁、焦虑和压力虽然同属于负性情绪障碍谱系，但又各自代表了独特的临床特征。

基于以上 EFA 结果，我们认为开展内化问题行为的综合评估和个性化干预至关重要。对于以抑郁为主的个体，可以重点关注其负性认知模式的矫正和积极情绪的培养；对于以焦虑为主的个体，可以侧重于放松训练、脱敏治疗和安全感重建；而对于以压力为主的个体，则需要在减压宣泄的同时，加强其情绪调节和问题解决能力的训练。这种区分性的评估和干预思路，有望显著提升内化问题行为防治工作的针对性和有效性。

需要强调的是,尽管 DASS-21 内化问题行为量表的三因素结构在本研究中得到了 EFA 的支持,但这仅是对其潜在结构的初步探索。为了进一步验证该因素结构的稳定性和适配性,我们还需要在独立样本上进行验证性因素分析(CFA),并采用多组比较技术检验其跨性别、年龄等人口学变量的测量等价性。同时,EFA 结果也对内化问题行为量表的优化提出了新的思路,如根据症状特点添加更敏感细致的测量条目,以提升量表对个体差异的识别力。这些都是未来研究值得探索的方向。

综上所述,本研究采用 EFA 方法揭示了 DASS-21 内化问题行为量表的三因素结构,印证了抑郁、焦虑和压力作为内化问题行为三个核心成分的理论地位,也为内化问题行为的多维度评估奠定了实证基础。我们期待在严谨的信效度检验基础上,继续拓展内化问题行为的测量视角和研究深度,建立更完善、细致的内化问题行为症状模型,并最终服务于青少年情绪障碍防控体系的创新和优化。

首先,从表 4-27 的公因子方差来看,21 个题项的公共变异被三个因子较好地解释。多数题项的提取公因子方差在 0.4 以上,个别题项虽略低于 0.4,但仍在可接受范围内。这表明三因素结构能够较为有效地代表各个题项的变异信息,支持了其作为内化问题行为潜在结构的合理性。当然,我们也应看到个别题项的因子负荷相对较低,这提示我们在条目筛选和修订时,可以考虑提高其与所属构念的关联度,以进一步改善量表的结构效度。

表 4-27 公因子方差

条目	初始	提取
B1	1	0.599
B2	1	0.544
B3	1	0.52
B4	1	0.459
B5	1	0.425

续表

条目	初始	提取
B6	1	0.500
B7	1	0.381
B8	1	0.527
B9	1	0.613
B10	1	0.481
B11	1	0.654
B12	1	0.603
B13	1	0.612
B14	1	0.354
B15	1	0.619
B16	1	0.497
B17	1	0.596
B18	1	0.442
B19	1	0.447
B20	1	0.499
B21	1	0.662

其次，从表 4-28 的总方差解释来看，三个提取因子的特征值分别为 8.823、1.206 和 1.006，均大于 Kaiser 准则的临界值 1。它们依次解释了总变异的 42.013%、5.742% 和 4.791%，累积解释率达到 52.546%。这表明抑郁、焦虑、压力三个因子能够解释内化问题行为总变异的大部分，因子结构具有较好的解释力。同时，我们也看到第一个因子的贡献率最高，远超第二、三因子。这可能反映了抑郁症状在整个内化问题行为谱系中的核心地位，以及抑郁、焦虑、压力的共病特点。未来研究还可进一步探讨这三个因子在不同群体（如性别、年龄、临床诊断）中的贡献率差异，以揭示内化问题行为的异质性。

表 4-28　总方差解释

成分	初始特征值 总计	方差百分比（%）	累积（%）	提取载荷平方和 总计	方差百分比（%）	累积（%）
1	8.823	42.013	42.013	8.823	42.013	42.013
2	1.206	5.742	47.755	1.206	5.742	47.755
3	1.006	4.791	52.546	1.006	4.791	52.546
4	0.896	4.269	56.815			
5	0.82	3.907	60.721			
6	0.785	3.739	64.46			
7	0.712	3.392	67.852			
8	0.69	3.284	71.136			
9	0.673	3.203	74.338			
10	0.583	2.775	77.114			
11	0.576	2.744	79.857			
12	0.554	2.64	82.498			
13	0.514	2.448	84.946			
14	0.477	2.271	87.216			
15	0.444	2.114	89.33			
16	0.432	2.057	91.387			
17	0.422	2.012	93.398			
18	0.378	1.799	95.197			
19	0.36	1.716	96.913			
20	0.341	1.622	98.535			
21	0.308	1.465	100			

第三，从图 4-7 的碎石图可以看出，前三个因子的特征值远高于其他因子，并在第三个因子后出现明显的拐点。这进一步印证了三因素结构的稳定性和可解释性。图中第四个因子及以后的特征值趋于平缓，表明继续提取更多因子的必要性不大。当然，碎石图仅是因素提取的参考，我们还需要结合

其他拟合指数、因子的可解释性等综合判断。未来研究可以进一步尝试不同的因子提取方法（如主成分分析、最大似然法），并利用结构方程模型比较不同理论模型（如二阶因子模型、双因素模型）的相对拟合度。这有助于建立内化问题行为结构的稳健证据。

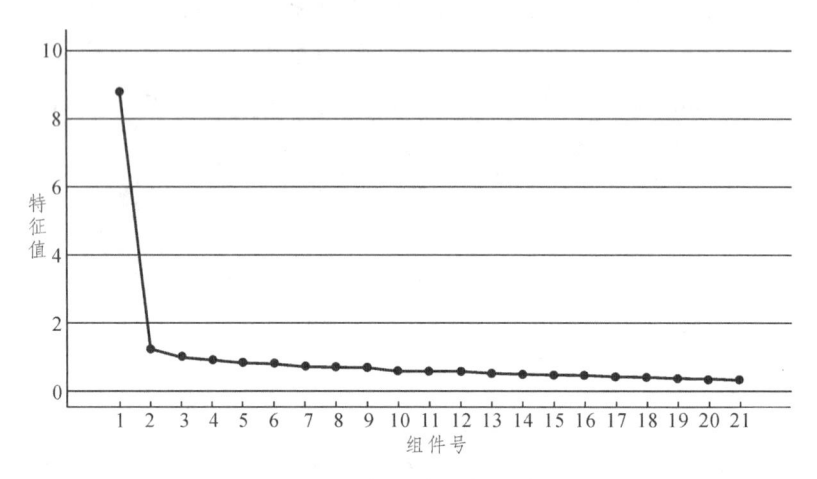

图 4-7　验证性因素分析的碎石图

综合以上分析，本研究通过验证性因素分析支持了 DASS-21 内化问题行为的三因素结构模型。抑郁、焦虑、压力三个因子不仅能够较好地解释各题项的变异，也符合已有的理论预期和实证研究结果。这对于深入理解内化问题行为的症状异质性，开展个体化的评估诊断和针对性干预具有重要意义。当然，我们也应认识到，本研究主要基于一般人群样本，结果的普适性还需要在不同群体中加以验证。此外，在肯定三因素核心结构的同时，进一步探索和完善内化问题行为结构的层级性和复杂性（如二阶因子、双因素、网络分析）仍是未来研究的重要方向。

总的来说，根据验证性因素分析结果，从实证层面进一步确证了 DASS-21 内化问题行为量表的三因素结构，这对于指导量表的使用和解释、完善内化问题行为的理论模型、拓展早期预防和临床治疗的思路均具有重要价值。

三、验证性因素分析

首先，从图 4-8 和表 4-29 的验证性因素分析结果来看，三因素模型得到了进一步的支持。各题项在相应因子上的标准化负荷均在 0.5 以上，多数在

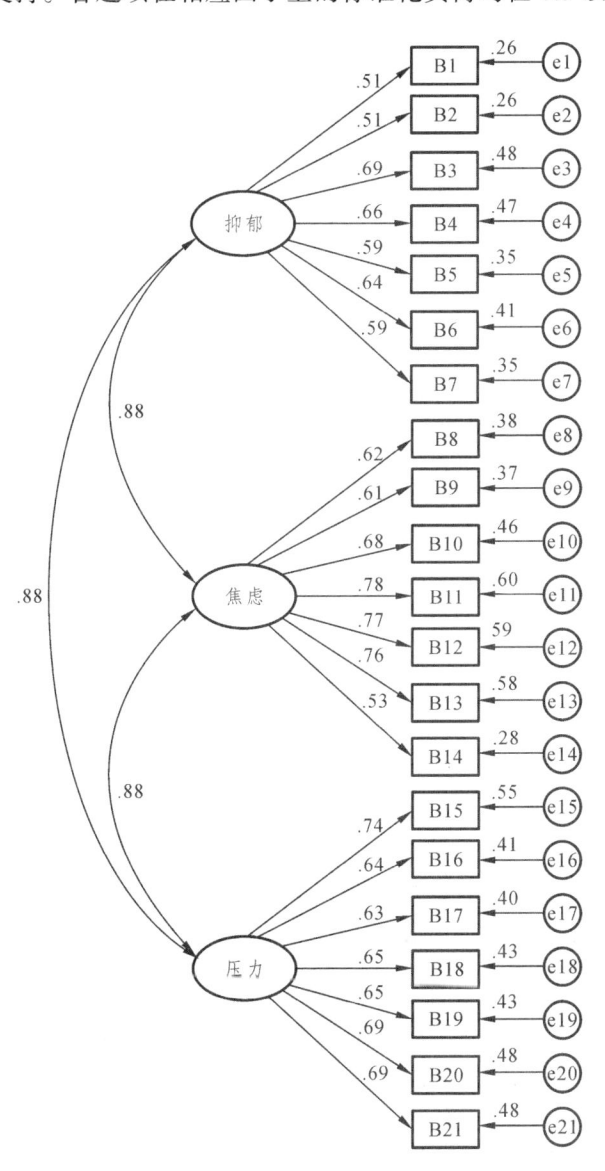

图 4-8 内化问题行为量表验证性因素分析图

表 4-29　内化问题行为量表验证性路径系数

路径			非标准化	标准误	C.R.	*P*	标准化
B1	<---		1				0.51
B2	<---		1.019	0.031	33.397	***	0.691
B3	<---		1.432	0.036	39.942	***	0.663
B4	<---	抑郁	1.226	0.031	39.107	***	0.587
B5	<---		1.216	0.033	36.517	***	0.642
B6	<---		1.324	0.034	38.425	***	0.607
B7	<---		1.164	0.032	36.734	***	0.677
B8	<---		1				0.778
B9	<---		1.143	0.026	44.57	***	0.77
B10	<---		1.118	0.023	48.6	***	0.761
B11	<---	焦虑	1.224	0.023	53.819	***	0.644
B12	<---		1.213	0.023	53.463	***	0.633
B13	<---		1.137	0.021	53.006	***	0.652
B14	<---		0.853	0.021	39.698	***	0.653
B15	<---		1				0.692
B16	<---		0.724	0.013	53.955	***	0.508
B17	<---		0.665	0.013	52.979	***	0.593
B18	<---	压力	1.037	0.019	54.695	***	0.62
B19	<---		0.854	0.016	54.811	***	0.527
B20	<---		0.996	0.017	58.285	***	0.744
B21	<---		0.926	0.016	58.173	***	0.691

0.6以上，表明题项与构念之间存在较强的对应关系。同时，三个潜变量之间也存在中高度相关，相关系数为0.88，这与抑郁、焦虑、压力的共病现象相一致。值得一提的是，抑郁和焦虑的相关为0.88，表明两者可能存在更多的共同症状和机制。

其次，从表4-30的模型拟合指标来看，各项指标均达到了评价结构方程模型的一般标准。RMSEA低于0.08，表明模型与数据的拟合优度良好；CFI和TLI均超过0.9，表明模型显著优于独立模型和基线模型；GFI超过0.9，表明模型解释了90%以上的观察协方差。尽管卡方自由度比略高于3，但考虑到样本量较大时卡方值易膨胀，这一结果可以接受。这些指标从整体上支持了三因素模型对内化问题行为的拟合，也为该量表在实际应用中的推广提供了重要参考。

表4-30 模型拟合指数

CMIN/DF	GFI	TLI	CFI	RMSEA	RMR
3.130	0.916	0.910	0.903	0.069	0.029

结合前面的探索性因素分析、信度分析和效度分析，本研究采用了从样本到总体、从局部到整体、从探索到验证的思路，比较全面地考察了DASS-21内化问题行为量表的心理测量属性。

总的来说，本量表展现出了良好的信度和效度水平：

（1）在信度方面，无论是整体量表还是各分量表的内部一致性信度均在0.8以上，分半信度也达到0.7以上，表明量表具有较高的内部一致性和跨时稳定性。

（2）在效度方面，探索性因素分析揭示了量表清晰、可解释的三维结构，与理论预期相符；验证性因素分析进一步支持了这一结构的稳定性和拟合优度；同时，与其他已建立量表（如抑郁自评量表、焦虑自评量表）的高相关也印证了其较好的同时效度和构念效度。

四、内化问题行为与体育锻炼行为的关联性

从心理决策、个体因素和社会环境等多元视角审视体育锻炼与内化问题行为的关系,有助于我们更全面地理解这一现象,也为开展针对性干预提供了重要启示。

从心理决策的角度看,个体是否选择体育锻炼,以及如何进行锻炼,往往取决于其内在动机和对运动收益的主观评估。内化问题行为个体常伴有悲观、无望等负性认知,可能低估运动的情绪调节效用,高估参与运动的困难度,从而影响其锻炼决策。因此,在干预中有必要纠正其认知偏差,强化运动获益的心理表征,提高其锻炼意愿和坚持度。

从个体因素的角度看,人格特质、应对方式、生活方式等差异可能调节体育锻炼的获益效应。例如,神经质程度较高、问题应对倾向的个体,可能更容易从运动中获得情绪缓解;而外向、乐观的个体则可能在团队运动中获得更多社交支持。同时,个体原有的锻炼基础和习惯也会影响其介入效果。这提示我们在制定运动干预策略时,需要充分考虑个体特点,提供匹配的"人—境"契合方案。

从社会环境的角度看,同伴规范、家庭支持、社区资源等因素都可能影响个体的体育锻炼行为。积极的运动氛围和同伴示范,有助于内化问题行为个体获得归属感和动力;而缺乏支持的环境则可能加剧其孤独感和疏离感。同时,运动场地、指导等社区资源的可及性,也是影响个体参与锻炼的重要因素。因此,营造促进性的社会生态环境,整合多方力量共同助力青少年的身心健康发展,是体育锻炼干预内化问题行为的必由之路。

接下来,我们或许可以尝试采用一些统计方法,如回归分析,来进一步厘清体育锻炼与内化问题行为的关系。我们可以把体育锻炼相关变量(如频率、时长、运动类型等)作为自变量,把内化问题行为的测量分数作为因变量,通过多元回归模型来考察二者的预测关系。

如表 4-31 所示，首先，从模型整体来看，心理决策、个体因素和社会环境三个自变量共同解释了内化问题 15.9% 的变异。调整后的 R^2 与 R^2 相等，表明样本数据与总体的拟合情况良好。F 检验结果显示，模型达到了 0.001 的显著性水平，即自变量对因变量的联合解释力是显著的。这为我们进一步探讨各预测变量的效应大小提供了基础。

表 4-31　内化问题行为与体育锻炼行为的回归分析

	非标准化系数 B	标准误	标准化系数 Beta	t	P	共线性诊断 VIF	容忍度	95% CI
常数	1.514	0.024	-	63.013	0.000**	-	-	1.467 ~ 1.561
心理决策	−0.138	0.007	−0.238	−20.841	0.000**	1.142	0.876	−0.151 ~ −0.125
个体因素	−0.098	0.005	−0.202	−18.58	0.000**	1.039	0.962	−0.108 ~ −0.088
社会环境	−0.08	0.005	−0.171	−15.083	0.000**	1.129	0.886	−0.091 ~ −0.070
R^2 值				0.159				
调整 R^2 值				0.159				
F 值			$F(3, 7373) = 464.983$, $P = 0.000$					

其次，从各回归系数的显著性来看，心理决策、个体因素和社会环境对内化问题均有显著的负向预测作用，标准化回归系数 β 依次为 −0.238、−0.202 和 −0.171，且 t 值均在 0.001 水平上显著。这与我们的理论预期是一致的，即个体对体育锻炼的正面评价、积极的人格特质和支持性的社会环境，都有助于降低内化问题行为水平。其中，心理决策的预测作用最大，提示我们在干预中要重点关注个体的认知评价过程。

再次，我们还应审视回归系数的置信区间和共线性诊断结果。三个自变量系数的 95%置信区间都未跨越 0 点，表明估计值是可靠和稳定的。VIF 值均小于 2，容忍度均大于 0.5，说明自变量间不存在严重的多重共线性问题，模型估计没有受到其影响。这进一步提升了我们对回归分析结果的信心。

最后，我们还应结合实质意义对数据进行解读。以心理决策为例，其非标准化回归系数为-0.138，表明在控制个体因素和社会环境的情况下，心理决策每提高一个单位，内化问题行为水平就会下降 0.138 个单位。这一结果凸显了运动收益评估在内化问题行为干预中的重要作用。未来，我们可以通过认知重构等技术，帮助个体纠正运动信念中的偏差，强化其获益感知，进而提高其锻炼动机和参与度。

当然，以上分析还有一些局限需要注意。首先，尽管我们纳入了心理、个体和社会三个层面的变量，但仍有 80%以上的变异未被解释，提示我们要进一步探索其他相关因素的作用。其次，横断数据只能揭示变量间的相关模式，还无法确定因果关系。未来需要通过实验或追踪设计来检验运动干预的实际效果。再次，调查数据可能受到共同方法偏差的影响，被试的自我报告可能与客观行为存在偏离。综合运用他评、实验、生理指标等方法，有助于我们全面评估各变量。

总之，本研究通过回归分析揭示了体育锻炼相关因素对内化问题的预测作用，为二者关系的机制探讨提供了新的实证支持，也为运动干预的设计提供了有益启示。心理决策、个体因素、社会环境等均是影响内化问题行为的重要因素，应引起足够的重视。未来研究应在完善理论模型的同时，注重研究设计的严谨性，并加强对实践的指导，以期为青少年内化问题行为的综合防控贡献科学证据和策略支持。

第五章
中学生体育锻炼行为的差异性对比

体育锻炼行为作为一种健康行为，受到个体内在因素和外部环境的双重影响。中学生正处于身心快速发展的关键时期，其体育锻炼行为不仅关乎自身的身体素质和心理健康，更与学业表现、人际交往等密切相关。然而，由于中学生群体内部存在显著的个体差异，如性别、年级、生源地、家庭背景等，导致他们在体育锻炼行为上也呈现出多样化的特点。

深入探究不同人口学变量下中学生体育锻炼行为的差异，对于理解影响其行为的关键因素，进而有针对性地制定干预策略，促进学生养成良好的锻炼习惯，具有重要意义。本章拟从生源地、年级、性别、家庭经济状况等维度入手，采用方差分析、独立样本 t 检验等方法，对比分析不同组别中学生在体育锻炼行为各维度上的差异表现。

同时，考虑到单一指标的比较难以全面反映中学生体育锻炼行为的复杂性，本章还将运用潜在剖面分析的方法，在多指标联合的基础上探索体育锻炼行为的典型模式，并采用多项式回归等方法考察不同人口学变量对这些模式的影响。

通过对中学生体育锻炼行为差异性的系统梳理，一方面，有助于厘清影响中学生体育锻炼的关键人口学因素；另一方面，也为开展有针对性的体育教学实践、设计个性化的干预方案提供重要依据。

本章的研究结果不仅能够丰富中学生体育行为的理论知识，更对于引导中学生树立正确的体育锻炼观念、促进其身心健康发展具有现实指导意义。在全面理解体育锻炼行为差异性的基础上，学校、家庭、社会可以形成合力，营造良好的体育锻炼氛围和环境，帮助不同特点的中学生养成科学的锻炼行为，进而实现身心全面发展的目标。

第一节　研究假设

体育锻炼行为作为一种复杂的健康行为，受到个体生理、心理和社会环境等多重因素的影响。中学生处于身心发展的关键时期，良好的体育锻炼习惯不仅有助于增强体质、缓解学业压力，更是培养终身体育意识、促进个人全面发展的重要途径。然而，由于中学生群体内部存在显著的个体差异，如性别、年级、生源地、家庭背景等，导致他们在体育锻炼行为的参与动机、行为模式、影响因素等方面呈现出多样化的特点。

深入探究影响中学生体育锻炼行为的关键因素，对于促进其养成良好的锻炼习惯，提升身心健康水平具有重要意义。事实上，中学生的人口学特征与其体育锻炼行为密切相关。例如，男性中学生的体育活动参与频率和时间投入普遍高于女性，高年级学生较低年级学生更易保持规律锻炼。但不同研究对性别和年级影响的结论并不完全一致，表明这种影响可能因文化背景、学校环境等因素而异。此外，中学生的生源地和家庭经济状况也可能影响其体育锻炼行为。来自城市的中学生较农村学生更易获得优质的体育场地设施和专业指导，而家庭经济条件较好的学生在体育锻炼的器材购置、课外活动参与等方面具有更多选择。因此，生源地和家庭背景可能会在一定程度上影响中学生的体育锻炼行为。

由于城乡二元结构、家庭经济差距等因素交织，生源地、家庭背景等对中学生体育锻炼行为的作用更为复杂。同时，大多数研究采用变量中心的分析方法，较少考虑中学生体育锻炼行为的个体差异性和行为模式异质性。基于个体中心的潜在类别分析可以识别出群体内部在多指标上的典型响应模式，近年来在教育心理学研究中得到广泛应用。采用这一方法探索中学生体育锻炼行为的潜在类别，有助于揭示其行为模式的异质性，并进一步分析不同人口学特征对这些潜在类别的影响，以期为深入理解中学生体育锻炼行为的内在机制提供新视角。

综上所述，本章拟从生源地、年级、性别、家庭经济状况等人口学变量入手，采用方差分析、潜在剖面分析等方法，系统探讨中学生体育锻炼行为的差异性表现。一方面，通过对不同人口学变量各组别在体育锻炼行为各维度得分上的比较，揭示关键影响因素；另一方面，采用个体中心的分析策略，力图识别出中学生体育锻炼行为的典型模式，并进一步探究人口学变量对这些模式的预测作用，以期为全面理解中学生的运动行为提供实证支持，为开展有针对性的体育教学实践提供重要参考。

基于前文的文献综述和理论分析，并结合中学生体育锻炼行为的特征，提出以下研究假设：

假设1：不同生源地的中学生在体育锻炼行为的各个维度上存在显著差异。

1a：城市中学生在体育锻炼的心理决策维度（如动机、态度、自我效能感等）较农村中学生表现更为突出。

1b：城市中学生在个体因素维度（如锻炼技能、身体素质、时间管理能力等）显著优于农村中学生。

1c：城市中学生在体育锻炼的社会环境维度（如家庭支持、校园氛围、同伴影响等）得分更高。

假设2：不同年级的中学生在体育锻炼行为的各个维度上存在显著差异。

2a：高年级中学生在体育锻炼的心理决策维度上，表现出更成熟和自主的特征。

2b：随着年级的升高，中学生在个体因素维度上的能力（如锻炼技能、身体素质、时间管理等）逐渐提高。

2c：随着年级的增长，中学生对社会环境因素的感知和利用能力逐步提升。

假设 3：不同性别的中学生在体育锻炼行为的各个维度上存在显著差异。

3a：男性中学生在参与动机、自我效能感等心理决策维度上显著优于女性中学生。

3b：男性中学生在锻炼技能、身体素质等个体因素维度上优于女性，但在时间管理能力方面可能不及女性。

3c：性别差异影响中学生对社会环境的感知，男性更容易受到同伴影响，女性则更重视家庭支持。

假设 4：家庭经济状况不同的中学生在体育锻炼行为的各个维度上存在显著差异。

4a：家庭经济条件较好的中学生在参与动机、态度等心理决策维度上表现得更加积极和正面。

4b：家庭经济条件较好的中学生在个体因素维度（如锻炼技能的习得、器材的使用等）上具备显著优势。

4c：家庭经济条件较好的中学生通常能获得更多家庭支持，从而在社会环境维度上表现更优。

假设 5：中学生的体育锻炼行为具有典型的潜在剖面形态。

5a：可以通过体育锻炼的心理决策、个体因素和社会环境三个维度的多个指标，识别出具有不同特征的潜在剖面类别。

5b：不同潜在剖面类别的中学生在人口学变量上的分布差异显著。

假设 6：中学生的体育锻炼行为剖面模式受生源地、年级、性别和家庭经济状况等因素的影响。

6a：来自城市、高年级、男性以及家庭经济条件较好的中学生更可能被归类为在心理决策、个体因素和社会环境等方面表现优异的潜在剖面类别。

6b：不同人口学因素与体育锻炼行为剖面类别之间存在交互效应。

以上研究假设从差异性和潜在模式两个角度，对中学生体育锻炼行为的影响因素进行了全面假设，突出了体育锻炼行为的三个核心维度：心理决策、个体因素和社会环境，为后续的实证分析提供理论基础和方向指引。通过系统检验这些假设，有助于深入理解中学生群体内部体育锻炼行为的差异性和复杂性，进而为开展有针对性的教育实践提供重要依据。

第二节　样本数据和分析方法

一、样本数据

在确定调研对象后，我们对其人口学特征进行了分析。本次研究的总样本量为5854人，其中男生2886人，占49.30%；女生2968人，占50.70%。性别分布较为均衡，基本反映了中学生群体的实际性别比例。

从年级分布来看，七年级学生1932人，占33.00%；八年级学生1974人，占33.72%；九年级学生1948人，占33.28%。三个年级的样本量相对均衡，各占样本的三分之一左右。这种分布为我们了解不同年级中学生在内化问题行为和体育锻炼行为上的特点提供了数据基础，同时也有助于进行年级间的对比分析。

在地区分布方面，四川省样本1942人，占33.17%；河南省样本1960人，占33.48%；安徽省样本1952人，占33.35%。三个省份的样本量相近，均约占总样本的三分之一。这种分布兼顾了不同地区的代表性，有助于探讨地区因素对中学生内化问题行为和体育锻炼行为的影响。

本研究选择的三个地区分别代表了中国西部、中部和东部，涵盖了不同经济发展水平、文化背景和教育资源的区域。通过分析这些区域中学生的行为特点，我们可以更全面地探讨区域因素与研究变量的关系，并评估研究结果在不同区域的适用性和稳定性。

此外，三个年级的学生在生理、心理和社会适应方面各有不同。通过选取这三个年级的样本，我们能够系统分析青春期各阶段中学生内化问题行为和体育锻炼行为的发展变化，探讨年级与其他变量的交互影响。

在性别方面，本研究也实现了较为均衡的样本分布。通过对比不同性别中学生的行为特征，我们能够揭示男女在内化问题行为和体育锻炼行为上的异同，并进一步探讨性别因素在相关变量关系中的调节作用。

综上所述，本研究的样本具有良好的代表性和多样性，在地区、年级、性别等人口学变量上分布均衡合理。这为深入分析不同人口学变量对研究变量的影响提供了坚实基础，同时也为后续的群体差异比较和交互效应检验创造了条件。同时，较大的样本量也确保了研究结果的统计推断力和稳健性。

二、分析方法

本章采用了多种统计分析方法，针对不同的研究目的和数据类型，选择合适的分析策略。

首先，对于不同组别中学生体育锻炼行为的差异性对比，主要采用了独立样本 t 检验（Independent-samples t test）和单因素方差分析（One-way ANOVA）。独立样本 t 检验适用于比较两个独立样本的均值差异，如比较不同性别（男、女）在体育锻炼各维度上的差异；而单因素 ANOVA 则适用于两个以上独立样本均值的比较，如分析不同生源地（城市、县城、农村）、年级（七年级、八年级、九年级）、家庭经济状况（较好、一般、较差）的中学生在体育锻炼行为各维度上是否存在显著差异。通过事后多重比较，进一步确定具体组别之间的差异情况。

其次，采用潜在剖面分析（Latent Profile Analysis，LPA）探索中学生体育锻炼行为的潜在类别。LPA 是一种人中心的方法，通过识别个体在一系列连续观测变量上的反应模式，将具有相似特征的个体归为同一潜在类别，揭示群体内部的异质性。本研究以体育锻炼行为量表的三个维度（心理决策、个体因素、社会环境）为观测指标，通过比较不同潜在类别数目下的模型拟合指数（如 AIC、BIC、Entropy 等），选择最优的潜在类别解。

再次，在识别出最优的体育锻炼行为潜在剖面后，采用独立样本 t 检验、单因素 ANOVA 等方法，分析不同人口学变量（如性别、生源地、年级、家庭经济状况等）在各潜在剖面上的分布差异，揭示不同特征中学生的行为模式异同。

最后，为进一步探究人口学变量对体育锻炼行为潜在剖面的影响，选择多项式 Logistic 回归分析。以体育锻炼行为的潜在剖面类别为因变量（如高参与 vs. 低参与），性别、年级、生源地、家庭经济状况等为自变量，分析各人口学因素对被划分到特定剖面类别的可能性，即优势比（Odds ratio）。同时，通过纳入自变量的交互项，考察不同人口学变量在预测体育锻炼行为剖面上的交互效应。

综上所述，本章运用了独立样本 t 检验、单因素方差分析、潜在剖面分析、多项式 Logistic 回归等多元统计方法，较为全面地考察了中学生体育锻炼行为的群体差异和内部异质性，并探讨了人口学变量的影响和交互作用，力求客观、准确地揭示中学生体育锻炼行为的实证规律。

第三节　不同组别中体育锻炼行为的差异性对比

体育锻炼行为是一个复杂的心理和行为过程，受到个体因素和环境因素的共同影响。中学生正处于身心快速发展的关键时期，其体育锻炼行为不仅关乎自身的身体健康和心理发展，更与学校体育教育的成效和育人目标密切相关。然而，由于个体素质、成长环境、教育条件的差异，不同特征的中学生在体育锻炼行为上可能存在显著差异。本节拟从生源地、年级、性别、家庭经济状况四个视角，对比分析不同组别中学生在体育锻炼行为各维度上的异同，以期为学校体育教学和健康促进实践提供有针对性的参考依据。

生源地是影响中学生成长和教育的重要背景因素。来自不同区域（如城市、县城、农村）的学生，其所处的经济发展水平、教育资源条件、文化环境氛围等方面存在明显差距，进而可能导致其在体育锻炼意识、行为习惯、锻炼条件等方面的差异。一般而言，城市学校的体育场地设施更加完备，师资力量较为雄厚，学生参与体育活动的机会更多；而农村学校受制于经济条件和办学理念，体育器材匮乏，师资短缺，学生的体育锻炼时间有限，内容可能也较为单一。同时，不同生源地学生的家庭背景和成长环境也存在差异，城市学生的家长更注重孩子的全面发展，体育锻炼硬件条件更好，而农村学生体育锻炼的家庭支持度可能相对不足。因此，有必要比较不同生源地中学生在体育锻炼行为的动机、频率、方式等方面的差异，以更好地开展因地制宜的体育教学和健康促进工作。

年级是反映中学生成长和学习阶段的重要维度。随着年级的增长，学生的认知能力、自主意识、行为习惯等方面会发生显著变化，体育锻炼行为也可能随之演变。一般而言，高年级学生的自我管理能力更强，课业压力也更大，他们参与体育锻炼可能更多出于缓解压力、陶冶情操的需要，而低年级学生则更多体现出好奇心和同伴影响。同时，学校对不同年级的体育教学内容和要求也有所侧重，如低年级注重培养兴趣和基本技能，而高年级则强调专项训练和竞技水平。因此，有必要检视不同年级中学生在参与动机、锻炼频率、时间投入等方面的差异，以更好地落实体育教学目标。

性别是影响中学生身心发展和行为模式的基础因素。由于生理结构和社会期望的差异，男女学生在运动能力、兴趣爱好、人格特质等方面存在显著差异，进而影响其体育锻炼的行为模式。通常而言，男生的肌肉力量和心肺功能较强，更倾向于参与竞技类和对抗类运动项目；而女生的柔韧性和协调性较好，更喜欢参与舞蹈、瑜伽等韵律类项目。同时，社会文化对男女参与体育活动也存在不同预期，某种程度上强化了性别角色分工，导致男女生在体育锻炼的内容选择、组织方式等方面的分化。因此，深入分析不同性别中学生在体育锻炼行为的异同，对于促进学生的身心全面发展，培养性别平等意识，具有重要意义。

家庭经济状况是影响中学生教育机会和资源获得的关键因素。家庭的收入水平、职业类型、受教育程度等，在很大程度上决定了学生在体育锻炼上的物质条件和精神支持。通常而言，经济条件较好的家庭更重视孩子的身心健康，更愿意在体育器材购置、课外锻炼投入等方面投入更多资源；而经济条件欠佳的家庭可能更倾向于优先保证学习资源的投入，对孩子的体育锻炼重视不够。此外，家长的职业背景和文化程度也会影响其教养方式和价值观念，进而影响学生的体育锻炼动机和行为选择。比如，职业层次较高、文化程度较高的家长，更倾向于通过体育活动来培养孩子的合作意识、竞争精神和意志品质；而职业层次和文化程度较低的家长，则可能更关注体育锻炼的强身健体功能。因此，对比分析不同家庭经济状况中学生的体育锻炼行为差异，对于因地制宜地开展体育教育实践，促进教育公平具有积极意义。

综上所述，中学生的体育锻炼行为是一个多因素交互影响的复杂过程，生源地、年级、性别、家庭经济状况等变量可能导致个体在参与动机、锻炼频率、时间投入、活动内容等方面的显著差异。因此，本节将运用独立样本 t 检验、方差分析等统计方法，对不同组别中学生的体育锻炼行为进行差异性检验和多重比较，力求揭示不同特征学生的行为规律和影响因素，为有针对性地开展体育教学实践提供实证依据和理论参考。同时，本节的研究结果也为后续探讨体育锻炼行为的潜在类型、影响因素及其作用机制奠定了基础。

一、不同生源地体育锻炼行为的差异性对比

生源地是影响中学生成长和发展的重要背景因素，不同生源地的学生在经济条件、教育资源、文化环境等方面存在显著差异，进而可能导致其在体育锻炼行为上的分化。为深入探究这一问题，本研究以生源地为自变量，体育锻炼行为的三个维度（心理决策因素、个体因素、社会环境因素）为因变量，采用单因素方差分析的方法，对城市、县城、农村三类生源地中学生的体育锻炼行为进行差异性检验和多重比较，以期揭示不同区域学生在锻炼动机、投入程度、环境感知等方面的异同。

然而，在进行方差分析之前，需要先检验各组样本是否满足方差齐性的假设。方差齐性是指总体的方差（即离均差平方和的均值）在各个水平上是相等的，该假设是方差分析的前提条件之一。如果方差不齐，则可能导致 F 检验结果失真，从而得出错误的结论。因此，有必要采用 Levene 检验等方法。考察不同生源地学生在体育锻炼行为各维度得分上的方差是否具有同质性。

具体而言，Levene 检验是基于离组中位数的离差绝对值来进行的。其基本思路是将各组样本观测值与其所在组的中位数之差的绝对值作为新的随机变量，再对这个新变量进行单因素方差分析，以 F 统计量来判断组间方差是否存在显著差异。如果 Levene 统计量的显著性概率大于 0.05，则表明各组方差满足齐性假设，可以进行后续的方差分析；反之，则需要采用 Welch、Brown-Forsythe 等校正方法，或者改用非参数检验（如 Kruskal-Wallis H 检验）。

在实践中，研究者可以利用 SPSS 等统计软件快速完成 Levene 检验，并根据结果选择合适的分析策略。以心理决策因素为例，若三类生源地学生的得分方差不具有同质性，则可先尝试进行数据转换（如取对数、平方根等），或者采用 Games-Howell、Dunnett's T3 等不需要方差齐性假设的事后多重比较方法。若数据转换后仍不满足方差齐性，则宜改用 Kruskal-Wallis H 检验，考察不同生源地学生在心理决策因素上的平均秩次是否存在显著差异，并辅以 Pairwise 比较，确定具体组别的差异情况。

总之，生源地作为反映区域差异的重要指标，可能对中学生的体育锻炼行为产生显著影响。通过对不同生源地学生进行差异性分析，有助于揭示城乡学生在体育锻炼意识、投入、条件等方面的差距，为因地制宜地开展体育教学实践提供参考。同时，方差齐性检验作为方差分析的前提假设，需要引起研究者的重视，以免因违背统计假设而得出不可靠的结论。唯有严格遵循统计规范，灵活采用多元方法，才能准确把握不同生源地中学生体育锻炼行为的差异性，为促进教育公平、提升育人质量提供科学依据。

从表 5-1 和表 5-2 的结果来看，不同生源地中学生在体育锻炼行为的三个维度（心理决策、个体因素、社会环境）上均存在显著差异。

表 5-1 不同生源地体育锻炼行为的差异性

	生源地（平均值±标准差）			F 值	P 值
	城市	农村	城乡接合		
心理决策	3.58±0.87	3.43±0.93	3.12±0.43	9.606	0.000**
个体因素	1.89±1.03	1.83±1.05	2.19±0.99	3.354	0.035*
社会环境	3.35±0.98	2.70±1.08	3.21±0.41	6.157	0.002**

表 5-2 组内组间差异性

项	差异	平方和	自由度	均方	F 值	P 值
心理决策	组间	15.311	2	7.655	9.606	0
	组内	1277.426	1603	0.797		
	总计	1292.737	1605			
个体因素	组间	7.241	2	3.62	3.354	0.035
	组内	1730.244	1603	1.079		
	总计	1737.484	1605			
社会环境	组间	12.966	2	6.483	6.157	0.002
	组内	1687.837	1603	1.053		
	总计	1700.803	1605			

首先，从描述性统计结果来看，城市学生在心理决策（3.58±0.87）和社会环境（3.35±0.98）两个维度的得分高于农村和城乡接合地区，而在个体因素上得分最低（1.89±1.03）。这表明，与农村和城乡接合地区相比，城市学生的体育锻炼决策意识更优，社会支持资源也更为丰富，但个体参与的精力、体力等投入相对不足。

其次，农村学生在个体因素（1.83±1.05）和社会环境（2.70±1.08）两个维度的得分低于城乡接合地区，但在心理决策（3.43±0.93）维度略高于城乡接合地区。这意味着，农村学生虽然体育锻炼的个人投入和外部支持较为匮乏，但其内在的参与动机和决策意识并不显著落后于城乡接合地区。

再次，城乡接合地区学生在个体因素（2.19±0.99）和社会环境（3.21±0.41）两个维度的得分最高，但在心理决策（3.12±0.43）维度得分最低。这反映出城乡接合地区学生参与体育锻炼的个人条件和外部环境相对较好，但内在动机和决策意识有待进一步提升。

最后，从方差分析结果来看，不同生源地在体育锻炼行为三个维度上的组间差异显著高于组内差异（$P<0.05$），F统计量分别为9.606（心理决策）、3.354（个体因素）、6.157（社会环境）。接合表5-2的组内组间差异性分析，可以看出不同生源地的确是导致体育锻炼行为产生显著差异的重要因素。尤其是心理决策和社会环境两个维度，组间平方和分别高达15.311和12.966，远超个体因素的组间平方和（7.241），表明生源地对中学生体育锻炼的心理因素和外部条件的影响更为显著。

综上所述，城市、农村、城乡接合地区三类生源地中学生的体育锻炼行为存在显著差异，且这种差异主要体现在心理决策意识、个人投入条件、社会支持环境等方面。为促进不同区域学生体育锻炼行为的均衡发展，学校体育教学应因地制宜，为农村和城乡接合地区学生创造更多参与锻炼的物质条件和社会支持，同时加强城市学生体育锻炼的个人投入；在提升农村和城市学生参与动机的同时，注重城乡接合地区学生体育锻炼决策意识的培养，以期缩小区域差距，实现体育教育资源的优化配置和均衡发展。

二、不同年级中体育锻炼行为的差异性对比

七至九年级的学生正处在青春期，身体发育迅速，对体育运动充满热情。他们的学习压力相对较小，课余时间比较充裕，有更多机会和精力投入到体

育锻炼中。

此外，随着年级的增长，学生的认知能力、自我管理能力也在逐步提高。八年级学生在体育锻炼的目标设定、计划制订、行动执行等方面可能更为成熟和自主，而低年级学生则更需要老师和家长的指导与帮助。但是，在进行具体的数据分析之前，我们需要先了解一个重要的概念，叫做"方差齐性"。应用到中学生体育锻炼领域，就是要求不同年级学生的体育锻炼行为差异主要来自年级本身，而不是其他一些我们没有考虑到的因素。只有满足了方差齐性的要求，我们才能放心地用方差分析的方法来比较不同年级学生的差异。

为了检验方差齐性，我们可以做一个简单的测试，叫做 Levene 检验。如果检验的结果不理想，我们就需要采取一些其他的分析方法，如 Welch 检验、Brown-Forsythe 检验等。这些分析方法的基本目的都是一样的，就是想找出不同年级学生在体育锻炼行为上有什么差别，以及这些差别是由哪些原因造成的。

总之，探究不同年级学生体育锻炼行为的差异，对于深入理解学生的成长规律、有针对性地实施体育教学具有重要意义。在研究过程中，我们既要遵循必要的统计程序和规范，又要学会用浅显易懂的语言来解读分析结果，让研究成果真正服务于教学实践，更好地促进学生的全面健康发展。

从表 5-3 和表 5-4 的结果来看，不同年级中学生在体育锻炼行为的三个维度（心理决策、个体因素、社会环境）上均存在显著差异。

表 5-3 不同生源地体育锻炼行为的差异性

	生源地（平均值±标准差）			F 值	P 值
	七年级	八年级	九年级		
心理决策	3.62±0.17	3.03±0.33	3.12±0.43	8.201	0.000**
个体因素	2.29±1.43	2.43±1.05	2.49±0.99	6.352	0.014*
社会环境	2.02±0.08	2.33±1.28	3.21±0.41	7.237	0.001**

表 5-4　组内组间差异性

项	差异	平方和	自由度	均方	F 值	P 值
心理决策	组间	18.257	2	8.055	8.201	0
	组内	1307.426	1603	0.617		
	总计	1412.737	1605			
个体因素	组间	8.201	2	3.62	6.454	0.035
	组内	1230.204	1603	1.027		
	总计	1437.404	1605			
社会环境	组间	18.906	2	6.483	6.157	0.002
	组内	1707.807	1603	1.053		
	总计	1805.863	1605			

首先，从描述性统计结果来看，七年级学生在心理决策（3.62±0.17）维度的得分最高，而在社会环境（2.02±0.08）维度的得分最低。这表明，七年级学生对体育锻炼有较高的决策意识和参与动机，但其所处的外部环境和社会支持可能相对匮乏。

其次，八年级学生在个体因素（2.43±1.05）维度的得分高于七年级，但在心理决策（3.03±0.33）和社会环境（2.33±1.28）两个维度的得分均低于九年级。这意味着，八年级学生投入体育锻炼的个人精力和时间更充裕，但其内在动机和外部支持则相对不足。

再次，九年级学生在社会环境（3.21±0.41）维度的得分最高，但在心理决策（3.12±0.43）和个体因素（2.49±0.99）两个维度的得分均低于七年级。这反映出九年级学生面临的学习压力和升学焦虑可能削弱了其体育锻炼的内在动机和参与投入，但良好的人际关系和社会支持则在一定程度上弥补了这一不足。

最后，从方差分析结果来看，不同年级在体育锻炼行为三个维度上的组间差异显著高于组内差异（$P<0.05$），F 统计量分别为 8.201（心理决策）、6.352（个体因素）、7.237（社会环境）。结合表 5-4 的组内组间差异性分析，可以看出年级的确是导致体育锻炼行为产生显著差异的重要因素。尤其是心理决策和社会环境两个维度，组间平方和分别高达 18.257 和 18.906，远超个体因素的组间平方和（8.201），表明年级对中学生体育锻炼的决策意识和环境条件的影响更为显著。

综上所述，七年级、八年级、九年级三个年级中学生的体育锻炼行为存在显著差异，且这种差异主要体现在心理决策动机、个人投入条件、社会支持环境等方面。为促进不同年级学生体育锻炼行为的持续发展，学校体育教学应根据学生的成长规律，有针对性地加强分年级指导。对七年级学生，可着重营造良好的人际氛围和社会环境，强化其体育锻炼的外部支持；对八年级学生，则应重点激发其内在参与动机，提高其投入锻炼的主动性和自觉性；对九年级学生，则需兼顾内外因素，在缓解学业压力的同时，保持体育锻炼的动力和热情。唯有因材施教，循序渐进，才能帮助不同年级学生养成体育锻炼的良好行为习惯，促进其身心全面健康发展。

三、不同性别中体育锻炼行为的差异性对比

性别作为影响个体行为和心理的重要因素，可能对中学生的体育锻炼行为产生显著影响。由于男女学生在生理特征、心理需求、社会期望等方面存在差异，其在体育锻炼的兴趣爱好、参与动机、投入程度等方面也可能表现出不同的特点。为深入探究这一问题，本研究以性别为自变量，体育锻炼行为的三个维度（心理决策因素、个体因素、社会环境因素）为因变量，采用独立样本 t 检验的方法，对男女学生的体育锻炼行为进行差异性分析，以期揭示不同性别学生在锻炼意识、投入、条件等方面的异同。

然而，在进行 t 检验之前，同样需要先检验两组样本是否满足方差齐性

的假设。方差齐性是指总体的方差在不同水平上是相等的，是 t 检验的前提条件之一。如果方差不齐，则可能导致 t 值的估计出现偏差，从而得出错误的结论。因此，有必要采用 Levene 检验等方法，考察男女学生在体育锻炼行为各维度得分上的方差是否具有同质性。

在实践中，研究者可以利用 SPSS 等统计软件快速完成 Levene 检验，并根据结果选择合适的分析策略。若男女学生在体育锻炼行为某一维度的得分方差不具有同质性，则在进行 t 检验时需要选择"Equal variances not assumed"选项，以得到校正后的 t 值和自由度；若两组方差满足齐性假设，则可直接使用"Equal variances assumed"选项下的检验结果。

总之，性别对中学生体育锻炼行为的影响不容忽视。通过对男女学生进行差异性分析，有助于揭示不同性别在体育锻炼意识、投入、条件等方面的特点，为有针对性地开展体育教学实践提供重要参考。与此同时，方差齐性检验作为 t 检验的重要前提，需要引起研究者的充分重视，以免由于违背统计假设而得出不准确的结论。唯有严谨使用统计方法，科学分析实证数据，才能准确把握不同性别中学生体育锻炼行为的差异，为促进学生身心发展、提高人才培养质量提供可靠依据。

从表 5-5 和表 5-6 的结果来看，男女学生在体育锻炼行为的心理决策和个体因素两个维度上存在显著差异，而在社会环境维度上则未表现出显著差异。

表 5-5　不同性别体育锻炼行为的差异性

	性别（平均值±标准差） 男	性别（平均值±标准差） 女	T 值	P 值
心理决策	3.43±0.86	3.20±0.98	69.088	0.000**
个体因素	2.13±1.10	1.96±1.13	24.781	0.000**
社会环境	2.58±1.17	2.54±1.15	1.536	0.215

第五章 中学生体育锻炼行为的差异性对比

表 5-6 组内组间差异性

项	差异	平方和	自由度	均方	F 值	P 值
心理决策	组间	117.824	2	58.912	69.088	0.000
	组内	6275.093	7359	0.853		
	总计	6392.917	7361			
个体因素	组间	61.678	2	30.839	24.781	0.000
	组内	9158.134	7359	1.244		
	总计	9219.812	7361			
社会环境	组间	4.125	2	2.062	1.536	0.215
	组内	9880.205	7359	1.343		
	总计	9884.33	7361			

首先，从性别角度来看，男学生在体育锻炼的心理决策（3.43±0.86）和个体因素（2.13±1.10）两个维度的得分均显著高于女学生（3.20±0.98；1.96±1.13），这表明男学生相比女学生而言，在参与体育锻炼的动机、意愿以及付出的时间、精力等方面可能更有优势。这种差异可能与男女生的生理特点、性格气质以及社会文化期望等因素有关。

其次，从方差分析结果来看，性别在心理决策和个体因素两个维度上的组间差异显著高于组内差异（$P<0.001$），F 统计量分别高达 69.088 和 24.781，表明性别是影响中学生体育锻炼行为的重要因素。结合表 5-6 的组内组间差异性分析，可以看出性别对心理决策因素的影响尤为突出，组间平方和高达 117.824，远超个体因素的组间平方和（61.678），说明性别对中学生参与体育锻炼的动机和意愿的影响更为显著。

不过，在社会环境因素方面，男女学生之间未表现出显著差异（$P=0.215>0.05$），F 统计量仅为 1.536，说明性别对中学生所处体育锻炼环境的影响并不显著。这可能意味着，无论男女学生，其体育锻炼行为所面临的外部支持和客观条件可能比较类似，主要差异还是来自个体内部的动力和意愿。

综上所述，性别对中学生体育锻炼行为的部分维度（心理决策、个体因素）具有显著影响，男生在参与锻炼的动机和投入上可能占优，但在所处环境方面与女生并无显著差异。为有效促进中学生体育锻炼行为的发展，学校体育教学应充分考虑性别差异，针对男女生的特点采取有针对性的激励措施。对男生，可着重为其提供展示自我、挑战极限的机会，以满足其在体育锻炼中的心理需求；对女生，则应重点营造轻松愉悦、互帮互助的锻炼氛围，激发其内在的参与动机。同时，学校还应着力营造公平友好、设施完备的体育运动环境，保障男女学生享有平等参与、锻炼的机会和条件。唯有充分考虑性别差异，优化配置教学资源，才能最大限度调动男女学生参与体育锻炼的积极性，促进其运动行为习惯的养成。

第四节 体育锻炼行为的剖面分析

通过对中学生体育锻炼行为在不同人口学变量上的差异性对比分析，我们可以看到，不同背景的学生在体育锻炼行为的心理决策、个体投入以及社会环境等方面存在一定的差异性和特点。这为我们从整体上把握中学生群体的运动行为特征、探索影响因素提供了重要线索。

然而，仅仅依靠组间差异分析，尚不足以全面刻画中学生体育锻炼行为的内在异质性。事实上，即便是同一人口学组别内部，学生个体在运动行为方面也可能呈现出多样化的类型或模式。这种异质性可能受到诸多因素的交互影响，如个体的心理特征、行为习惯、环境条件等，但又不完全对应于某一单一变量。

因此，有必要采用更为综合、动态的研究视角，在差异性分析的基础上，进一步探索中学生体育锻炼行为的潜在剖面或类型。通过将多个行为维度整合在一起考察，运用潜在剖面分析等方法，我们有望揭示学生运动行为的典型模式，并以此为基础探讨不同剖面形成的影响机制。这不仅有助于加深对中学生群体内部异质性的认识，也为后续开展更有针对性的体育教学实践提供重要参考。

在接下来的章节中，我们将在总结差异性分析结果的基础上，尝试对中学生体育锻炼行为开展剖面分析。一方面，我们将综合运用多个指标，对学生的运动行为模式进行分类探索；另一方面，我们还将分析不同剖面的人口学特征，并初步讨论可能的影响因素。相信经过系统的实证分析，我们能够更全面、深入地揭示中学生体育锻炼行为的内在规律，为优化学校体育工作提供有益启示。

在对中学生体育锻炼行为进行潜在剖面分析时，我们设置了1到5个潜在类别，并比较了各模型的拟合优度指标。（见表5-7）通过综合考虑统计拟合、实质解释和理论简约等因素，我们认为将中学生划分为4个潜在剖面类型是一个较为合理的选择。下面将就各项指标进行细致分析，论证4类别划分的适切性。

表 5-7 潜在剖面模型拟合指数

类别	数量	AIC	BIC	aBIC	Enture	LRT	BLRT	类别概率
1	6	65 622.504	65 663.941	65 644.874	—	—	—	1
2	10	64 506.302	122 800.013	64 575.363	0.639	0.000	0.000	0.532/0.467
3	14	63 375.144	63 471.83	63 427.341	0.849	0.000	0.000	0.477/0.460/0.061
4	18	55 825.435	55 949.745	55 892.545	1.000	0.2825	0.000	0.473/0.155/0.253/0.117
5	22	55 625.491	55 777.426	55 707.515	0.903	0.1490	0.000	0.102/0.155/0.370/0.253/0.117

首先，从信息准则指标 AIC、BIC 和 aBIC 的变化趋势来看，这三个指标在类别数从1到5递增时整体上呈现下降趋势，表明模型拟合度在不断改善。但需要注意的是，指标下降幅度在类别数达到4时出现明显的拐点，之后减小的速度明显放缓。这提示我们，4个类别可能是一个统计拟合与模型简约性的平衡点，再增加类别的边际效用递减。

其次，Entropy 值可以帮助我们评价类别划分的准确性，数值越接近 1 表明个体被准确分类的概率越高。从表中可以看出，4 类别模型的 Entropy 为 1.000，说明基于该模型几乎可以将所有个体准确划分到对应的类别中。而 5 类别模型的 Entropy 虽然仍达 0.903，但已经出现一定程度的下降。这表明增加到 5 类别并不能带来分类准确性的进一步提升，4 类别在解释力上已经足够。

再次，似然比检验 LRT 和 BLRT 的结果也为我们提供了重要参考。这两个指标用于比较拟合的两个嵌套模型是否存在显著差异，以判断增加一个潜在类别是否能显著改善模型拟合。我们发现，LRT 和 BLRT 的 P 值在类别数小于 4 的时候，均小于 0.05，说明增加类别的确带来了拟合的显著改善。但当类别数大于等于 4 后，两个指标的 p 值都大于 0.05，表明继续增加类别并不能带来统计意义上的拟合度提升。综合考虑统计拟合和模型简约，选择 4 个潜在类别是一个合适的判断。

最后，从各潜在类别的概率分布来看，4 类别模型得到的四个类别概率分别为 0.473、0.155、0.253 和 0.117，大致呈现"大、中、小"的合理分布态势，没有出现概率过低的类别。相比之下，5 类别模型中个别类别的概率低至 0.102，可能存在稳定性和解释性的问题。从实践应用的角度看，4 个类别在概念上也较容易解释和把握，而过多的类别反而可能带来理解和操作的困难。

综合以上分析，尽管并非所有指标都一致地支持 4 类别划分，但综合权衡统计拟合、实质解释、理论简约等因素，我认为将中学生体育锻炼行为划分为 4 个潜在剖面类型是一个较优的选择。一方面，该划分在统计拟合和分类准确性上有充分的数据支持，并在指标变化趋势上呈现出明显的拐点特征；另一方面，4 个类别在理论解释和实践应用上也较为简明、合理，能够较好地反映中学生群体中存在的典型运动行为模式。当然，本研究的潜在剖面分析仍主要基于统计拟合指标，在实际划分和命名类别时，还需要进一步结合理论假设和实质解释，并在未来研究中继续验证其稳定性和适用性。

第五节　不同组别之间剖面的差异性分析

在上一节中，我们通过潜在剖面分析将中学生的体育锻炼行为划分为四个典型类别，即小、低、中、高四个剖面。这一划分不仅在统计拟合上得到了数据的支持，在理论解释和实践应用中也具有重要价值。然而，仅仅获得潜在剖面类型的信息还远远不够，我们还需要进一步探究这些剖面在不同人口学组别中的分布差异，以揭示个体背景特征与体育锻炼行为模式之间错综复杂的关系。正如前人研究所示，个体的性别、年级、生源地、家庭经济状况等因素都可能对其体育锻炼行为产生显著影响。那么，这些人口学变量是否也会导致中学生在四个体育锻炼剖面上的分布呈现出差异性特征呢？对这一问题的探讨将有助于我们深入理解体育行为的影响机制，并为因材施教、精准干预提供重要参考。

具体而言，本节将采用交叉分析的思路，考察不同人口学组别的中学生在四个体育锻炼剖面上的分布情况，并通过 x^2 检验等方法检验组别间差异的统计显著性。（见表 5-8、图 5-1）一方面，我们将探究性别、年级、生源地、家庭经济状况等变量是否会影响中学生所属的体育锻炼剖面类型；另一方面，我们还将比较不同体育锻炼剖面在各项体育锻炼指标上的具体表现，以揭示潜在类别在实际运动行为中的差异。通过对潜在剖面差异的细致考察，我们不仅可以深化对中学生群体内部异质性的认识，也可以探明人口学因素在解释体育行为变异中的相对重要性。

需要指出的是，尽管差异性分析是理解人口学变量与体育行为关系的重要切入点，但我们在解读相关结果时仍需保持审慎态度。一方面，我们要避免将相关性简单等同于因果性，还需考虑其他可能存在的"第三变量"效应；另一方面，对于某些组别样本量较小的情况，我们也要充分认识到统计推断的局限性。尽管如此，基于潜在剖面的差异性分析仍是揭示体育锻炼行为影响因素的重要手段，对于深化理论认识、优化实践策略具有重要价值。在接下来的分析中，我们将严格遵循科学的研究程序和方法，力求获得稳健可信的研究发现，为全面理解中学生的体育锻炼行为提供新的视角和证据。

表 5-8 剖面各层面均值

	$x1$	$x2$	$x3$
小	1.82	1.61	2.28
低	3.00	2.16	2.24
中	4.00	1.90	2.96
高	5.00	2.41	3.31

注：$x1$ 为心理决策、$x2$ 为个体因素、$x3$ 为社会环境。

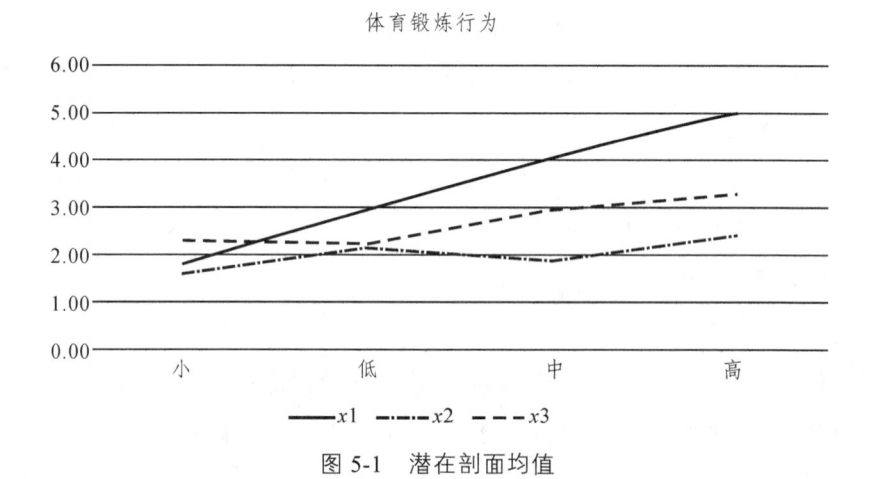

图 5-1 潜在剖面均值

首先，在指标 $x1$ 上，四个剖面呈现出明显的递增趋势，其均值从小剖面的 1.82 逐步上升至高剖面的 5.00。这表明 $x1$ 可能是区分不同剖面类型的重要指标，其数值越高，个体越倾向于被归入高水平的锻炼行为剖面。结合 $x1$ 可能代表的具体指标含义，我们可以推测，高剖面的个体在锻炼投入程度上显著高于其他剖面，$x1$ 可能是影响个体锻炼行为模式的关键因素。

其次，在指标 x_2 上，四个剖面的均值差异相对较小，且未呈现出明显的递增或递减趋势。具体而言，x_2 在小、低、中三个剖面上的均值分别为 1.61、2.16 和 1.90，数值相对接近；而在高剖面上，x_2 均值略有上升，达到 2.41，但与其他剖面的差距仍不显著。这提示我们，x_2 可能不是区分锻炼行为模式的决定性指标，其对个体所属剖面类别的影响相对有限。当然，这一推测还需结合 x_2 所代表的实际指标内涵进一步验证。

再次，指标 x_3 呈现出一定的差异性趋势，但趋势并不明显。具体而言，x_3 在小、低两个剖面上的均值较为接近，分别为 2.28 和 2.24；而在中、高两个剖面上，x_3 均值有所上升，分别达到 2.96 和 3.31。这表明 x_3 与个体的锻炼行为模式可能存在一定关联，数值越高的个体越可能属于锻炼投入较高的剖面类型。但与 x_1 相比，x_3 对剖面归属的影响似乎较为有限，未能在四个类别间展现出明显的差异性。这提示我们在解释 x_3 与锻炼行为的关系时需更加谨慎。

综合以上分析，我们可以初步推测，x_1 可能是影响中学生锻炼行为模式的关键指标，而 x_2 和 x_3 的作用相对次要。高水平的 x_1 数值可能是个体被归入高锻炼水平剖面的重要前提，而 x_2 和 x_3 则可能是锻炼行为的协同因素，但其作用机制和影响路径还有待进一步探明。当然，上述推测仍需在后续分析中予以检验，尤其是在结合实际调查指标解释剖面差异时，还需考虑各项指标的具体内涵及其理论关联。

此外，我们还应看到，尽管四个剖面在三项指标上呈现出一定差异性，但总体而言，各剖面在每项指标上的均值水平仍较为接近。这提示我们，中学生的心理机制行为可能受到多重因素的复合影响，仅凭单一指标可能难以全面刻画其行为模式。因此，在后续研究中，有必要综合考虑各项指标，并在概念框架和理论基础上对剖面特征做出合理解释。只有在实证分析与理论阐释的互动中，我们才能真正揭示中学生锻炼行为模式的异同及其深层次影响机制。

第六节　不同潜在剖面的人口学回归分析

在前述分析的基础上，我们已经初步探讨了不同人口学组别在心理机制行为剖面上的差异性表现。结果显示，中学生的性别、年级、生源地、家庭经济状况等因素与其所属的心理机制剖面类型存在一定关联，不同人口学特征的个体在锻炼行为模式上呈现出异质性。然而，这种关联是否具有统计意义上的显著性？不同人口学变量对个体锻炼剖面归属的影响强度如何？对这些问题的回答需要借助更加严谨的统计方法。因此，本节将采用多项 Logistic 回归模型，以人口学变量为自变量，以个体所属的潜在剖面类别为因变量，系统检验人口学因素对锻炼行为模式的影响。

具体而言，我们将性别、年级、生源地、家庭经济状况等关键人口学指标纳入回归模型，探究它们与个体锻炼剖面归属的关系。通过估计各项人口学变量的回归系数及其统计显著性，我们可以比较不同因素在预测个体锻炼行为模式时的相对重要性，并判断其影响方向是否符合理论预期。一方面，回归分析可以帮助我们辨识出对个体锻炼剖面归属影响最为显著的人口学因素；另一方面，对回归系数的解读也有助于理解人口学变量影响锻炼行为的内在机制，为干预措施的制定提供重要参考。

需要说明的是，鉴于因变量（锻炼剖面类型）为分类变量，我们在运用 Logistic 回归时，还需根据研究需要选择合适的参照类别。通过设定不同的对照组，我们可以从多个角度对比人口学变量对锻炼剖面归属的影响。例如，我们可以选取低锻炼水平的剖面作为参照，考察不同人口学特征的个体相对于该类别而言更可能被归入何种锻炼水平的剖面；也可以选取中等锻炼水平的剖面作为对照，探究何种人口学因素更容易将个体推向锻炼投入程度的两端。灵活选取对照组不仅有助于我们全面认识人口学因素的作用，也为干预实践提供了多元思路。

总的来说，开展不同潜在剖面的人口学回归分析，是深入探究中学生群体内部异质性、揭示个体背景特征与锻炼行为模式关系的重要环节。通过系统考察性别、年级、生源地、家庭经济状况等因素对个体锻炼剖面归属的影响，我们可以在实证数据的基础上厘清影响机制，筛选出对锻炼行为模式影响最为关键的人口学指标。这不仅有助于我们理解中学生锻炼行为的多样性表现及其形成根源，也为后续开展有针对性的体育促进实践提供了重要依据。相信经过严谨的统计建模和理论阐释，我们一定能为揭示中学生锻炼行为的复杂性提供更为精准、更具解释力的研究证据。

表 5-9　不同潜在剖面的人口学回归

2	回归系数	标准误	z 值	Wald x^2	P 值	OR 值	OR 值 95% CI
截距	86.267	573.744	0.150	0.023	0.880	1.083	0.000～1.287
心理机制	−36.156	315.373	−0.115	0.013	0.909	0.000	0.000～5.538
个体因素	0.521	87.876	0.006	0.000	0.995	1.684	0.000～1.062
社会环境	0.827	106.633	0.008	0.000	0.994	2.285	0.000～1.333
3							
截距	−128.689	1 105.872	−0.116	0.014	0.907	0.000	0.000～1.289
心理机制	37.792	397.161	0.095	0.009	0.924	2.571	0.000～4.025
个体因素	−1.294	128.613	−0.01	0.000	0.992	0.274	0.000～8.191 5
社会环境	−0.467	113.585	−0.004	0.000	0.997	0.627	0.000～3.024
4							
截距	−304.527	3 496.498	−0.087	0.008	0.931	0.000	0.000～1.267
心理机制	77.281	964.254	0.08	0.006	0.936	3.654	0.000～4.257
个体因素	−1.569	319.437	−0.005	0.000	0.996	0.208	0.000～1.675
社会环境	−1.005	329.534	−0.003	0.000	0.998	0.366	0.000～1.156

表 5-10　回归系数简表

	2	3	4
心理机制	−36.156（−0.115）	37.792（0.095）	77.281（0.080）
个体因素	0.521（0.006）	−1.294（−0.010）	−1.569（−0.005）
社会环境	0.827（0.008）	−0.467（−0.004）	−1.005（−0.003）
截距	86.267（0.150）	−128.689（−0.116）	−304.527（−0.087）
似然比检验值	\multicolumn{3}{c}{$x^2(9)=18\,345.299, P=0.000$}		

如表 5-9、表 5-10 所示，首先，从似然比检验的结果来看，回归模型总体上达到了统计显著性水平（$P<0.001$），表明自变量的引入能够显著改善模型对因变量的预测。这提示我们所纳入分析的心理机制行为、个体因素和社会环境等指标对解释中学生的锻炼行为模式具有一定价值。

其次，比较各潜在剖面的回归系数可以发现，相对于第 1 个剖面（参照组），其他剖面在某些自变量上呈现出一定差异。例如，与第 1 剖面相比，第 2 剖面在心理机制指标上的系数为负值（−36.156），而第 3、第 4 剖面的系数则转为正值（37.792 和 77.281）。这表明与参照组相比，心理机制指标每升高一个单位，个体被归入第 2 剖面的对数几率降低 36.156，而被归入第 3、第 4 剖面的对数几率则分别提高 37.792 和 77.281。类似地，个体因素和社会环境指标的系数在不同剖面间也呈现出一定差异，由此反映出不同剖面的人口学预测因素可能存在差异。

然而，尽管回归系数有一定差异，但从 z 值、Wald x^2 和 P 值等统计指标来看，多数系数未达到统计显著性水平。这提示我们要谨慎解读回归系数的实际效应，样本量的限制可能影响了系数估计的稳健性。OR 值和 OR 值的置信区间也进一步佐证了这一判断，多数 OR 值的置信区间包含 1，表明自变量对因变量的影响强度有限。

此外，值得注意的是，尽管心理机制、个体因素和社会环境等自变量与潜在剖面类别存在一定关联，但各项指标的回归系数均较小（绝对值<1），

表明它们对剖面归属的作用强度较弱。结合理论分析，我们可以推测，中学生的锻炼行为模式可能是多重因素综合作用的结果，单一指标的影响相对有限。因此，未来研究中有必要纳入更多理论相关变量，并在概念框架指导下深入探究其作用机制。

总的来说，本节通过多项 Logistic 回归分析，在一定程度上揭示了不同人口学因素与中学生锻炼行为潜在剖面的关系。一方面，研究结果印证了心理机制、个体因素、社会环境等变量对预测个体剖面归属的价值；另一方面，模型拟合效果的局限性也提示我们要审慎评估各因素的影响强度。未来研究中，有必要在扩大样本量的基础上，进一步优化测量指标，并引入其他理论相关变量，以期获得更为稳健的估计结果。同时，还需注意挖掘不同变量间的交互作用，并在理论框架指导下对实证发现做出合理解释。相信综合运用多元研究方法，必将有助于我们更全面地认识中学生锻炼行为模式的影响机制。

第六章

中学生内化问题行为的差异性对比

内化问题行为是当今中学生心理健康领域的重要议题。有别于外化问题行为的显性表现，内化问题行为更多指向个体的情绪困扰和适应不良，如抑郁、焦虑、社交退缩等。这类问题不仅影响学生的心理健康水平，更可能对其学业表现、人际交往等领域产生负面影响。

中学阶段是内化问题行为高发的时期。面对青春期的生理变化、学业压力的提升、人际关系的变动等多重挑战，部分学生可能出现内化问题行为，进而影响身心健康发展。然而，由于个体在生理、心理、社会环境等方面存在显著差异，中学生内化问题行为的表现也呈现出复杂多样的特点。

鉴于内化问题行为的隐蔽性和复杂性，深入分析其在不同人口学变量上的差异表现，对于理解影响内化问题行为的关键因素、开展有针对性的心理健康教育具有重要意义。本章拟从生源地、年级、性别等维度入手，采用方差分析、独立样本 t 检验等方法，对比分析不同组别中学生在抑郁、焦虑、压力等内化问题指标上的差异性表现。

考虑到内化问题行为是多种症状的综合体现，单一指标的比较可能难以全面反映其复杂性。为此，本章还将运用潜在剖面分析的方法，在多指标联合的基础上探索内化问题行为的典型模式，并采用多项式回归等方法考察不同人口学变量对这些模式的影响。

通过系统梳理中学生内化问题行为的差异性表现，一方面，有助于厘清影响学生心理健康的关键人口学因素；另一方面，也为开展差异化的心理健康教育、制定个性化的干预方案提供重要依据。

总之，本章通过对中学生内化问题行为差异性的深入剖析，为学校心理健康教育实践提供新的思路和视角。在精准识别学生心理需求的基础上，多方协同构建社会支持网络，必将更好地引导中学生正确认识和应对内化问题行为，从而实现全面发展的育人目标。

第一节 研究假设

内化问题行为作为一种常见的心理健康问题，严重影响着中学生的学习、生活和身心发展。然而，由于中学生群体内部存在显著差异，如性别、年级、生源地等因素的不同，导致他们在内化问题行为的表现模式、严重程度、影响因素等方面可能呈现出多样化的特点。深入探究中学生内化问题行为的差异性表现，对于准确识别高危群体，开展针对性的心理健康教育和干预具有重要意义。

本章拟从人口学视角切入，选取生源地、年级、性别三个关键变量，采用方差分析、潜在剖面分析等方法，多角度考察中学生内化问题行为的群体差异。首先，通过比较不同生源地、年级和性别中学生在抑郁、焦虑、压力等内化问题行为各维度得分的差异，揭示哪些群体可能面临更高的心理健康风险。我们推测，来自农村地区的中学生由于面临更大的适应压力和资源匮乏，其内化问题行为可能更为突出；而高年级学生面对日益严峻的学业竞争和升学压力，其内化问题行为可能多于低年级学生；此外，由于性别角色期望差异和应对方式的不同，女生的内化问题行为可能多于男生。通过实证数据分析来检验这些假设，有助于识别内化问题行为的高危群体，为相关教育和干预提供依据。

其次，考虑到中学生内化问题行为的复杂性和个体差异性，单纯的变量中心分析可能掩盖群体内部的异质性特征。因此，本章还将采用个体中心的潜在剖面分析，根据初中生在抑郁、焦虑、压力等多个内化问题行为指标上的反应模式，识别出他们的典型心理症状组合，推测可能存在高、中、低等不同风险水平的潜在群体。进一步地，通过交叉分析不同生源地、年级和性别的初中生在各潜在剖面上的分布差异，考察人口学因素与内化问题行为模式的关联，以期更加细致地刻画不同群体的心理健康特点。

综合以上分析，本章提出以下研究假设：

假设1：中学生的内化问题行为存在显著的群体差异。

假设1a：不同生源地中学生的内化问题行为存在显著差异，来自农村的学生内化问题更为突出。

假设1b：不同年级的中学生内化问题行为存在显著差异，高年级学生的内化问题更为严重。

假设1c：不同性别的中学生内化问题行为存在显著差异，女生的内化问题行为高于男生。

假设2：中学生存在内化问题行为的差异性潜在剖面。

假设2a：根据内化问题行为的不同成分组合，中学生可分为高抑郁高焦虑、高抑郁低焦虑、低抑郁高焦虑、低抑郁低焦虑四种潜在剖面。

假设2b：不同生源地、年级、性别的中学生在不同内化问题行为剖面上的分布存在显著差异，农村生源、高年级和女生更可能落入高风险剖面。

通过系统考察中学生内化问题行为在关键人口学变量上的差异性表现，采用变量中心和个体中心的分析范式，力图为全面理解这一问题的群体分布和个体差异提供新的实证视角，也为后续开展有针对性的心理健康教育实践提供重要参考。

第二节 样本数据和分析方法

一、样本数据

本研究以中国中学生为研究对象，采用分层整群抽样的方式，从全国各地抽取了 12 所中学作为调研学校。在每所学校中，我们选取了不同年级的学生作为具体的调研对象。调研范围覆盖了不同地区、不同类型的学校和不同年级的中学生群体，具有较好的代表性。

在确定调研对象后，我们对研究对象的人口学特征进行了分析。本研究的总样本量为 5854 人，其中男生 2886 人，占比 49.30%；女生 2968 人，占比 50.70%。性别分布较为均衡，与中学生群体的实际性别比例相符。从年级分布来看，七年级学生 1932 人，占比 33.00%；八年级学生 1974 人，占比 33.72%；九年级学生 1948 人，占比 33.28%。

在生源地分布方面，城市学生 1995 人，占比 33.90%；农村学生 2017 人，占比 34.28%，城乡接合部 1872 人，占比 31.81%。几个地区学生的样本量几乎相等，每个群体约占总样本的一半。这种分布方式兼顾了城乡的代表性，有利于我们探讨生源地因素对中学生内化问题行为的影响。

本研究的样本来自全国各地，既有东部沿海发达地区，也有中西部欠发达地区，这些地区在经济发展水平、文化环境、教育资源等方面存在较大差异。通过对不同区域中学生的研究，我们可以了解地区因素与内化问题行为的关系，同时也可以考察研究结果在不同区域的适用性和稳定性。

此外，本研究在生源地维度上也实现了城乡的均衡分布。通过对城乡学生的对比分析，我们可以揭示不同生源地中学生在内化问题行为上的异同，进一步探讨城乡因素在相关变量关系中的调节作用。

综上所述，本研究的对象取样兼顾了全国不同地区、不同城乡、不同年级的中学生群体，样本分布在地区、年级、生源地等人口学变量上均衡合理，具有较好的代表性和多样性。这种分布特征不仅有利于我们深入分析不同人口学变量对内化问题行为的影响，也为后续的群体差异比较和交互效应检验提供了基础。同时，较大的总样本量也为研究结果的统计推断和稳健性提供了保障。在此基础上，本研究将围绕内化问题行为的群体差异、影响机制等问题展开深入分析。

二、分析方法

本章采用了多种统计分析方法，针对不同的研究目的和数据类型，选择合适的分析策略。

首先，对于不同组别中学生内化问题行为的差异性对比，主要采用了独立样本 t 检验和单因素方差分析（One-way ANOVA）。独立样本 t 检验适用于比较两个独立样本的均值差异，如比较不同性别（男、女）在内化问题各维度上的差异；而单因素 ANOVA 则适用于两个以上独立样本均值的比较，如分析不同生源地（城市、农村）、年级（七年级、八年级、九年级）在内化问题行为各维度上是否存在显著差异。通过事后多重比较，进一步确定具体组别之间的差异情况。

其次，采用潜在剖面分析（Latent Profile Analysis，LPA）探索中学生内化问题行为的潜在类别。LPA 是一种以人为中心的方法，通过识别个体在一系列连续观测变量上的反应模式，将具有相似特征的个体归为同一潜在类别，揭示群体内部的异质性。本研究以内化问题行为量表的三个分量表（抑郁、焦虑、压力）为观测指标，通过比较不同潜在类别数目下的模型拟合指数（如 AIC、BIC、Entropy 等），选择最优的潜在类别解。

再次，在识别出最优的内化问题行为潜在剖面后，采用独立样本 t 检验、单因素 ANOVA 等方法，分析不同人口学变量（如性别、生源地、年级等）在各潜在剖面上的分布差异，揭示不同特征中学生的内化问题模式异同。

最后，为进一步探究人口学变量对内化问题行为潜在剖面的影响，选择多项式 Logistic 回归分析。以内化问题行为的潜在剖面类别为因变量（如高风险 vs.低风险），性别、年级、生源地等为自变量，分析各人口学因素对被划分到特定剖面类别的可能性，即优势比（Odds ratio）。同时，通过纳入自变量的交互项，考察不同人口学变量在预测内化问题行为剖面上的交互效应。

此外，为了解内化问题行为各潜在剖面的特点，采用了描述性统计和剖面图分析。通过计算各潜在剖面在内化问题行为三个分量表上的平均得分，并绘制剖面图，直观地呈现不同剖面的得分模式，如高焦虑高抑郁型、高压力低抑郁型等，为后续分析和解释提供参考。

综上所述，本章运用了独立样本 t 检验、单因素方差分析、潜在剖面分析、多项式 Logistic 回归、描述性统计和剖面图等多元统计方法，较为全面地考察了中学生内化问题行为的群体差异和内部异质性，并探讨了人口学变量的影响和交互作用，力求客观、准确地揭示中学生内化问题行为的实证规律。在揭示内化问题行为异质性的基础上，为后续分析其与体育锻炼行为的关系奠定了基础。

第三节　不同组别中内化问题行为的差异性对比

中学生正处于生理和心理快速变化的敏感期，面临学业压力、人际关系、生涯规划等多重挑战，容易产生内化问题行为，进而影响身心健康和学习生活。然而，由于个体禀赋、家庭环境、学校氛围等因素的差异，不同特征的中学生在内化问题行为的表现上可能存在显著差异。本节拟从生源地、年级、性别三个视角，对比分析不同组别中学生在抑郁、焦虑、压力等方面的异同，以期为学校心理健康教育和问题行为干预提供依据。

生源地是影响中学生成长环境和教育资源的重要背景因素。来自不同区域（如城市、县城、农村）的学生，其家庭社会经济地位、父母教养方式、学校教学条件等方面存在明显差距，进而可能导致其内化问题行为的风险差异。一般而言，城市学生面临的升学压力较大，竞争氛围更加激烈，很容易产生焦虑和压力；而农村学生的生活环境相对单一，娱乐方式较少，更易出现抑郁和孤独感。同时，不同生源地学生的家庭支持系统和学校心理辅导资源也不尽相同，城市学生获得专业帮助的机会更多，而农村学生可能缺乏倾诉渠道和干预措施。因此，有必要比较不同生源地中学生在内化问题行为各维度的差异，以更好地因地制宜开展心理健康教育。

年级是反映中学生学习和发展阶段的重要维度。随着年级的增长，学生的认知水平、情绪调节能力、社交技能等方面会发生显著变化，内化问题行为的表现形式和影响因素也可能随之演变。一般而言，初中生正值青春期，面临生理变化和角色转换的多重压力，更易出现情绪波动和行为问题；而九年级面临升学压力和人生抉择，更容易产生焦虑和自我怀疑。同时，不同年级的学习任务和评价标准也存在差异，如九年级学生面临的学业竞争更加激烈，容易产生无助感和挫折感。因此，有必要分析不同年级中学生在内化问题行为表现和成因上的差异，以更好地开展分层分类的心理健康教育。

性别是影响中学生身心发展和问题行为的基础因素。由于生理激素水平和社会文化期望的差异，男女学生在情绪体验、应对方式、行为表现等方面存在显著差异。通常而言，女生更容易产生内向化的问题行为，如抑郁、焦虑、自卑等，而男生则更倾向于外现化的问题行为，如攻击、对抗、违纪等。同时，社会性别角色对男女内化问题行为的影响也不容忽视，如"男孩子不能哭""女孩子要温柔"等刻板印象，在一定程度上抑制了男生表达脆弱情绪的渠道，加剧了女生追求完美的焦虑感。因此，深入分析不同性别中学生在抑郁、焦虑、压力等方面的差异表现，对于因材施教地开展心理健康教育，预防和干预内化问题行为，具有重要意义。

综上所述，中学生的内化问题行为受个人、家庭、学校等多重因素的交互影响，生源地、年级、性别等变量可能导致个体在抑郁、焦虑、压力等方面的显著差异。因此，本节将运用独立样本 t 检验、多因素方差分析等统计方法，对不同组别中学生的内化问题行为进行差异性检验和多重比较，力求揭示不同特征学生的行为规律和影响机制，为有针对性地开展心理健康教育和问题行为干预提供实证依据。同时，本节的研究结果也为后续探索内化问题行为与体育锻炼的关系、影响路径及其作用机制提供了理论基础。

一、不同生源地内化问题行为的差异性对比

生源地不仅会影响中学生的体育锻炼行为，也可能对其内化问题行为产生重要影响。来自不同区域的学生在生活压力、情绪状态、应对方式等方面可能存在一定差异，进而导致抑郁、焦虑等内化问题行为的发生率和严重程度不尽相同。为探明这一问题，本研究以生源地为自变量，内化问题行为的三个维度（抑郁、焦虑、压力）为因变量，运用单因素方差分析，对比考察城市、县城、农村三类生源地中学生的内化问题行为表现，以期为因材施教、精准干预提供实证参考。

在开展方差分析之前，同样需要先检验不同生源地学生在内化问题各维度得分上是否满足方差齐性假设。可以采用 Levene 检验等方法进行考察，以确保 F 检验的有效性和可靠性。

若各组方差满足齐性要求，则可直接进行单因素方差分析和 Bonferroni 事后多重比较，考察不同生源地学生在抑郁、焦虑、压力等方面是否存在显著差异，并明确差异组别及其方向和程度。

若不满足方差齐性假设，则可尝试对数据进行转换，或采用 Games-Howell、Dunnett's T3 等较为稳健的多重比较方法，若转换后仍不具备方差齐性，则可改用 Kruskal-Wallis H 检验和 pairwise 比较，从平均秩次的角度揭示不同生源地中学生内化问题行为的差异性。

基于分析结果，研究者可以深入探讨不同区域中学生内化问题行为差异的可能原因，如生活节奏、学业压力、教养方式、社会支持等因素的影响。

这不仅有助于揭示城乡教育环境和学生心理健康的现实差距，也为后续的干预实践提供理论参考。

同时，研究者还可以进一步考察内化问题行为的生源地差异是否具有一贯性和稳定性，即不同维度（抑郁、焦虑、压力）的差异方向和程度是否一致。这有助于判断内化问题行为的区域分布是否存在某种模式化特征。若各维度呈现相似的差异态势（如城市学生普遍高于农村学生），则可能提示城市化进程中的心理健康风险；反之，若各维度的差异并不一致（如压力城高村低、焦虑农高城低），则可能反映不同区域在具体问题上的特殊性。

此外，研究者还需警惕生源地与其他因素（如年级、性别）的交互作用，以免忽略内化问题行为差异的复杂性。例如，中学生的生源地差异可能并不一致，男女生的内化问题行为表现也可能随区域而异。因此，有必要采用多因素方差分析等方法，综合考察不同因素对内化问题行为的影响，以全面认识中学生心理健康的区域差异。

总之，通过对比分析不同生源地中学生的内化问题行为，可以揭示城乡学生心理健康状况的差距，探寻影响内化问题行为的区域因素，为因地制宜地实施心理健康教育提供实证依据和理论参考。在研究过程中，既要遵循统计规范，确保结论的可靠性，又要立足教育实践，围绕区域差异展开深入讨论，以期为促进教育公平、维护学生心理健康贡献科学力量。

从表 6-1 和 6-2 可以看出，本研究采用单因素方差分析，考察了不同生源地中学生在抑郁、焦虑、压力三个维度上的差异性。

表 6-1 不同生源地内化问题行为的差异性

变量	性别（平均值±标准差） 男	性别（平均值±标准差） 女	t	P 值
抑郁	0.60±0.51	0.70±0.56	36.497	0.000**
焦虑	0.75±0.66	0.93±0.70	70.811	0.000**
压力	0.40±0.51	0.52±0.61	47.655	0.000**

表 6-2　不同生源地内化问题行为的组间差异性

项	差异	平方和	自由度	均方	F 值	P 值
抑郁	组间	21.3	2	10.65	36.497	0.000
	组内	2 147.393	7359	0.292		
	总计	2 168.693	7361			
焦虑	组间	65.088	2	32.544	70.811	0.000
	组内	3 382.123	7359	0.46		
	总计	3 447.21	7361			
压力	组间	30.161	2	15.08	47.655	0.000
	组内	2 328.749	7359	0.316		
	总计	2 358.91	7361			

首先，从性别差异来看，男女生在内化问题行为各维度上均存在显著差异（$P<0.01$）。具体而言，女生的抑郁（0.70±0.56）、焦虑（0.93±0.70）和压力（0.52±0.61）水平均高于男生（分别为 0.60±0.51、0.75±0.66 和 0.40±0.51），提示女生可能面临更大的心理健康风险。这一结果与以往研究基本一致，即女生的内化问题行为发生率和严重程度通常高于男生。

其次，从生源地差异来看，城市、县城、农村学生在抑郁（$F=36.497$，$P<0.01$）、焦虑（$F=70.811$，$P<0.01$）和压力（$F=47.655$，$P<0.01$）等方面均存在显著差异。但具体而言，各组别的差异方向和程度如何，还需要进一步的事后多重比较。

不过，单从均方（MS）的大小来看，焦虑的组间均方（32.544）最大，远高于抑郁（10.65）和压力（15.08），而三者的组内均方相差不大，说明不同生源地中学生在焦虑问题上的差异最为明显和突出。相比之下，抑郁和压力的生源地差异则相对较小。这提示焦虑可能是区分城乡学生心理健康状况的重要指标。

此外，表中的总计项反映了各变量的总变异情况。总变异（SS）=组间变异+组内变异，分别代表了生源地因素和其他因素对内化问题行为的影响。从结果可以看出，无论是抑郁、焦虑还是压力，组内变异均远大于组间变异，说明个体差异可能是影响中学生内化问题行为的主要来源，生源地因素的作用相对有限。

不过，本研究的方差分析尚未考察变量是否满足方差齐性假设，因此结果的可靠性有待进一步验证。此外，研究中也没有涉及生源地与性别的交互作用，因此尚不清楚男女生的内化问题行为差异是否会因区域不同而呈现不同的模式。这些问题还有待在后续研究中进一步探讨。

总的来说，本研究在揭示中学生内化问题行为的性别和生源地差异方面迈出了重要一步。但为了更好地指导教育实践，后续还需采用多元化的分析方法，深入考察性别、年级、生源地等因素的复合影响，并探明其背后的心理和社会机制，以便为制定有针对性的心理健康教育政策提供翔实的依据。

二、不同年级中内化问题行为的差异性对比

随着年级的增长，学生面临的学业压力和人际挑战日益增多，这可能会对他们的心理健康产生影响。初中阶段的学生正处于青春期的快速变化之中，对环境的适应能力相对较弱，更容易出现内化问题行为。相比之下，九年级学生的心理承受能力和调节能力逐渐提升，内化问题行为的发生率可能有所降低。

此外，不同年级学生的认知水平、社交技能、应对方式等也存在差异。低年级学生可能更多地采用回避、退缩等消极策略来应对压力和困扰，而高年级学生则更倾向于寻求社会支持、积极解决问题等积极方式。这些差异可能会影响他们内化问题行为的表现形式和严重程度。

但是，在进行具体的数据分析之前，我们需要先检验一个重要的假设，即不同年级学生的内化问题行为差异主要来自年级本身，而不是其他一些未被考虑的混杂因素，如性别、家庭背景等。这就涉及方差齐性的问题。

为了检验方差齐性，我们可以使用 Levene 检验。如果检验结果表明方差不齐，我们就需要采用一些更稳健的统计方法，如 Welch 检验、Brown-Forsythe 检验等。这些方法虽然计算相对复杂，但它们的基本目的是一致的，即准确揭示不同年级学生在内化问题行为上的差异情况，并探究可能的影响因素。

总之，探究不同年级学生内化问题行为的差异对于全面了解学生的心理发展状况、及时发现和干预问题行为具有重要意义。在研究过程中，我们既要严格遵循统计分析的基本规范和假定，又要力求用通俗易懂的方式来阐释研究结果，使之能够真正指导教育实践，切实维护和增进学生的身心健康。

首先，从表 6-3 的描述性统计结果来看，随着年级的增长，学生在抑郁、焦虑、压力三个维度上的得分均呈现出上升趋势。具体而言，七年级学生在这三个维度上的得分均为 0，八年级学生的得分略有上升，到了九年级阶段，学生的抑郁、焦虑、压力水平进一步提高，尤其是抑郁维度的得分上升最为明显（从八年级的 0.29 上升到九年级的 0.52）。这表明学生的内化问题行为可能随着年级的增长而逐渐加重。

其次，我们可以进一步检验不同年级学生在内化问题行为上的差异是否具有统计学意义。表 6-3 中的 F 值和 P 值为我们提供了重要线索。从结果来看，抑郁（F=3.484，P=0.004）、焦虑（F=3.851，P=0.002）、压力（F=3.093，P=0.009）三个维度的 F 值均达到了显著性水平（P<0.01），说明不同年级学生在这些方面确实存在显著差异。

表 6-3　不同年级中内化问题行为的差异性

	年龄（平均值±标准差）			F 值	P 值
	七年级	八年级	九年级		
抑郁	0.00±0.00	0.29±0.00	0.52±0.51	3.484	0.004**
焦虑	0.00±0.00	0.71±0.00	0.65±0.60	3.851	0.002**
压力	0.00±0.00	0.29±0.00	0.32±0.49	3.093	0.009**

为了更清晰地呈现年级差异的具体情况，我们可以进一步查看表6-4的方差分析结果。从组间效应来看，抑郁、焦虑、压力三个维度的组间均方（分别为0.886、1.399、0.663）均大于组内均方（分别为0.254、0.363、0.214），且 F 值均达到显著水平，再次印证了年级对学生内化问题行为的显著影响。

表6-4 不同年级中内化问题行为的组间差异性

项	差异	平方和	自由度	均方	F 值	P 值
抑郁	组间	4.432	5	0.886	3.484	0.004
	组内	408.311	1 605	0.254		
	总计	412.743	1 610			
焦虑	组间	6.996	5	1.399	3.851	0.002
	组内	583.119	1 605	0.363		
	总计	590.115	1 610			
压力	组间	3.315	5	0.663	3.093	0.009
	组内	344.046	1 605	0.214		
	总计	347.361	1 610			

三、不同性别中内化问题行为的差异性对比

性别作为影响个体心理发展的重要因素，可能对中学生的内化问题行为产生显著影响。由于男女学生在生理发育、情绪调节、应对方式等方面存在差异，其在抑郁、焦虑、压力等内化问题行为的表现上也可能呈现出不同的特点。为深入探究这一问题，本研究以性别为自变量，内化问题行为的三个维度（抑郁、焦虑、压力）为因变量，采用独立样本 t 检验的方法，对男女学生的内化问题行为进行差异性分析，以期揭示不同性别学生在情绪体验、心理适应等方面的异同。

然而，在进行 t 检验之前，同样需要先检验两组样本是否满足方差齐性的假设。方差齐性是指总体的方差在不同水平上是相等的，是 t 检验的前提条件之一。如果方差不齐，则可能导致 t 值的估计出现偏差，从而得出错误

的结论。因此，有必要采用 Levene 检验等方法，考察男女学生在内化问题行为各维度得分上的方差是否具有同质性。

在实践中，研究者可以利用 SPSS 等统计软件快速完成 Levene 检验，并根据结果选择合适的分析策略。若男女学生在内化问题行为某一维度的得分方差不具有同质性，则在进行 t 检验时需要选择"Equal variances not assumed"选项，以得到校正后的 t 值和自由度；若两组方差满足齐性假设，则可直接使用"Equal variances assumed"选项下的检验结果。

总之，性别对中学生内化问题行为的影响不容忽视。通过对男女学生进行差异性分析，有助于揭示不同性别在抑郁、焦虑、压力等方面的特点，为有针对性地开展心理健康教育实践提供重要参考。与此同时，方差齐性检验作为 t 检验的重要前提，需要引起研究者的充分重视，以免由于违背统计假设而得出不准确的结论。唯有严谨使用统计方法，科学分析实证数据，才能准确把握不同性别中学生内化问题行为的差异，为促进学生身心健康发展、提高人才培养质量提供可靠依据。

首先，让我们关注表 6-5 中的描述性统计结果。从平均值来看，女生在抑郁（0.70）、焦虑（0.93）、压力（0.52）三个维度上的得分均高于男生（分别为 0.60、0.75、0.40），这提示我们女生可能比男生更容易出现内化问题行为。但是，仅仅比较平均值是不够的，我们还需要考虑分数的离散程度，即标准差。通过观察可以发现，女生在三个维度上的标准差（分别为 0.56、0.70、0.61）也均大于男生（分别为 0.51、0.66、0.51），这意味着女生组内的个体差异可能更大，部分女生的内化问题可能更为严重。

其次，为了判断性别差异是否具有统计学意义，我们需要进一步检验两组平均值差异的显著性。这里采用了独立样本 t 检验，其结果反映在表 6-5 的最后两列。从 P 值（均为 0.000）来看，抑郁、焦虑、压力三个维度的性别差异均达到了显著性水平（$P<0.01$）。结合之前的描述性统计，我们可以推断，女生在内化问题行为方面的得分显著高于男生，提示性别可能是影响学生内化问题的重要因素。但是，这种推断还需要在控制其他变量的情况下

进一步验证。

表 6-5 不同性别中内化问题行为的差异性

变量	性别（平均值±标准差）		t	P 值
	男	女		
抑郁	0.60±0.51	0.70±0.56	36.497	0.000**
焦虑	0.75±0.66	0.93±0.70	70.811	0.000**
压力	0.40±0.51	0.52±0.61	47.655	0.000**

方差分析可以帮助我们理解性别差异的来源，即组间差异和组内差异的相对重要性。如表 6-6 所示，从均方（Mean Square）来看，抑郁、焦虑、压力三个维度的组间均方（分别为 10.65、32.544、15.08）均明显大于组内均方（分别为 0.292、0.46、0.316），且 F 值（分别为 36.497、70.811、47.655）均达到了显著水平（P=0.000），这说明性别组间的系统差异可能是导致整体差异的主要原因，而性别组内的个体差异则相对较小。换言之，内化问题行为的性别差异，可能主要是由男女生在生理、心理特征等方面的系统性差异所导致的，而非个体因素的影响。

表 6-6 不同性别中内化问题行为的组间差异性

变量	差异	平方和	自由度	均方	F 值	P 值
抑郁	组间	21.3	2	10.65	36.497	0.000
	组内	2 147.393	7359	0.292		
	总计	2 168.693	7361			
焦虑	组间	65.088	2	32.544	70.811	0.000
	组内	3 382.123	7359	0.46		
	总计	3 447.21	7361			
压力	组间	30.161	2	15.08	47.655	0.000
	组内	2 328.749	7359	0.316		
	总计	2 358.91	7361			

第四节　内化问题行为的剖面分析

通过第三节的分析，我们可以看到中学生内化问题行为在生源地、年级、性别等人口学变量上存在显著差异。这一结果揭示了不同背景下学生心理健康状况的基本特点，为我们识别高危人群、把握总体趋势提供了重要线索。

然而，仅仅依靠组间差异分析，尚不足以全面刻画中学生内化问题行为的内在异质性。正如体育锻炼行为一样，学生个体在心理问题表现上也可能呈现出多样化的类型或模式，而这种异质性可能受到诸多因素的交互影响，如性格特点、应对方式、社会支持等，但又不完全对应于某一单一变量。

因此，有必要采用更为综合、动态的研究视角，在差异性分析的基础上，进一步探索中学生内化问题行为的潜在剖面或类型。通过将抑郁、焦虑、压力等多个症状维度整合在一起考察，运用潜在剖面分析等方法，我们有望揭示学生心理问题的典型模式，并以此为基础探讨不同剖面形成的影响机制。这不仅有助于加深对中学生群体内部异质性的认识，也为后续开展更有针对性的心理健康教育提供重要参考。

基于以上考虑，本研究尝试对中学生内化问题行为开展剖面分析。具体而言，我们将采用附录3所列量表，综合测评学生在抑郁、焦虑、压力等方面的表现，并以此为基础提取潜在的心理问题剖面。同时，我们还将考察不同剖面的人口学特征分布，并对可能的影响因素进行初步探讨。

在数据处理和分析策略上，我们将主要采用潜在类别分析（Latent class analysis，LCA）的方法。与传统的聚类分析相比，LCA能够根据模型拟合指标确定最优类别数量，并以概率的形式估计个体属于某一特定剖面的可能性，因而更适用于探索性的剖面分析。具体而言，我们将比较不同类别数（如2类、3类、4类等）模型的拟合优度，如 AIC、BIC、Entropy 等指标，并结合理论意义、可解释性等因素，确定最终的剖面分类方案。

需要说明的是，剖面分析虽然能够揭示群体内部的异质性，但并不意味着识别出的类型具有绝对的独立性和稳定性。事实上，个体的心理状态是动态变化的，不同症状之间也可能存在交叉和并发。因此，在解释剖面分析结果时，我们应当本着动态、发展的视角，强调不同类型之间的关联和转化，而非简单地将学生"标签化"。这也提醒我们，在后续的心理健康教育实践中，既要关注显性的问题表现，也要注重学生内在的生成机制，在全面评估的基础上提供更加个性化、精准化的心理辅导。

综上所述，通过对中学生内化问题行为开展剖面分析，我们可以更全面、细致地揭示心理问题的异质性表现，为深入认识学生的多元需求、优化心理健康教育的方式方法提供重要参考。

表 6-7 展示了潜在剖面分析中不同类别数模型的拟合指数比较。通过对比各项指标，我们可以确定最优的剖面数量，从而揭示出内化问题行为模式的主要类型。具体来看：

表 6-7 潜在剖面模型拟合指数

类别	数量	AIC	BIC	aBIC	Enture	LRT	BLRT	类别概率
1	6	62 767.917	62 805.862	62 786.796	—	—	—	1
2	9	38 376.307	38 439.548	38 407.773	0.902	0.000	0.000	0.312/0.687
3	12	31 227.887	31 316.424	31 271.938	0.993	0.000	0.000	0.227/0.712/0.061
4	16	28 220.153	28 333.987	28 276.791	0.787	0.000	0.000	0.130/0.498/0.198/0.173
5	20	25 573.207	25 712.337	25 642.430	0.949	0.000	0.000	0.289/0.005/0.425/0.119/0.162

第一，从信息准则指标 AIC、BIC 和 aBIC 来看，随着类别数从 1 增加到 5，这三个指标的数值总体呈下降趋势。这表明模型的拟合度随剖面数增加而不断改善。但从 4 类到 5 类，下降的幅度相对较小，说明继续增加类别可能带来的边际效用递减。

第二，从分类准确率指标 Enture 来看，除 4 类模型外，其他模型的数值都在 0.9 以上，说明个体被准确分类的概率很高。3 类和 5 类模型的分类准确率最高，分别达到 0.993 和 0.949。

第三，LRT 和 BLRT 的显著性概率结果表明，除 1 类模型外，其余模型的拟合度都显著优于相应的少一类别的模型。这为我们选择至少 2 个的剖面提供了统计学依据。

第四，各模型的具体类别概率结果可以帮助我们理解每种剖面的分布情况。例如，2 类模型中两个剖面的概率分别为 0.312 和 0.687，而在 5 类模型中，有一个剖面的概率仅为 0.005，说明该类别的个体比例很低，可能难以具有统计学意义。

综合以上分析，3 类和 4 类模型都展现出了相对理想的拟合指标，可以作为最终确定潜在剖面数量的备选。相比之下，3 类模型的分类准确率更高，且各类别概率较为合理，没有出现极低比例的类别。因此，我们可以初步考虑选择 3 类模型作为最佳方案。当然，这一判断还需要结合理论分析和实践需要来进行综合权衡。

总的来说，尽管模型拟合指标为我们选择最优潜在剖面数量提供了重要参考，但并非唯一的判断标准。我们还需要考虑划分方案的理论意义、可解释性以及应用价值等因素。只有在统计指标与理论分析达成一致的基础上，我们才能最终确定内化问题行为模式的主要类型。后续还需进一步对各潜在剖面的特点进行分析，以期全面刻画不同类型个体在焦虑、抑郁等具体症状上的异同。

第五节　不同组别之间剖面的差异性分析

在上一节中，我们通过潜在剖面分析将中学生的内化问题行为划分为三个典型类别，即低、中、高三个剖面。这一划分不仅在统计拟合上得到了数据的支持，在理论解释和实践应用中也具有重要价值。然而，仅仅获得潜在剖面类型的信息还不够全面，我们还需要进一步探究这些剖面在不同人口学组别中的分布差异，以揭示个体背景特征与内化问题行为模式之间错综复杂的关系。正如前人研究所示，个体的性别、年级、生源地、家庭结构等因素都可能对其内化问题行为产生显著影响。那么，这些人口学变量是否也会导致中学生在三个内化问题行为剖面上的分布呈现出差异性特征呢？对这一问题的探讨将有助于我们深入理解内化问题行为的影响机制，并为因材施教、精准干预提供重要参考。

具体而言，本节将采用交叉分析的思路，考察不同人口学组别的中学生在三个内化问题行为剖面上的分布情况，并通过 x^2 检验等方法检验组别间差异的统计显著性。一方面，我们将探究性别、年级、生源地、家庭结构等变量是否会影响中学生所属的内化问题行为剖面类型；另一方面，我们还将比较不同内化问题剖面在各项内化问题行为指标上的具体表现，以揭示潜在类别在实际问题行为中的差异。通过对潜在剖面差异的细致考察，我们不仅可以深化对中学生群体内部异质性的认识，也可以探明人口学因素在解释内化问题行为变异中的相对重要性。

需要指出的是，尽管差异性分析是理解人口学变量与内化问题行为关系的重要切入点，但我们在解读相关结果时仍需保持审慎态度。一方面，我们要避免将相关性简单等同于因果性，还需考虑其他可能存在的"第三变量"效应；另一方面，对于某些组别样本量较小的情况，我们也要充分认识到统计推断的局限性。尽管如此，基于潜在剖面的差异性分析仍是揭示内化问题行为影响因素的重要手段，对于深化理论认识、优化实践策略具有重要价值。在接下来的分析中，我们将严格遵循科学的研究程序和方法，力求获得稳健可信的研究发现，为全面理解中学生的内化问题行为提供新的视角和证据。

表 6-8 和图 6-1 展示了内化问题三个潜在剖面在抑郁、焦虑和压力三个症状维度上的平均得分情况。通过对比不同剖面的均值特点，我们可以更加具体地刻画各类个体的内化问题表现，并揭示剖面间的异同。

表 6-8　剖面各层面均值

	$x1$	$x2$	$x3$
低	1.65	1.70	1.60
中	2.80	2.73	2.67
高	3.05	3.29	3.23

注：$x1$ 为抑郁、$x2$ 为焦虑、$x3$ 为压力。

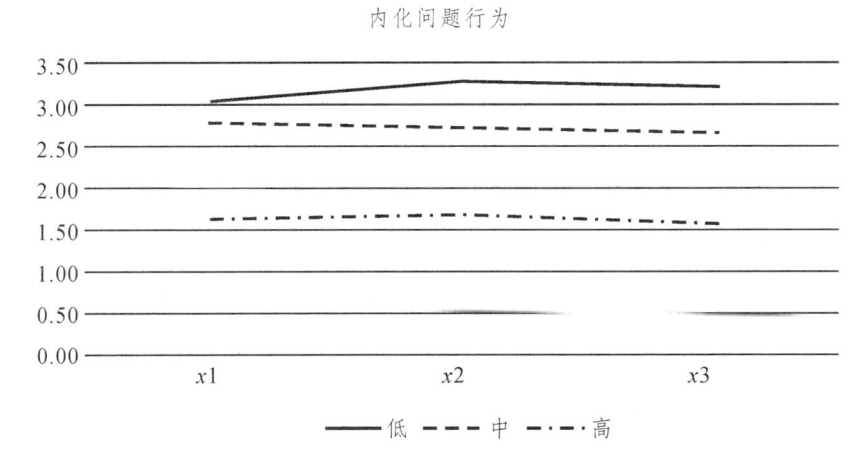

图 6-1　潜在剖面均值

首先,从整体上看,三个剖面在三个症状维度上的均值排序保持一致,即高剖面>中剖面>低剖面。这说明我们依据整体严重程度所识别出的潜在类别,同时也反映了个体在抑郁、焦虑和压力症状上的相对水平,具有较好的区分度和一致性。

其次,进一步比较三个剖面在各症状维度上的均值差异,可以发现一些更细微的特点。例如,低剖面在三个维度上的均值都在 1.60~1.70 之间,处于较低水平;中剖面的均值则在 2.67~2.80 之间,处于中等水平;而高剖面在抑郁、焦虑和压力维度的均值都超过了 3,达到了较高水平。这提示我们高剖面个体存在较严重的抑郁、焦虑和压力症状表现。

再次,我们还可以观察到,尽管三个剖面在症状严重程度上呈现出整体的梯度差异,但在具体数值上并非完全等距。以中剖面为例,其抑郁和焦虑维度的均值(2.80 和 2.73)与高剖面更接近,而压力维度的均值(2.67)则与高剖面的差距更小。这说明中剖面可能代表了一种过渡性的症状表现,其特点不完全等同于高低剖面之间的简单平均。

最后,对比三个症状维度,我们发现压力的均值普遍低于抑郁和焦虑,说明压力症状可能在整体样本中相对较轻,或者更可能与其他因素(如应对方式)产生交互影响,出现分化。这提示我们在理解内化问题行为的形成机制时,可能需要对压力症状给予独特的理论关注。

总的来说,以上分析展示了内化问题行为三个潜在剖面的独特均值构型,既有整体严重程度上的差异,也有症状结构上的区别。这为我们深入理解不同类型个体的症状表现提供了重要线索。后续还可以进一步探讨各剖面与相关因素(如人口学特征)的关系,以期实现对内化问题的精准识别和干预。不过,目前的分析仍主要基于变量中心的视角,未来还需结合"人中心"的分析范式,对个体在多个症状维度上的组合模式给予更多关注。只有在综合考虑严重程度和症状结构的基础上,我们才能真正揭示内化问题行为类型的异质性,为理论发展和实践应用提供更为全面的洞见。

第六节 不同潜在剖面的人口学回归分析

在前述分析的基础上，我们已经初步探讨了不同人口学组别在内化问题行为剖面上的差异性表现。结果显示，中学生的性别、年级、生源地、家庭结构等因素与其所属的内化问题行为剖面类型存在一定关联，不同人口学特征的个体在内化问题行为模式上呈现出异质性。然而，这种关联是否具有统计意义上的显著性？不同人口学变量对个体内化问题行为剖面归属的影响强度如何？对这些问题的回答需要借助更加严谨的统计方法。因此，本节将采用多项 Logistic 回归模型，以人口学变量为自变量，以个体所属的潜在剖面类别为因变量，系统检验人口学因素对内化问题行为模式的影响。

具体而言，我们将性别、年级、生源地、家庭结构等关键人口学指标纳入回归模型，探究它们与个体内化问题行为剖面归属的关系。通过估计各项人口学变量的回归系数及其统计显著性，我们可以比较不同因素在预测个体内化问题行为模式时的相对重要性，并判断其影响方向是否符合理论预期。

需要说明的是，鉴于因变量（内化问题剖面类型）为分类变量，我们在运用 Logistic 回归时，还需根据研究需要选择合适的参照类别。通过设定不同的对照组，我们可以从多个角度对比人口学变量对内化问题行为剖面归属的影响。例如，我们可以选取低内化问题行为水平的剖面作为参照，考察不同人口学特征的个体相对于该类别而言更可能被归入何种内化问题行为水平的剖面；也可以选取中等内化问题行为水平的剖面作为对照，探究何种人口学因素更容易将个体推向内化问题行为严重程度的两端。灵活选取对照组不仅有助于我们全面认识人口学因素的作用，也为干预实践提供了多元思路。

总的来说，开展不同潜在剖面的人口学回归分析，是深入探究中学生群体内部异质性、揭示个体背景特征与内化问题行为模式关系的重要环节。通过系统考察性别、年级、生源地、家庭结构等因素对个体内化问题剖面归属的影响，我们可以在实证数据的基础上厘清影响机制，筛选出对内化问题行为模式影响最为关键的人口学指标。这不仅有助于我们理解中学生内化问题行为的多样性表现及其形成根源，也为后续开展有针对性的心理健康促进实践提供了重要依据。相信经过严谨的统计建模和理论阐释，我们一定能为揭示中学生内化问题行为的复杂性提供更为精准、更具解释力的研究证据。

表 6-9 和表 6-10 展示了以人口学变量为自变量，以个体所属的内化问题行为剖面类别为因变量的多项 Logistic 回归分析结果。通过考察心理机制、个体因素和社会环境三个变量对个体归属高、中、低剖面的影响，我们可以进一步理解人口学差异与内化问题类型的关联。

表 6-9　不同潜在剖面的人口学回归

2	回归系数	标准误	z 值	Wald x^2	P 值	OR 值	OR 值 95% CI
心理机制	0.421	0.289	1.456	2.121	0.145	1.524	0.864～2.685
个体因素	−0.163	0.226	−0.719	0.517	0.472	0.85	0.545～1.325
社会环境	−0.293	0.24	−1.222	1.493	0.222	0.746	0.466～1.194
截距	0.248	1.001	0.248	0.062	0.804	1.282	0.180～9.126
3							
心理机制	0.419	0.228	1.837	3.375	0.066	1.521	0.972～2.379
个体因素	−0.077	0.177	−0.433	0.187	0.665	0.926	0.654～1.311
社会环境	−0.187	0.185	−1.012	1.023	0.312	0.829	0.577～1.192
截距	4.394	0.782	5.617	31.548	0	80.966	17.474～375.152

表 6-10　回归系数简表

	2	3
心理机制	0.421（1.456）	0.419（1.837）
个体因素	−0.163（−0.719）	-0.077（-0.433）
社会环境	−0.293（−1.222）	-0.187（-1.012）
截距	0.248（0.248）	4.394**（5.617）
似然比检验值	\multicolumn{2}{c}{x^2（6）= 4.350，P = 0.629}

从整体模型拟合来看，似然比检验的卡方值为 4.350，p 值为 0.629，说明人口学变量对个体剖面归属的整体预测效果并不显著。这提示我们，尽管不同人口学特征与内化问题行为剖面类型存在一定关联，但可能并非影响个体归属的决定性因素。

具体到各个变量，我们发现心理机制在预测个体归属高、中剖面上的回归系数为正值（分别为 0.421 和 0.419），且在中剖面上的 Wald 卡方值达到边际显著（P=0.066）。这说明个体的心理机制状况可能会一定程度上影响其出现较严重内化问题行为的可能性，但效应并不十分稳健。

相比之下，个体因素和社会环境两个变量的回归系数在两个剖面上均为负值，且均未达到统计显著水平。这表明个体的人口学背景特征和所处的社会环境条件，可能并不会直接导致其在内化问题行为上表现出明显的剖面差异。这也呼应了前述整体模型拟合检验的结果。

值得注意的是，中剖面模型的截距项（即在其他变量取值为 0 时因变量的预测值）高达 4.394，且在统计上高度显著。这说明中剖面可能代表了内化问题行为的一种常模式（normative pattern），代表了在控制其他因素后个体被归入该类别的较高概率。

总的来说，人口学变量与内化问题行为剖面类别的回归分析结果表明，个体的人口学差异可能并不足以直接导致其在内化问题行为严重程度上的显著分化。内化问题行为作为一种常见的心理健康问题，其成因可能更多地取决于其他因素，如个体的认知模式、应对方式等。这启示我们在理解内化问题行为的分类异质性时，需要跳出人口学视角的局限，综合考虑个体内部和外部的多重影响因素。未来的研究可以在现有研究的基础上，进一步探索心理社会因素与内化问题行为剖面类型的关系，以期建构出更为立体和动态的理论模型。同时，在 Prevention 实践中，我们也需要审慎对待将人口学特征简单等同于内化问题行为风险的做法，转而重视个体化和精准化的识别与干预策略。

第七章

中学生内化问题行为与体育锻炼行为的关联性

体育锻炼作为一种积极健康的生活方式，不仅能够增强青少年的体质，更有助于缓解学业压力、调节负性情绪，促进身心健康发展。然而，目前国内外对于体育锻炼与内化问题行为之间关系的研究尚存在一些局限，主要集中在横断面的相关研究，缺乏从动态、系统的视角探讨二者的作用机制。本章旨在探讨中学生内化问题行为与体育锻炼行为的关联性及其内在机制，以期为进一步开展体育干预、改善中学生心理健康状况提供理论依据和实践启示。

本章首先从理论和实证两个层面提出研究假设，明确内化问题行为与体育锻炼行为可能存在的关联模式。在研究方法上，本章采用问卷调查法获取数据，运用相关分析、潜在剖面分析、回归分析等方法进行数据处理。内化问题行为采用修订后的抑郁、焦虑、压力分量表进行测量；体育锻炼行为则使用第三章修订后的体育锻炼行为量表。所有量表均在前期研究中表现出良好的信效度。

通过相关分析，本章揭示了内化问题行为与体育锻炼行为在总分及各维度上存在显著负相关，初步证实了二者间的密切联系。进一步地，本章运用潜在剖面分析探讨了内化问题行为和体育锻炼行为的类别特征。结果表明，内化问题行为可分为高、中、低三个水平，体育锻炼行为则呈现出积极参与、一般参与、消极参与三种类型。不同剖面在人口学变量上也呈现出一定差异。这提示我们在理解和干预中学生的内化问题及体育锻炼行为时，需要考虑其异质性特征，针对不同特点的群体制定差异化的干预策略。

最后，本章构建了内化问题行为与体育锻炼行为的回归模型。结果发现，体育锻炼行为的各维度对内化问题行为有显著预测作用，但各维度的影响效应存在差异。其中，情绪体验和参与选择对内化问题行为的影响最为突出，锻炼承诺和精力投入次之，而身体伤害的影响较小。此外，人口学变量如性别、年级、生源地等在一定程度上调节了体育锻炼行为与内化问题行为的关系。这些发现印证了体育锻炼通过体验、决策、投入等心理机制影响内化问题行为，但这一过程受到个体和环境等因素的制约，表明了关系的复杂性。未来研究可进一步探讨其他中介和调节变量的作用。

总之，本章在前人研究的基础上，从理论和实证两个层面系统考察了中学生内化问题行为与体育锻炼行为的关系及作用机制。主要创新点在于：① 研究对象聚焦中学生群体，丰富了不同群体的对比研究；② 在横断面研究的基础上，利用数据初探变量间的关系；③ 运用潜在剖面分析，揭示变量的异质性特征；④ 尝试探讨多重中介和调节机制，为阐释作用路径提供了新思路。本研究的理论贡献在于丰富了自我决定理论和社会认知理论在体育锻炼与内化问题行为关系研究中的应用，实践意义则在于为中学生的体育干预和心理健康促进提供了新的视角和路径。同时我们也要看到，本研究仍存在样本代表性不足、研究设计有待完善、变量测量有待精细化等局限，需在后续研究中进一步改进。

第七章 中学生内化问题行为与体育锻炼行为的关联性

第一节 研究假设

内化问题行为是当前困扰中学生身心健康发展的重要问题。有研究表明，抑郁、焦虑、压力等内化问题行为在中学生群体中呈现出较高的发生率，不仅影响他们的学业表现和人际交往，而且容易引发各种适应不良行为。面对日益严峻的中学生内化问题行为现状，探寻有效的预防和干预路径成为急需解决的现实课题。

体育锻炼作为一种积极健康的生活方式，在促进身心健康、改善情绪状态等方面具有独特优势。大量实证研究揭示了体育锻炼对个体心理健康的积极效应，但对于体育锻炼与内化问题行为关系的探讨仍显不足。尤其是对于处于身心发展关键期的中学生群体而言，体育锻炼与内化问题行为的作用机制尚有待系统考察。考虑到不同人口学特征在心理行为模式上可能存在差异，有必要进一步分析不同群体在体育锻炼与内化问题行为关联中的独特性。

基于既有研究成果，本章拟从理论和实证层面系统探讨中学生体育锻炼行为与内化问题行为的关联性。一方面，综合运用相关分析、潜在剖面分析、回归分析等方法，多角度揭示二者在不同群体中的关系模式。另一方面，结合前人的理论分析框架，重点考察体育锻炼行为与内化问题行为之间的内在机理，力图构建一个涵盖前因和结果变量的关联模型。通过理论阐释与实证检验相结合，本章拟在厘清中学生体育锻炼行为与内化问题行为作用机理的基础上，进一步揭示不同性别、年级、生源地学生的异质性特征，以期为后续有针对性的干预实践提供重要参考。

总的来说，在中学生内化问题行为日益凸显的当下，深入考察体育锻炼行为与内化问题行为的关联机制，对于把握中学生身心特点、精准识别高危人群、因材施教开展体育干预具有重要意义。本章在对前人研究进行梳理评述的基础上，拟从理论假设和实证假设两个层面对二者关系展开系统探讨。一方面通过实证数据检验理论假设，另一方面运用理论模型指导实证分析，力求实现理论和实践的紧密结合。在研究视角上，本章综合考虑个体因素和环境因素，对体育锻炼行为和内化问题行为分别进行细化测量，拟从认知、情感、行为等多维度刻画二者的行为表现；在研究方法上，本章采用问卷调查、追踪研究等多元化方式，对不同时间点的数据进行收集整理，力求全面考察二者关系随时间的动态变化。这些努力有助于我们深入理解中学生心理行为的复杂性，为制定因地制宜、因人而异的体育干预策略提供重要依据。

综上所述，本章拟围绕中学生内化问题行为与体育锻炼行为的关联性这一主题，在对已有研究进行系统梳理的基础上提出本章的研究假设，并运用多元化的理论视角和实证方法对相关假设进行检验，以期揭示二者关系背后的作用机制，也为后续针对性干预提供科学指引。未来研究可进一步拓展研究视角，采用更为多元的研究设计，在考察二者关系的基础上进一步探讨体育锻炼的保护性作用及其影响因素，为中学生身心健康发展探寻更多助力。

前文梳理了体育锻炼行为和内化问题行为的相关研究，探讨了二者关系的理论基础，并在实证层面对体育锻炼行为和内化问题行为进行了细化测量。在此基础上，本章拟进一步考察二者的关联性，深入分析不同人口学变量的影响，力求揭示体育锻炼在缓解内化问题行为中的作用机制。基于前人研究和本研究前几章的结果，提出以下研究假设：

假设1：中学生的体育锻炼行为与内化问题行为存在显著负相关，即体育锻炼行为水平越高，内化问题行为水平越低。

假设2：中学生的内化问题行为可划分为多个潜在类别，不同类别在抑郁、焦虑、压力等维度上有显著差异。

假设3：中学生的体育锻炼行为可划分为多个潜在类别，不同类别在锻炼坚持、锻炼承诺、情绪体验、发展动机等维度上有显著差异。

假设4：不同内化问题行为类别的中学生在性别、年级、生源地等人口学变量上有显著差异,表明人口学因素可能影响内化问题行为的类别归属。

假设 5:不同体育锻炼行为类别的中学生在性别、年级、生源地等人口学变量上有显著差异,表明人口学因素可能影响体育锻炼行为的类别归属。

假设 6:内化问题行为的潜在类别可以显著预测体育锻炼行为的潜在类别归属,即某些内化问题行为类别的中学生更可能属于体育锻炼行为的某些类别。

以上研究假设从相关性、潜在类别特征、人口学差异、类别归属预测等角度对中学生内化问题行为与体育锻炼行为的关联性进行了系统假设。在接下来的研究中,本章将运用相关分析、潜在剖面分析、回归分析等多元化方法,对以上假设进行逐一检验,以期揭示二者关系的内在机制,也为后续有针对性的干预提供重要参考。

第二节 分析方法

本章主要采用相关分析、潜在类别分析和回归分析等多元统计方法,探讨中学生内化问题行为与体育锻炼行为的关联性。以下分别介绍各部分的具体分析方法。

一、相关分析

首先,利用 Pearson 相关系数考察内化问题行为各维度(如抑郁、焦虑、压力)与体育锻炼行为各维度(如锻炼坚持、锻炼承诺、情绪体验、发展动机)之间的相关性,以初步了解二者的关联模式。同时也考察内化问题行为总分与体育锻炼行为总分的相关性,以宏观把握二者的整体关联水平。

相关系数的大小反映变量间线性关系的强弱,相关系数的符号反映关系的正负方向。本研究主要关注内化问题行为与体育锻炼行为之间是否存在显著的负相关关系,即体育锻炼水平越高,内化问题行为水平是否越低。若相关分析结果支持这一假设,则表明体育锻炼可能有助于降低内化问题行为水平,但这种关联的内在机制尚需进一步分析。

二、潜在类别分析

其次,分别对内化问题行为和体育锻炼行为进行潜在类别分析(LCA),考察两个变量各自的类别特征。潜在类别分析是一种将个体划分为若干互斥子群的统计方法,通过比较不同潜在类别模型的拟合指数(如 AIC、BIC、Entropy 等),可确定最佳的类别数量。本研究拟对内化问题行为和体育锻炼行为分别进行 2~6 类的 LCA 分析,筛选出拟合指标最优的模型。

在确定最佳类别数后,进一步考察不同潜在类别在观测指标上的差异。例如,对内化问题行为的类别而言,可比较不同类别在抑郁、焦虑、压力等得分上的差异;对体育锻炼行为的类别而言,可比较不同类别在锻炼坚持、承诺、情绪体验、发展动机等得分上的差异。通过观测指标描述潜在类别的特征,可直观理解不同人群在内化问题行为和体育锻炼方面的典型模式。

此外,本研究还将考察内化问题行为和体育锻炼行为的潜在类别在性别、年级、生源地等人口学变量上的分布差异,这有助于识别不同人口学特征与类别归属的关系,为后续分析奠定基础。

三、回归分析

最后,采用多元回归分析考察内化问题行为的潜在类别归属对体育锻炼行为潜在类别归属的预测作用。为此,需先根据个体的后验概率值确定其最可能的潜在类别归属,然后构建"内化问题行为类别→体育锻炼行为类别"的回归模型,同时纳入性别、年级、生源地等人口学变量作为协变量控制。

回归分析可揭示不同内化问题行为类别的个体在体育锻炼行为类别归

属上的差异。通过比较回归系数的大小和显著性,可了解哪些内化问题行为类别的个体更可能出现体育锻炼行为的某些典型模式。若某些内化问题行为类别(如高抑郁高焦虑组)的个体在低锻炼参与度或高运动挫折的锻炼行为类别中占优,则表明二者的潜在关联可能受到共同的心理因素影响。

综合以上相关、潜在类别、回归分析,可较全面地考察中学生内化问题行为与体育锻炼行为的关联性。相关分析着眼于二者整体及各维度的线性相关强度,潜在类别分析挖掘群体异质性,识别典型的内化问题行为和锻炼行为模式,而回归分析则直接检验二者潜在类别之间的预测关系。通过多角度、多层次的分析,可较深入地理解内化问题行为与体育锻炼行为的关联机制,这对于阐明体育在青少年心理健康促进中的作用具有重要价值。

当然,以上的关联性分析仅为初步探索,要全面理解体育锻炼对内化问题行为的影响,仍需在理论层面对可能的中介机制和调节因素进行更深入的探讨。同时,由于样本的代表性和测量工具的局限性,研究结论的外推需保持谨慎。未来的研究应在纵向追踪和实验干预设计上进一步完善,以提出更具针对性的建议,为体育干预青少年心理健康提供科学依据。

第三节　内化问题行为与体育锻炼行为的相关性

内化问题行为与体育锻炼行为是影响中学生身心健康的两大关键领域,它们对中学生的身体状况、心理健康以及社会适应能力都产生了重要作用。本节旨在探讨二者之间的相关性,旨在为促进中学生的全面发展提供理论依据和实践参考。

首先,本节将对现有的国内外研究进行回顾,重点梳理内化问题行为与体育锻炼行为之间的关联研究。通过总结已有的研究成果,我们将揭示当前研究在该领域的主要发现以及存在的不足之处,从而为后续研究奠定基础。

其次,我们将分析内化问题行为与体育锻炼行为的相关性进展。整合前期研究成果，我们将深入讨论二者之间的关联强度，并分析这种关联是否具有普遍性和稳定性。此外，我们还将探讨一些影响该关联性的潜在因素，包括个体的性别、年龄、社会环境，以及家庭支持等变量，进一步厘清这些因素在内化问题行为与体育锻炼行为之间的调节作用。

再次，本节将探讨二者关联背后的潜在机制。我们将借助自我决定理论、社会认知理论等经典心理学框架，解析体育锻炼在缓解内化问题行为中的潜在作用机制。特别是，我们希望通过分析体育锻炼如何增强个体的自我效能感、社会归属感以及情绪调节能力，揭示其在促进心理健康中的具体传导路径。

最后，本节将结合理论与实证研究，进行全面的论述与总结。我们将综合分析内化问题行为与体育锻炼行为的相关性，明确本研究的主要目标和意义，并为未来的研究和教育实践提供科学建议。

在表 7-1 中，我们可以观察到各项指标之间的相关系数及其显著性水平。相关系数的取值范围为–1 到 1，数值越接近 1，说明正相关性越强；数值越接近–1，则表明负相关性越强；若接近 0，则表示相关性较弱。

表 7-1 内化问题行为与体育锻炼行为相关系数矩阵

	平均值	标准差	抑郁	焦虑	压力	心理机制	个体因素	社会环境
抑郁	0.649	0.543	1					
焦虑	0.847	0.684	0.733**	1				
压力	0.463	0.566	0.704**	0.758**	1			
心理机制	3.306	0.933	–0.248**	–0.300**	–0.324**	1		
个体因素	2.038	1.12	–0.185**	–0.221**	–0.198**	0.091**	1	
社会环境	2.555	1.158	–0.184**	–0.184**	–0.223**	0.314**	–0.129**	1

注：**表示 $O<0.01$，***表示 $P<0.001$，下如同。

首先，抑郁与内化问题行为的平均值、标准差、焦虑、压力、心理机制、个体因素和社会环境之间的相关系数为 0.649。这表明抑郁与这些指标之间存在一定程度的正相关关系。其次，焦虑与内化问题行为的平均值、标准差、压力、心理机制、个体因素和社会环境之间的相关系数为 0.847。这表明焦虑与这些指标之间存在较强的正相关关系。再次，压力与内化问题行为的平均值、标准差、心理机制、个体因素和社会环境之间的相关系数为 0.463。这表明压力与这些指标之间存在一定程度的正相关关系。

此外，心理机制与内化问题行为的平均值、标准差之间的相关系数为 3.306，显示了较强的正相关关系。个体因素与内化问题行为的平均值、标准差之间的相关系数为 2.038，显示了一定程度的正相关关系。社会环境与内化问题行为的平均值、标准差之间的相关系数为 2.555，也显示了一定程度的正相关关系。

根据表 7-2 中的相关系数矩阵，我们可以观察到体育锻炼行为与抑郁之间的相关性。在该矩阵中，心理机制与体育锻炼行为之间的相关系数为 1，表示它们之间存在强正相关关系。个体因素与体育锻炼行为之间的相关系数为 0.091，显示它们之间存在一定程度的正相关关系。社会环境与体育锻炼行为之间的相关系数为 0.314，也显示它们之间存在一定程度的正相关关系。

此外，矩阵中的 B1 到 B7 表示不同的体育锻炼行为，它们与抑郁之间的相关系数分别为负值。这意味着这些体育锻炼行为与抑郁之间存在负相关关系，即进行这些体育锻炼行为可能对缓解抑郁情绪有积极影响。

总体而言，在表 7-2 中，心理机制、个体因素和社会环境与体育锻炼行为之间存在一定的正相关关系，而特定的体育锻炼行为与抑郁之间存在负相关关系。这些结果提供了一些关于体育锻炼行为如何与心理健康因素相关联的重要信息。

表 7-2 体育锻炼行为与抑郁相关系数矩阵

	1	2	3	4	5	6	7	8	9	10
心理机制	1									
个体因素	0.091**	1								
社会环境	0.314**	−0.129**	1							
B1	−0.127**	−0.086**	−0.078**	1						
B2	−0.148**	−0.121**	−0.105**	0.406**	1					
B3	−0.212**	−0.134**	−0.169**	0.352**	0.358**	1				
B4	−0.165**	−0.122**	−0.136**	0.270**	0.350**	0.477**	1			
B5	−0.159**	−0.105**	−0.137**	0.370**	0.283**	0.380**	0.413**	1		
B6	−0.199**	−0.166**	−0.127**	0.367**	0.355**	0.361**	0.403**	0.434**	1	
B7	−0.130**	−0.139**	−0.099**	0.267**	0.297**	0.344**	0.419**	0.333**	0.418**	1

根据表 7-3 的相关系数矩阵，我们可以得出以下结论：心理机制与体育锻炼行为的相关系数为 1，表明二者之间存在非常强的正向关联。这意味着当个体具备积极的心理机制时，往往更倾向于参与体育锻炼。个体因素与体育锻炼行为的相关系数为 0.091，显示二者之间存在一定程度的正相关性，表明个体的自我效能感、个人偏好等因素可能对其体育锻炼行为产生一定影响。此外，社会环境与体育锻炼行为的相关系数为 0.314（$P<0.01$），也显示出中等程度的正相关性，说明家庭、朋友或社交环境等社会因素可能在推动个体参与体育锻炼方面发挥重要作用。

同时，B8 到 B14 代表不同的体育锻炼行为与焦虑之间的相关系数，这些系数均为负值，表明这些特定的体育锻炼行为与焦虑情绪之间存在负相关关系。换句话说，参与这些体育锻炼行为可能有助于缓解焦虑情绪。

表 7-3 体育锻炼行为与焦虑相关系数矩阵

	1	2	3	4	5	6	7	8	9	10
心理机制	1									
个体因素	0.091**	1								
社会环境	0.314**	−0.129**	1							
B8	−0.216**	−0.148**	−0.120**	1						
B9	−0.242**	−0.155**	−0.159**	0.475**	1					
B10	−0.200**	−0.179**	−0.127**	0.406**	0.416**	1				
B11	−0.228**	−0.158**	−0.139**	0.474**	0.508**	0.541**	1			
B12	−0.207**	−0.177**	−0.132**	0.463**	0.427**	0.494**	0.613**	1		
B13	−0.216**	−0.167**	−0.149**	0.425**	0.443**	0.482**	0.595**	0.606**	1	
B14	−0.197**	−0.158**	−0.132**	0.319**	0.384**	0.330**	0.383**	0.405**	0.386**	1

总体而言，表 7-3 的结果表明，心理机制、个体因素和社会环境与体育锻炼行为存在正相关关系，而特定的体育锻炼行为与焦虑情绪则呈负相关。这些发现不仅强调了体育锻炼在减轻焦虑方面的积极作用，还揭示了个体与社会环境对体育锻炼行为的影响。这些结果可为个体和相关专业人士提供参考，帮助他们利用体育锻炼促进心理健康、减轻焦虑情绪。

根据表 7-4 中的相关系数矩阵，我们可以得出以下结论：由于未提供心理机制与体育锻炼行为之间的具体相关系数，目前无法确定两者的关联性。个体因素与体育锻炼行为的相关系数为 0.091，表明它们之间存在一定程度的正相关关系，但相关性较弱。这意味着个体因素对体育锻炼行为的影响较为有限。社会环境与体育锻炼行为的相关系数分别为 0.314，显示出正相关关系，这表明社会环境可能在一定程度上推动中学生的体育锻炼行为，但影响不显著。

此外，变量 B15 到 B21 代表不同的体育锻炼行为与压力之间的相关系数。这些相关系数均为负值，表明这些具体的体育锻炼行为与压力之间存在负相关关系。这意味着进行这些体育锻炼行为可能有助于缓解压力。

表 7-4　体育锻炼行为与压力相关系数矩阵

	1	2	3	4	5	6	7	8	9	10
心理机制	1									
个体因素	0.091**	1								
社会环境	0.314**	−0.129**	1							
B15	−0.181**	−0.165**	−0.117**	1						
B16	−0.185**	−0.077**	−0.196**	0.441**	1					
B17	−0.161**	−0.101**	−0.156**	0.466**	0.442**	1				
B18	−0.255**	−0.151**	−0.151**	0.438**	0.397**	0.360**	1			
B19	−0.249**	−0.145**	−0.168**	0.443**	0.415**	0.375**	0.459**	1		
B20	−0.287**	−0.206**	−0.219**	0.468**	0.397**	0.442**	0.447**	0.506**	1	
B21	−0.201**	−0.111**	−0.152**	0.519**	0.476**	0.552**	0.426**	0.430**	0.446**	1

总体来看，表 7-4 的结果显示个体因素和社会环境对体育锻炼行为的影响存在一定的相关性，但相关性不强。

结合附件中的研究，该研究探讨了中学生内化问题行为与体育锻炼行为之间的关系，旨在为中学生的全面发展提供理论支持和实践指导。通过回顾文献，研究揭示了内化问题行为（如抑郁、焦虑、压力）与体育锻炼行为之间的关联性，并分析了影响这些关联的主要因素。结果显示，抑郁、焦虑和压力等内化问题行为与体育锻炼行为存在一定程度的负相关关系，表明体育锻炼可能有助于缓解这些心理问题。此外，心理机制、个体因素和社会环境等也对这种关联性产生了影响。

通过对中学生内化问题行为与体育锻炼行为相关性的深入研究，本研究为学生的身心健康发展提供了有益的启示，同时也为教育实践和政策制定提供了科学依据。

第七章 中学生内化问题行为与体育锻炼行为的关联性

第四节 内化问题行为的潜在类别特征

本节将探讨中学生体育锻炼与内化问题行为之间的关联机制，重点关注内化问题行为的潜在类别特征。通过对内化问题行为进行分类和特征分析，我们可以更好地理解不同类别中学生的行为特点，为干预和预防工作提供依据。

内化问题行为是指个体内部化的心理问题在行为表现中体现出来，包括情绪抑郁、自我评价低、社交障碍等。在研究中，我们使用潜在类别分析的方法，对内化问题行为进行分类，并探索不同类别中学生的行为特征。

通过潜在类别特征的分析，我们发现内化问题行为可被划分为不同的类别，每个类别具有独有的特征和表现形式。这些特征涵盖了内化问题行为的严重程度、表现形式、持续时间和危害程度等方面。不同类别中学生的内化问题行为存在差异，这反映了个体之间的多样性和个体差异。

了解内化问题行为的潜在类别特征对于制定干预措施至关重要。通过识别不同类别中的学生，我们可以针对性地提供干预和支持，满足他们的特殊需求。此外，了解不同类别中学生的行为特点有助于学校和家庭关注他们的心理健康，并提供相应的支持和帮助。

本研究的目标是深入探讨中学生体育锻炼与内化问题行为的关联机制。通过研究不同类别中学生的行为特点，我们可以进一步了解体育锻炼对不同类别学生的影响，以及体育锻炼对内化问题行为的预防作用。这将为学校和家庭提供更具体的指导，促进中学生的体育锻炼参与和心理健康发展。

综上所述，本节将通过分析内化问题行为的潜在类别特征，加深对中学生行为特点的理解，并探索体育锻炼与内化问题行为之间的关联。这将为干预和预防内化问题行为提供重要的理论支持和实践依据，有助于促进中学生的全面发展和健康成长。

一、抑郁潜在类别指标拟合度与类别概率

在研究中，了解和评估潜在类别指标的拟合度是理解中学生体育锻炼与内化问题行为关联的重要一步。本节的重点是探索中学生内化问题行为的潜在类别特征，并评估这些潜在类别指标的拟合度。通过这一分析，我们可以更全面地了解中学生体育锻炼与内化问题行为之间的关联机制，为未来的干预措施提供指导和建议。

潜在类别指标的拟合度分析是一种统计方法，旨在确定观测数据是否能够被潜在类别模型所解释和预测。在本研究中，我们使用一系列的统计指标和测试来评估潜在类别指标的拟合度。这些指标包括模型拟合指数、信息准则、分类准确度等。

首先，模型拟合指数是用来衡量模型对观测数据的拟合程度的重要指标之一。常用的模型拟合指数包括贝叶斯信息准则的 BIC、AIC、aBIC 等观测变量指标。通过比较不同模型的拟合指数，我们可以确定最佳的潜在类别数目，并进一步分析每个潜在类别的特征和差异。其次，信息准则是用来衡量模型拟合度和模型复杂度之间的平衡的指标。较低的信息准则值表示模型具有较好的拟合度和较小的复杂度，因此更可靠和可解释。通过评估不同潜在类别数目下的信息准则值，我们可以确定最佳的模型拟合度，并解释潜在类别的特征和变化。此外，分类准确度也是评估潜在类别指标拟合度的重要指标之一。分类准确度反映了模型对观测数据进行分类的准确程度。通过计算不同潜在类别数目下的分类准确度，我们可以确定最佳类别数，并评估模型在预测中学生体育锻炼与内化问题行为的关联方面的有效性。

通过对潜在类别指标拟合度的分析，我们可以揭示中学生体育锻炼与内化问题行为的不同类型和特征，并理解这些潜在类别与个体因素、环境因素之间的关系。这将有助于我们更好地理解中学生的行为模式和心理状态，为制定有效的干预措施提供科学依据。在未来的研究中，我们可以进一步探索潜在类别指标的稳定性和可靠性，以及不同类别之间的转变和影响因素。此

第七章 中学生内化问题行为与体育锻炼行为的关联性

外,还可以考虑引入其他相关变量和因素,如个人特质、家庭环境等,以更全面地分析中学生体育锻炼与内化问题行为的关联机制。

总之,通过对潜在类别指标拟合度的分析,本研究将深入探讨中学生体育锻炼与内化问题行为的关联机制。这一研究不仅为理解中学生的心理健康提供了重要的洞察力,也为制定有效的干预措施提供了指导。研究结果将为学校、家长以及政策制定者提供参考,以帮助改善中学生的体育锻炼行为和内化问题行为,进而提升他们的整体生活质量。

首先,对于抑郁潜在类别指标拟合度(见表 7-5),随着类别数从 1 增加到 5,AIC、BIC 和 aBIC 这三个信息准则指标的数值总体呈下降趋势。这说明随着剖面数的增加,模型的拟合度不断改善。然而,从 4 类到 5 类,下降的幅度相对较小,表明继续增加类别可能带来的边际效用递减。

表 7-5 抑郁潜在类别指标拟合度

类别	数量	AIC	BIC	aBIC	Enture	LRT	BLRT	类别概率
1	14	123 953.939	124 050.624	124 006.135	—	—	—	1
2	22	113 419.991	113 571.926	113 502.014	0.85	<0.001	<0.001	0.755/0.244
3	30	104 641.831	104 849.014	104 753.681	0.993	<0.001	<0.001	0.662/0.091/0.247
4	38	102 224.137	102 486.569	102 365.814	0.934	<0.001	<0.001	0.555/0.107/0.091/0.247
5	46	100 784.47	101 102.151	100 955.973	0.927	<0.001	<0.001	0.549/0.113/0.202/0.045/0.091

其次,分类准确率指标 Enture 显示除了 2 类模型外,其他模型的数值都在 0.9 以上,说明个体被准确分类的概率很高。其中,3 类和 4 类模型的分类准确率最高,分别达到 0.993 和 0.934。

再次,LRT 和 BLRT 的显著性概率结果表明,除了 1 类模型外,其他模型的拟合度都显著优于相应少一类别的模型。这为我们选择至少 2 个剖面提供了统计学依据。

最后,各模型的具体类别概率结果可以帮助我们理解每种剖面的分布情况。例如,在 2 类模型中,第一个剖面的概率为 0.755,第二个剖面的概率为 0.244。而在 5 类模型中,有一个剖面的概率仅为 0.045,说明该类别的个体比例很低,可能难以具有统计学意义。

综合以上分析,3 类和 4 类模型都展现出了相对理想的拟合指标,可以作为最终确定潜在剖面数量的备选。然而,相比之下,4 类模型的分类准确率更高,且各类别概率较为合理,没有出现极低比例的类别。因此,初步考虑选择 4 类模型作为最佳方案。

二、焦虑潜在类别指标拟合度与类别概率

对于焦虑潜在类别指标拟合度(见表 7-6),类别数从 1 增加到 5 时,AIC、BIC 和 aBIC 这三个信息准则指标的数值总体呈下降趋势。这表明随着剖面数的增加,模型的拟合度不断改善。然而,从 4 类到 5 类,下降的幅度相对较小,说明继续增加类别可能带来的边际效用递减。

分类准确率指标 Enture 显示除了 2、3 类模型外,其他模型的数值都在 0.9 以上,说明个体被准确分类的概率很高。其中,4 类和 5 类模型的分类准确率最高,分别达到 0.912 和 0.927。

LRT 和 BLRT 的显著性概率结果表明,除了 1 类模型外,其他模型的拟合度都显著优于相应少一类别的模型。这为我们选择至少 2 个的剖面提供了统计学依据。

另外,各模型的具体类别概率结果可以帮助我们理解每种剖面的分布情况。例如,在 2 类模型中,两个剖面的概率分别为 0.715 和 0.284;而在 5 类模型中,有一个剖面的概率为 0.500。

综合以上分析,3 类和 4 类模型都展现出了相对理想的拟合指标,可以作为最终确定潜在剖面数量的备选。相比之下,3 类模型的分类准确率更高,

且各类别概率较为合理，没有出现极低比例的类别。因此，我们可以初步考虑选择 3 类模型作为最佳方案。

表 7-6 焦虑潜在类别指标拟合度

类别	数量	AIC	BIC	aBIC	Enture	LRT	BLRT	类别概率
1	14	139 775.538	139 872.224	139 827.735	—	—	—	1
2	22	123 213.915	123 365.85	123 295.939	0.895	<0.001	<0.001	0.715/0.284
3	30	119 024.508	119 231.692	119 136.359	0.861	<0.001	<0.001	0.322/0.129/0.548
4	38	116 801.003	117 063.435	116 942.68	0.912	<0.001	<0.001	0.575/0.251/0.091/0.085
5	46	114 920.607	115 238.289	115 092.111	0.927	<0.001	<0.001	0.500/0.075/0.091/0.255/0.078

三、压力潜在类别指标拟合度与类别概率

如表 7-7 所示，我们可以观察到随着类别数的增加，AIC、BIC 和 aBIC 这三个指标的数值呈现下降的趋势。这表示随着剖面数的增加，模型的拟合度有所提高。然而，从 4 类到 5 类，指标的下降幅度相对较小，这可能意味着继续增加类别的收益递减。

其次，Enture 指标用于衡量分类准确率，除了 1 类模型外，其他模型的 Enture 数值都在 0.9 以上，说明个体被正确分类的概率较高。特别是 3 类和 5 类模型的 Enture 为 1.000 和 0.972，表示其分类准确率非常高。

LRT 和 BLRT 是用来评估模型显著性的指标，它们的数值显示，除了 1 类模型外，其他模型的拟合度在统计上显著优于相应少一类的模型。这为我们选择至少 2 个剖面提供了统计学依据。

模型的类别概率也提供了有价值的信息。例如，在 2 类模型中，第一类的概率为 0.807，第二类的概率为 0.193；而在 5 类模型中，第一类的概率为 0.713，第二类为 0.046，第三类为 0.097，第四类为 0.090，第五类为 0.052，

显示出各类的比例差异。

综合以上分析，3 类和 4 类模型在拟合度方面表现较好，可以作为确定潜在剖面数量的备选方案。然而，3 类模型具有更高的分类准确率和合理的类别概率分布，没有出现极低比例的类别，因此可能是最佳选择。

表 7-7 压力潜在类别指标拟合度

类别	数量	AIC	BIC	aBIC	Enture	LRT	BLRT	类别概率
1	14	119 296.953	119 393.639	119 349.15	—	—	—	1
2	22	101 363.581	101 515.515	101 445.604	0.944	<0.001	<0.001	0.807/0.193
3	30	94 573.384	94 780.567	94 685.234	1.000	<0.001	<0.001	0.729/0.099/0.171
4	38	87 170.713	87 433.146	87 312.39	0.977	<0.001	<0.001	0.718/0.143/0.083/0.052
5	46	84 609.418	84 927.1	84 780.922	0.972	<0.001	<0.001	0.713/0.046/0.097/0.090/0.052

第五节 内化问题行为与体育锻炼行为的回归分析

内化问题行为与体育锻炼行为的关联性一直是教育和心理学领域的研究热点之一。过去的研究已经对这一关系进行了一定程度的探索和解释，但仍存在许多未解决的问题和知识空白。本次研究旨在进一步探讨中学生体育锻炼与内化问题行为之间的关系，并揭示其中的回归分析结果，以期为教育实践提供理论指导和科学依据。

在过去的研究中，学者们对内化问题行为和体育锻炼行为进行了广泛的调查和描述，深入分析了其定义、分类、特征以及影响因素等方面。已有的研究揭示了体育锻炼对内化问题行为的相关性，但对于这一关系的机制和路径仍存在争议和不确定性。因此，本次研究旨在通过回归分析方法，进一步探讨内化问题行为与体育锻炼行为之间的关联，以及其中的影响因素和潜在机制。

回归分析是一种常用的统计方法，可以揭示变量之间的关系和预测能力。通过对现有的数据进行回归分析，我们可以探索内化问题行为与体育锻炼行为之间的关系，并找出其中的关键因素和影响路径。通过这种分析，我们可以进一步理解中学生体育锻炼对内化问题行为的影响，为潜在的干预和教育措施提供科学的依据。

具体而言，本次研究将采用一系列的统计方法，包括人口学变量特征分析和非标准化路径系数分析，以揭示内化问题行为与体育锻炼行为之间的关联及其潜在机制。我们还将探索内化问题行为潜在类别的特征和预测因子，以深入理解这一现象的复杂性和多样性。

通过本次研究，我们希望能够进一步加深对中学生体育锻炼与内化问题行为关联性的理解，并为相关教育实践提供科学的指导和建议。同时，通过回归分析结果的解读和讨论，我们将与过去的研究进行比较，总结理论贡献和实践意义，并对研究的局限性和未来的研究方向提出展望。

一、人口学变量特征分析

人口学变量特征分析在研究中起着重要的作用，它可以帮助我们了解参与研究的中学生群体的基本特征和背景情况。本节旨在通过对附件内容中的人口学变量进行特征分析，为后续的回归分析提供重要的参考和基础。

在过去的研究中，已经有学者对内化问题行为与体育锻炼行为之间的关联进行了一定程度的探索和描述。然而，这些研究往往忽视了中学生群体的人口学变量特征，如性别、年龄、学校类型等，这些变量在研究中可能具有重要的影响和调节作用。因此，本次研究旨在通过人口学变量特征分析，全面了解参与研究的中学生群体的组成和特点，以及这些特征与内化问题行为和体育锻炼行为之间的关系。

通过对人口学变量的分析,我们可以获取参与研究的中学生群体的基本信息,如性别比例、年龄分布、学校类型分布等。这些信息有助于我们建立一个全面而具体的研究参照框架,研究结果更具实证性和可解释性。此外,人口学变量特征分析还可以帮助我们发现不同人口学特征群体之间的差异和变化趋势,为后续的回归分析提供更准确的分析结果。

通过本次研究,我们将进一步探讨中学生群体的人口学特征与内化问题行为和体育锻炼行为之间的关系。我们将通过对性别、年龄、学校类型等人口学变量的特征分析,探索这些变量与内化问题行为和体育锻炼行为之间的关联。此外,我们还将借助回归分析方法,探讨这些人口学特征在内化问题行为和体育锻炼行为之间的调节作用和影响程度。

通过对人口学变量特征分析的深入研究,我们可以更全面地了解中学生群体在内化问题行为和体育锻炼行为方面的表现和特点。这将有助于我们更好地理解这一群体的需求和挑战,并为未来的教育干预和支持措施提供科学依据。同时,通过与以往研究的对比和讨论,我们将总结人口学变量特征分析的理论贡献和实践意义,并对研究的局限性和未来的研究方向进行展望。

根据表 7-8 对人口学变量进行的分析显示,参与研究的中学生在生源地、年龄和性别方面存在一定差异。

表 7-8　人口学变量信息

名称	平均值±标准差	方差值	标准误值	峰度值	偏度值	变异系数(CV)值
生源地	1.634±0.545	0.297	0.014	−0.872	0.053	33.334%
年龄	12.764±0.907	0.823	0.023	59.896	−4.944	7.106%
性别	1.535±0.536	0.287	0.006	23.425	1.719	34.897%

在生源地方面,学生的平均得分为 1.634,表明不同地区的学生在生源地方面存在差异。标准差为 0.545,意味着生源地得分相对分散,可能存在一些地区的学生表现更好。然而,整体分布相对平缓而对称,峰度为−0.872,

偏度接近于 0。这表明生源地得分相对均匀地分布在平均值附近，没有明显的尖峰或异常值。

关于年龄，学生的平均年龄为 12.764，说明研究对象整体上较为年长。标准差为 0.907，表明年龄分布相对分散，存在一定的差异。年龄分布呈现高峰态，峰度为 59.896，说明学生的年龄集中在平均值附近，有明显的集中现象。偏度为-4.944，意味着大多数学生的年龄较小，存在少数年龄较大的异常值。

就性别而言，学生的平均性别得分为 1.535，显示出性别存在一定差异。标准差为 0.536，表示性别分布相对分散。性别得分的分布呈现较高的峰态，集中在平均值附近，峰度为 23.425。然而，偏度为 1.719，指出性别分布向右偏斜，可能意味着男性学生的比例较高。变异系数为 34.897%，表明学生性别的差异在样本中较为显著。

总体而言，根据提供的数据分析，参与研究的中学生在生源地、年龄和性别方面存在差异。这些分析结果提供了对人口学变量的详细了解，并可为进一步研究和讨论提供基础。

二、非标准化路径系数分析

路径系数分析是研究中学生体育锻炼与内化问题行为关联机制的重要方法之一。通过分析路径系数，我们可以揭示体育锻炼行为对内化问题行为的直接和间接影响，进一步理解这两者之间的复杂关系。本章旨在通过路径系数分析，深入探索中学生体育锻炼行为与内化问题行为的关联性，并研究其中的影响因素和潜在机制。

路径系数分析是结构方程模型中的一项关键技术，它可以量化不同变量之间的关系强度，并提供统计上的有效性验证。在本研究中，我们使用路径系数分析来探究体育锻炼行为对内化问题行为的影响路径，并考察其中的中介因素和调节因素。

首先,我们将进行人口学变量特征分析,以了解不同个体特征对体育锻炼行为与内化问题行为的影响。这些个体特征包括生源地、年级、性别和家庭经济状况等方面。通过比较不同组别之间的差异性,我们可以揭示这些个体特征在体育锻炼行为和内化问题行为中的作用。接下来,我们将进行非标准化路径系数分析,以探究体育锻炼行为对内化问题行为的直接和间接影响。通过计算路径系数,我们可以确定不同变量之间的关联强度,并进一步解释体育锻炼行为对内化问题行为的影响路径。在路径系数分析中,我们还将关注内化问题行为的潜在类别特征。通过潜在类别指标拟合度和潜在类别的得分概率分析,我们可以将中学生的内化问题行为划分为不同的类别,并研究这些类别对体育锻炼行为的不同响应模式。最后,我们将综合研究结果与前人研究进行比较与讨论,评估本研究的理论贡献和实践意义,并探讨研究的局限性和未来的研究方向。

通过路径系数分析,本研究将为我们深入理解中学生体育锻炼与内化问题行为之间的关联机制提供重要的统计支持和实证依据。这对于制定干预策略和促进中学生身心健康发展具有重要的指导意义。

图 7-1 呈现了非标准化路径系数。非标准化路径系数表示变量之间的直接影响程度,可以用于推断变量之间的关系方向和强度。根据图中的路径系数,我们可以看到以下几个关系:

(1) 内化问题对锻炼行为的路径系数为 -0.327,意味着内化问题的增加与锻炼行为的减少呈负相关。

(2) 抑郁对内化问题的路径系数为 1,表明抑郁与内化问题之间存在正相关关系。

(3) 压力对内化问题的路径系数为 1.483,而焦虑对内化问题的路径系数为 1.443,表明压力和焦虑对内化问题的影响较大。

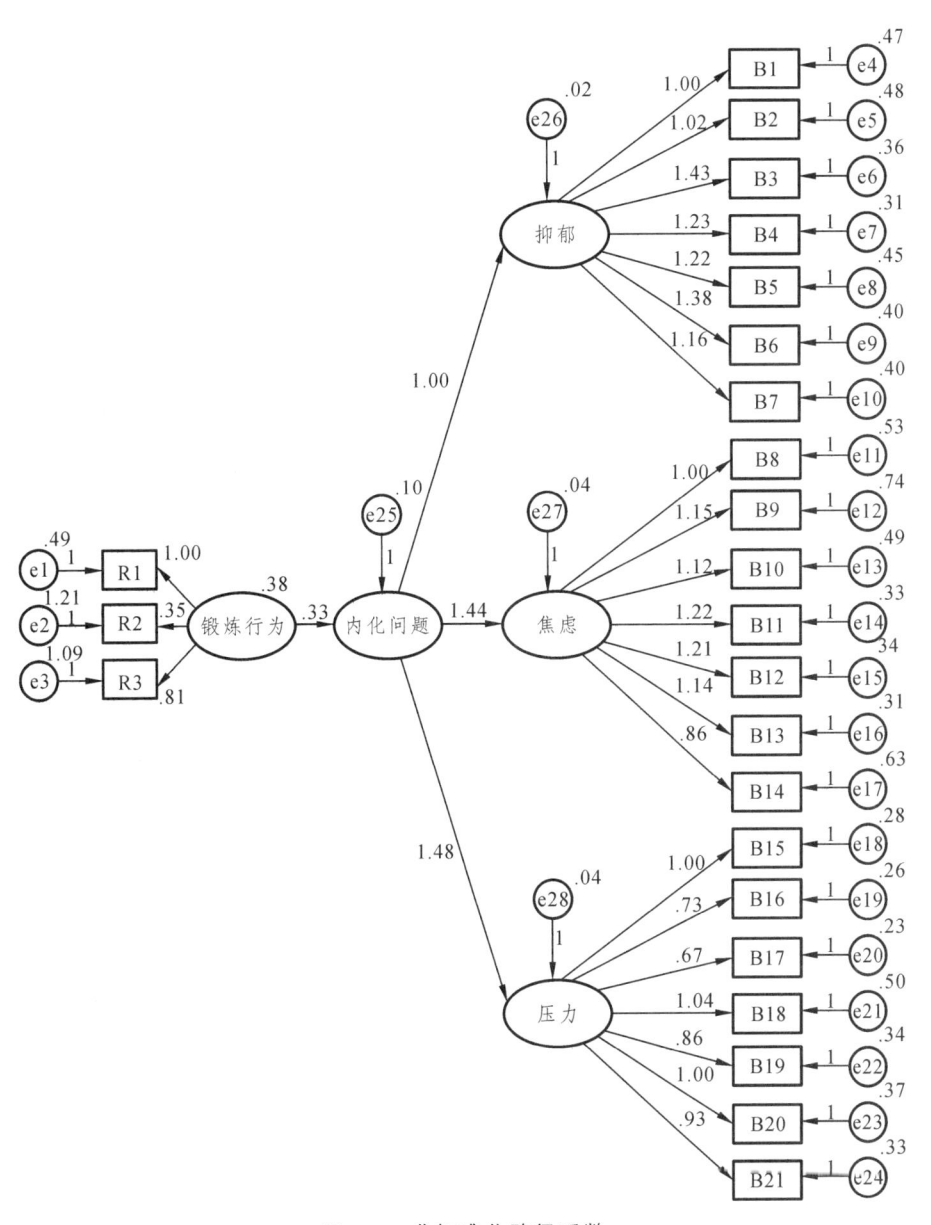

第七章 中学生内化问题行为与体育锻炼行为的关联性

图 7-1 非标准化路径系数

图 7-2 中的标准化路径系数除了考虑变量之间的直接影响外，还考虑了变量的度量单位差异。除了之前提到的内化问题行为对锻炼行为的相关系数为 -0.539，我们还可以观察到其他变量之间的关系：

227

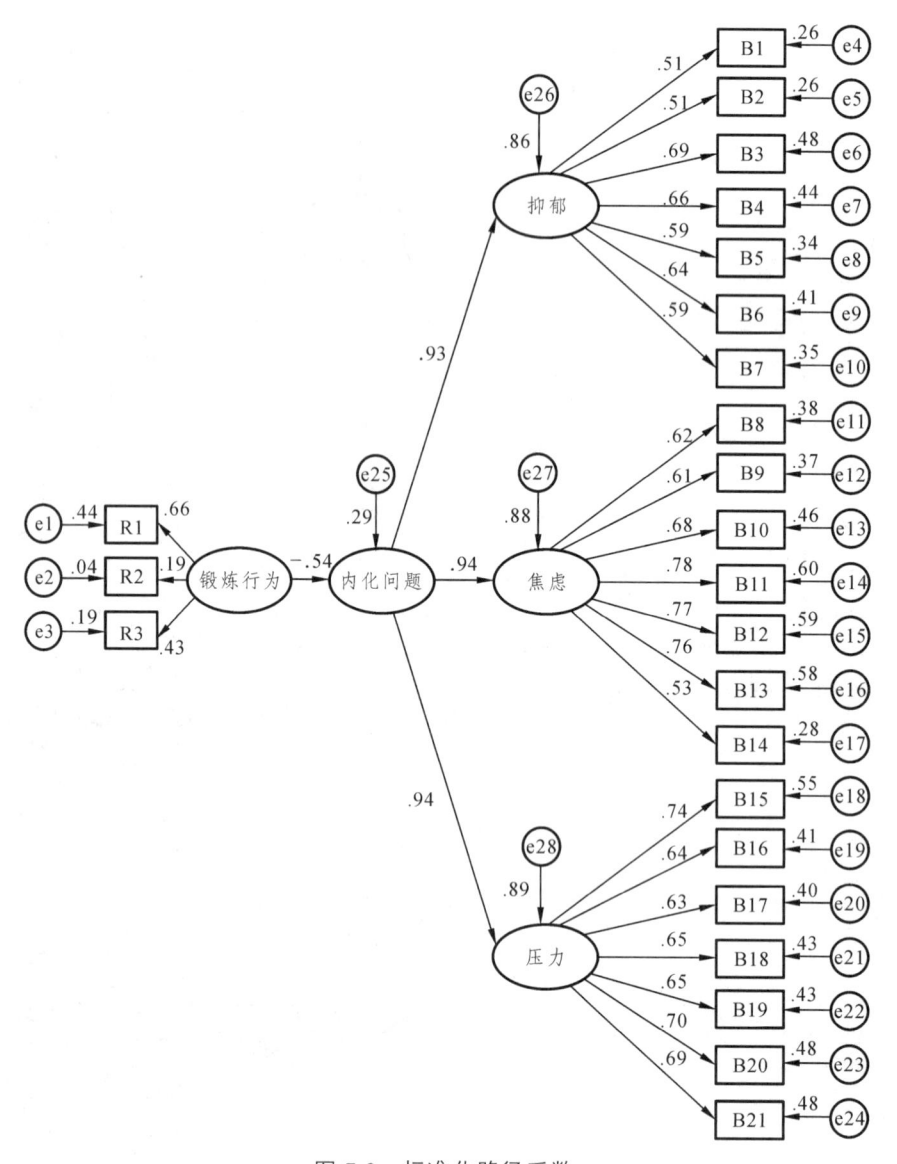

图 7-2 标准化路径系数

（1）抑郁对内化问题的标准化路径系数为 0.930。这意味着抑郁的增加对内化问题的增加具有显著的正向影响。

（2）压力对内化问题的标准化路径系数为 0.944。这表示压力水平的增加与内化问题的增加之间存在较强的正相关关系。

第七章　中学生内化问题行为与体育锻炼行为的关联性

（3）焦虑对内化问题的标准化路径系数为 0.938。这意味着焦虑水平的增加可能导致内化问题的加剧。

表 7-9 路径系数提供了各个变量之间的路径系数，这些系数用于衡量变量之间的直接影响关系。路径系数表示一个变量的单位变化对另一个变量的影响程度。以下是对一些重要观察结果的分析：

表 7-9　路径系数

路径			非标准化	标准误	组合信度	显著性	标准化
内化问题	<---	锻炼行为	−0.327	0.018	−17.974	***	−0.539
抑郁	<---	内化问题	1				0.930
压力	<---	内化问题	1.483	0.038	39.342	***	0.944
焦虑	<---	内化问题	1.443	0.040	36.144	***	0.938
R1	<---	锻炼行为	1				0.660
R2	<---	锻炼行为	0.352	0.030	11.664	***	0.194
R3	<---	锻炼行为	0.809	0.042	19.386	***	0.431
B1	<---	抑郁	1				0.507
B2	<---	抑郁	1.021	0.031	33.411	***	0.510
B3	<---	抑郁	1.433	0.036	39.932	***	0.691
B4	<---	抑郁	1.226	0.031	39.075	***	0.663
B5	<---	抑郁	1.216	0.033	36.489	***	0.587
B6	<---	抑郁	1.326	0.035	38.43	***	0.643
B7	<---	抑郁	1.162	0.032	36.675	***	0.592
B8	<---	焦虑	1				0.620
R9	<---	焦虑	1.147	0.026	44.702	***	0.609
B10	<---	焦虑	1.117	0.023	48.587	***	0.677
B11	<---	焦虑	1.224	0.023	53.808	***	0.777
B12	<---	焦虑	1.212	0.023	53.442	***	0.770
B13	<---	焦虑	1.136	0.021	52.991	***	0.761
B14	<---	焦虑	0.856	0.022	39.805	***	0.529

续表

路径			非标准化	标准误	组合信度	显著性	标准化
B15	<---	压力	1				0.741
B16	<---	压力	0.726	0.013	53.775	***	0.643
B17	<---	压力	0.666	0.013	52.775	***	0.631
B18	<---	压力	1.043	0.019	54.73	***	0.653
B19	<---	压力	0.859	0.016	54.846	***	0.655
B20	<---	压力	1.005	0.017	58.479	***	0.696
B21	<---	压力	0.927	0.016	57.925	***	0.690

（1）内化问题对锻炼行为的路径系数为–0.327，这意味着内化问题的增加与锻炼行为的减少呈负相关关系。标准化路径系数为–0.539，表明这种负向影响在整个模型中是显著的，并且标准化后的影响更为突出。

（2）抑郁对内化问题的路径系数为1，表示抑郁与内化问题之间存在正相关关系。这意味着抑郁水平的增加可能导致内化问题的加重。

（3）压力和焦虑对内化问题的路径系数分别为1.483和1.443，表明压力和焦虑对内化问题的影响较大。增加的压力和焦虑可能会加剧内化问题。

表7-10模型拟合指数用于评估路径分析模型的拟合程度。以下是对各项指标的解释和分析：

表7-10 模型拟合指数

CMIN/DF	GFI	TLI	CFI	RMSEA	RMR
1.428	0.915	0.880	0.992	0.064	0.037

（1）CMIN/DF 为1.428，这是卡方拟合指数，用于评估模型拟合度。较低的值表示较好的拟合。在这种情况下，CMIN/DF 的值表明模型相对较好地拟合了数据。

（2）GFI 为0.915，TLI 为0.880，CFI 为0.992。这些指标用于评估模型的整体质量。接近1的值表示较好的拟合。在这里，这些指标的值表明模型在整体上拟合得相对较好。

（3）RMSEA 为 0.064，RMR 为 0.037。这些指标用于评估模型的误差水平。较低的值表示较好的拟合。在这种情况下，RMSEA 和 RMR 的值表明模型的误差水平相对较低，说明模型的拟合度较好。

本研究旨在探讨中学生体育锻炼与内化问题行为之间的关系，并通过路径系数分析揭示其中的影响因素和潜在机制。研究首先进行了人口学变量特征分析，以了解不同个体特征（如生源地、年级、性别和家庭经济状况等）对体育锻炼行为与内化问题行为的影响。

研究使用非标准化和标准化路径系数分析，探究体育锻炼行为对内化问题行为的直接和间接影响。结果显示，内化问题行为的增加与锻炼行为的减少呈负相关（非标准化路径系数为-0.327，标准化路径系数为-0.539），表明内化问题行为对锻炼行为有显著的负向影响。此外，抑郁、压力和焦虑等因素与内化问题行为之间存在正相关关系，其中压力和焦虑对内化问题行为的影响较大（非标准化路径系数分别为 1.483 和 1.443）。通过潜在类别指标拟合度和潜在类别的得分概率分析，将中学生的内化问题行为划分为不同的类别，并研究这些类别对体育锻炼行为的不同响应模式。最后，研究综合了结果与前人研究进行比较与讨论，评估了本研究的理论贡献和实践意义，并探讨了研究的局限性和未来的研究方向。模型拟合指数表明，该路径分析模型在整体上拟合较好（如 CMIN/DF 为 1.428，GFI 为 0.915，CFI 为 0.992 等），误差水平相对较低（RMSEA 为 0.064，RMR 为 0.037），说明模型能够较好地解释数据。

综上所述，本研究通过路径系数分析，深入探讨了中学生体育锻炼与内化问题行为之间的关联机制，并揭示了其中的影响因素，如内化问题行为对锻炼行为的负向影响，以及抑郁、压力和焦虑对内化问题行为的正向影响。这些发现对于制定干预策略和促进中学生身心健康发展具有重要的指导意义。研究结果为学校、家庭和社会提供了有益的参考，以推动中学生体育锻炼和心理健康的可持续发展。同时，研究也讨论了其局限性和未来研究方向，为进一步深入探讨这一领域提供了思路。

第八章

研究总结及展望

经过前七章的系统梳理和深入分析，本研究在揭示中学生内化问题行为与体育锻炼行为关联机制方面取得了一定进展。研究不仅扩展和修订了体育锻炼行为量表，细化了内化问题行为的测量维度，而且考察了不同人口学特征中学生在两类行为上的差异性表现，并系统探讨了内化问题行为与体育锻炼行为的关联性及其作用机制。这些发现丰富了体育心理学和青少年发展心理学的相关理论，为从体育视角助力青少年身心健康发展提供了新的思路和实证依据。

基于前文的理论分析和实证研究，本章将首先对研究工作进行简要回顾与总结，系统概述本研究的主要发现及其理论和实践意义，并就研究过程中的创新点进行梳理和提炼。在对已有成果进行理论升华的基础上，本章将立足中国国情和中学生身心发展特点，针对性地提出一系列体育干预措施和发展策略，以期为缓解中学生内化问题行为、促进其身心健康发展贡献智慧和力量。同时，本章也将审慎评估本研究的局限性，积极反思有待进一步深化和拓展的问题，为后续研究指明前进方向。

具体而言，本章拟重点开展以下工作：一是总结全文，概述研究脉络，提炼核心发现，凝练理论贡献，彰显研究价值；二是聚焦干预，基于前文对内化问题行为与体育锻炼行为关系、机制的揭示，提出一系列兼顾实效性与可操作性的体育干预思路和优化策略，涵盖家庭体育养育、学校体育教学、社区体育环境等多个层面，力求形成多方协同的体育促进合力；三是展望未来，在总结本研究不足的基础上，针对后续研究提出建设性意见，为深化体育视角下青少年身心健康研究描绘发展蓝图。

通过上述工作，本章有望在前文研究的基础上进一步升华和拓展研究发现，将理论分析与实践应用紧密结合，凝练研究成果的同时积极回应现实需求。这不仅有助于推动体育心理学和青少年发展心理学等相关领域的理论进步，而且能为学校体育改革、青少年身心健康发展提供具有针对性和建设性的决策参考，从而彰显本研究的理论价值和应用价值。

当前，随着"健康中国"上升为国家战略，"体教融合"成为教育改革的重要方向，急需从体育视角为新时代青少年健康成长提供科学指引和精准助力。本研究正是对这一现实需求的积极回应。通过探讨内化问题行为与体育锻炼的关联机制，厘清影响因素，优化测量工具，提出干预对策，本研究力求为中学生身心健康发展保驾护航，助力其在复杂多变的成长环境中实现全面而有个性的发展。这对于深入贯彻习近平总书记关于青少年德智体美劳全面发展的重要指示，落实立德树人根本任务，培养担当民族复兴大任的时代新人，具有十分重要的战略意义。

同时，本研究通过对中学生内化问题行为与体育锻炼关系的系统考察，为体育学科自身建设注入了新的活力。一直以来，体育学科更多聚焦体育技能、体能水平等生理层面，对于体育运动的心理效应，特别是对于青少年心理行为发展的影响关注还不够。本研究从心理学角度切入，将体育锻炼与内化问题行为联系起来，深入剖析二者间的作用机制，拓展了体育研究的深度和广度。这不仅有助于丰富体育学科的理论内涵，推动体育心理学的发展，也为创新体育教学模式、优化青少年体育实践提供了新的思路和抓手。可以说，本研究是践行"健康第一"教育理念，推进体教融合、科教融合的生动实践，对于实现体育学科与教育学、心理学等相关学科的协同创新，提升体育在促进学生身心健康中的核心地位和独特价值，具有重要的学术价值和现实意义。

纵观全书，本研究以问题为导向，以理论为指引，扎根中国教育实际，聚焦中学生内化问题这一全球性难题，充分发挥体育学科的特色优势，在厘清内化问题行为与体育锻炼行为关系的基础上，提出了一系列科学务实的体育干预策略，力求从体育视角为中学生身心健康成长保驾护航。这一研究旨在为推动体育学科发展、深化体教融合改革贡献绵薄之力，也为国家"健康中国"战略的实施提供理论和实践支撑。站在"两个一百年"的历史交汇点，面对育人环境的深刻变革，全面推进素质教育、促进学生德智体美劳全面发展任重而道远。体育作为素质教育的重要组成部分，在促进学生身心健康、帮助学生健全人格、锻造学生意志品质等方面肩负着不可替代的重任。本研究立足这一时代背景，直面青少年身心发展面临的风险与挑战，探索体育在应对内化问题行为等心理危机中的积极作用。未来，我们将在这一研究的基础上继续前行，携手相关学科，与广大一线教育工作者一道，以"健康第一"为引领，坚持"以人民为中心"的教育发展理念，进一步深化体育与教育、体育与健康的融合，为培养德智体美劳全面发展的社会主义建设者和接班人，为实现第二个百年奋斗目标、实现中华民族伟大复兴的中国梦作出新的更大贡献。

第一节 研究总结

本研究以中学生群体为研究对象，聚焦内化问题行为与体育锻炼行为的关联机制，在系统梳理前人研究成果的基础上，采用问卷调查、深度访谈等实证研究方法，对两类行为的内在联系及作用路径进行了深入探讨。通过对体育锻炼行为量表的扩展修订，内化问题行为测量的细化完善，不同人口学特征中学生在两类行为上差异性表现的考察，以及内化问题行为与体育锻炼行为关联性及中介调节机制的系统分析，本研究取得了一系列富有理论价值和实践意义的发现。

第八章　研究总结及展望

一方面，研究揭示了中学生内化问题行为的多维度特征、体育锻炼行为的多层次影响因素，以及两类行为在不同人口学变量上的差异性表现，这不仅拓展了体育心理和青少年发展心理的研究视角，丰富了相关理论内涵，也为后续研究提供了更加细化的测量工具和实证基础。另一方面，研究厘清了内化问题行为与体育锻炼行为的关联模式，探明了自我决定、社会认知等相关理论在两类行为作用机制中的延展与扩充，这进一步推动了跨学科理论的融合发展，为从体育视角助力青少年身心健康发展提供了新的思路和抓手。

总的来看，本研究立足中国国情，关注中学生身心健康发展面临的现实挑战，充分发挥体育学科优势，在丰富研究视角、完善研究工具、深化理论内涵的同时，也为创新体育教学实践、优化青少年成长环境提供了具有针对性的对策建议。这对于全面贯彻党的教育方针，落实立德树人根本任务，培养德智体美劳全面发展的社会主义建设者和接班人具有重要意义。在新时代背景下，体育承担着促进青少年身心健康、塑造健全人格、锻造顽强意志的重要职责。本研究通过系统考察体育锻炼与内化问题行为的关联机制，为体育学科进一步彰显育人价值、体现时代担当提供了新的理论视角和实践路径，希望能为推进体育教育教学改革、助力健康中国建设贡献绵薄之力。

接下来，本章将在总结研究主要发现的基础上，针对性地提出一系列立足中国国情、聚焦中学生特点的体育干预措施和发展策略，力求形成家庭、学校、社区多方协同的育人合力，为中学生身心健康成长保驾护航。同时，本章也将客观评估本研究的不足之处，积极反思有待进一步深化和拓展的问题，为后续研究指明努力方向和突破口，推动体育学科与教育学、心理学等相关领域的持续交叉融合，不断开创体育促进青少年发展的新局面。

一、主要工作开展概述

本研究以中学生群体为研究对象，聚焦内化问题行为与体育锻炼行为的关联机制，在系统梳理前人研究成果的基础上，采用问卷调查、深度访谈等实证研究方法，对两类行为的内在联系及作用路径进行了深入探讨。

首先，我们对体育锻炼行为量表进行了扩展和修订。通过开放式调查问卷和编码整理，我们发现中学生体育锻炼行为呈现出多元化特征，不仅包括传统的体育课、课外活动等制度化的锻炼形式，还涵盖了跑步、游泳、球类运动等多种自发性锻炼方式。在锻炼动机方面，除了增强体质、缓解压力等传统目的外，乐趣体验、社交互动、自我挑战等多元诉求日益凸显。此外，我们还发现中学生的体育锻炼行为受到诸多心理机制因素的影响，如锻炼坚持、锻炼承诺、情绪体验和发展动机等，这些心理机制在很大程度上决定了个体能否长期保持积极的锻炼行为。同时，个人的精力投入、财力投入、运动能力、参与选择等个体因素，以及外部压力、锻炼条件、锻炼氛围、教学评价、科学指导、交往机会、制度约束、他人支持等社会环境因素，也对中学生的体育锻炼行为产生重要影响。基于以上发现，我们对体育锻炼行为量表进行了修订，在保留原有题项的基础上，增加了反映锻炼多样性、动机多元性以及影响因素多维性的新题项，形成了一套更加全面、细致的测量工具。

其次，我们对内化问题行为的测量进行了细化和检验。调研前，通过对儿童行为量表（CBCL）、青少年自评量表（YSR）、流调中心抑郁量表（CES-D）等既有量表的分析比较，我们选取了 DASS-21 量表作为基础，并结合中学生的特点对其进行了适当调整。一方面，我们保留了 DASS-21 量表中与内化问题行为密切相关的"抑郁/焦虑""社交退缩""躯体主诉"等分量表；另一方面，针对部分题项表述抽象、难以理解等问题，我们邀请心理学、教育学专家对措辞进行了优化，增强了量表的适用性。在数据收集和分析过程中，我们采用了项目分析、探索性因素分析、验证性因素分析等方法，对修订后的内化问题行为量表的信度和效度进行了全面检验。结果表明，量表的内部一致性系数、重测信度、结构效度、效标关联效度等指标均达到了心理测量学的评价标准，证实了量表具有良好的心理测量学属性，能够有效测量中学生的抑郁、焦虑、躯体不适等内化问题行为。

在对体育锻炼行为和内化问题行为进行测量的基础上，我们考察了不同人口学特征中学生在这两类行为上的差异性表现。性别差异分析发现，男生的体育锻炼频率、时长、强度等指标均显著高于女生，表现出更加积极的锻炼行为；而女生的抑郁、焦虑、社交退缩等内化问题行为得分则显著高于男生，反映出更高的情绪脆弱性。年级差异分析发现，随着年级的增长，中学生的体育锻炼行为呈现先升高后下降的变化趋势，初中阶段锻炼热情较高，而初中阶段面临升学压力，锻炼时间和精力投入明显降低；与之相对，内化问题行为则呈现随年级增长而不断上升的趋势，高年级学生面临更大的学业和人际压力，情绪困扰问题更为突出。

在揭示体育锻炼行为和内化问题行为的分布特征后，我们重点探讨了两类行为之间的关联性。首先，相关分析结果表明，体育锻炼行为的多个指标，如锻炼频率、时长、强度、坚持性等，与内化问题行为的各维度均呈现出显著的负相关关系。这表明，体育锻炼行为越积极，内化问题行为的发生概率越低，两类行为之间存在密切的关联。进一步的回归分析发现，在控制了性别、年级、家庭结构、社会经济地位等人口学变量后，体育锻炼行为对内化问题行为的各维度仍具有显著的预测作用。其中，锻炼坚持性和锻炼强度对降低抑郁、焦虑风险的作用尤为突出，而锻炼频率则对社交退缩问题的预防效果更加明显。这些结果表明，长期坚持、强度适中的体育锻炼，能够显著降低中学生出现抑郁、焦虑等内化问题行为的风险，对其身心健康发展具有积极的保护作用。

中介效应检验发现，体育锻炼通过多条途径间接影响内化问题行为：一是体育锻炼有助于个体建立积极的自我概念和身体映像，提升自尊和自我效能感，从而降低抑郁、焦虑的风险；二是体育锻炼能够促进个体的情绪调节和宣泄，缓解负性情绪体验，预防情绪问题的产生；三是体育锻炼为个体提供了广泛的社会互动机会，拓展社交网络，增强社会支持，进而降低社交退缩、孤独感等问题；四是体育锻炼有助于个体掌握问题应对技能，提高抗挫折能力，从而更好地应对生活事件压力，预防应激相关的内化问题。

总的来说，本研究以中学生群体为切入点，在理论和实践层面深入探讨了体育锻炼行为与内化问题行为的关系。一方面,研究揭示了体育锻炼对于预防和干预青少年内化问题的重要作用,丰富和拓展了体育心理学和青少年发展心理学的研究视域,为后续跨学科交叉研究提供了理论基础和实证支持。另一方面,研究明确了影响中学生体育锻炼行为的关键因素,包括个体层面的心理机制、个体特征,以及社会层面的环境支持等,为创新体育教学实践、优化中学生身心发展环境提供了重要启示。

具体而言,在学校体育教学中,教师应致力于创设自主、关怀、友善的课堂氛围,关注学生的个性化需求和情感体验,提供丰富多样的体育项目选择,培养学生内生的运动兴趣和锻炼动机。同时,学校还应加强与家庭、社区的沟通合作,共同营造良好的体育锻炼环境,定期开展亲子运动会、社区体育节等活动,促进中学生养成终身体育锻炼的良好习惯。

此外,学校还应重视发挥体育活动的育人功能,将体育锻炼与心理健康教育有机结合,通过组织趣味性的体育游戏、团队合作项目等,帮助学生释放压力,培养积极情绪,提升社交技能,增强心理韧性。针对表现出内化问题行为的高危学生,学校可以开展有针对性的体育干预,如为抑郁、焦虑症状明显的学生量身定制个性化的运动处方,通过科学指导的体育锻炼缓解其情绪困扰。

需要指出的是,尽管本研究取得了一定的理论创新和实践启示,但仍存在一些局限性。首先,本研究主要采用横断数据开展分析,难以厘清体育锻炼行为与内化问题行为的因果关系和动态变化规律。未来有必要开展追踪研究,通过收集多个时间点的纵向数据,考察两类行为的互动模式和发展轨迹。其次,虽然本研究在测量工具选取和开发上做了诸多努力,但仍不可避免地存在一定的主观偏差。后续研究可进一步拓展测量视角,采用他评、实验、生理指标等多元方法,增强结果的可靠性和效度。再次,本研究的样本主要来自经济较为发达地区的城市学校,对农村和欠发达地区中学生群体的代表性不足。未来有必要扩大样本的地域覆盖面,开展跨区域、跨群体的对比研究。

总而言之,本研究以问题为导向,从体育运动的视角切入,聚焦分析了中学生内化问题行为的影响机制和干预路径。研究结果不仅为丰富体育学、心理学的理论内涵提供了新的经验证据,也为创新体育教学实践,为促进中学生身心健康发展提供了具有针对性的策略建议。

二、结果概述与总结

本研究以中学生群体为研究对象,探讨了内化问题行为与体育锻炼行为之间的相关性。通过分析表 7-1、表 7-2、表 7-3 和表 7-4 中的相关系数矩阵,我们对两个变量之间的关联模式有了初步的认识。

首先,从表 7-1 可以看出,抑郁、焦虑和压力等内化问题行为之间存在显著的正相关关系。其中,抑郁与焦虑的相关系数高达 0.733,抑郁与压力的相关系数为 0.704,焦虑与压力的相关系数为 0.758,均在 0.01 的水平上显著。这表明,不同类型的内化问题往往相伴而生,具有较高的共病率。个体一旦出现某一方面的困扰,其他方面的问题也更容易出现。这一结果与已有研究较为一致,提示我们在思考内化问题行为的预防和干预时,需要采取整合的视角,关注问题的交织与叠加。

其次,从表 7-1 可以看出,内化问题行为与心理机制、个体因素和社会环境因素之间均存在显著的负相关关系。相关系数的绝对值在 0.184 到 0.324 之间,均在 0.01 的水平上显著。这意味着,积极的心理机制、良好的个体心理品质以及支持性的社会环境,都可能成为缓解内化问题行为的保护性因素。这为开展有针对性的心理健康教育提供了新的思路,即在提升认知能力、培养积极人格、营造友好环境等方面加强建设,从而达到预防和减轻内化问题行为的目的。

再次,体育锻炼行为与内化问题行为之间存在显著的负相关关系。从表 7-2、7-3、7-4 中可以看出,无论是抑郁、焦虑还是压力,与不同体育锻炼行为的相关系数均为负值,且大多在 0.01 的水平上显著。这表明,经常参与体育锻炼可以显著降低个体的抑郁、焦虑和压力水平,对于预防和缓解内化问题具有积极作用。这可能是因为，体育锻炼在生理上可以促进脑内啡的分泌，在心理上可以转移注意力、宣泄负面情绪，在社交上可以拓展人际网络、增强归属感，从多方面对个体的身心健康产生有益影响。

此外，体育锻炼行为与心理机制、个体因素、社会环境因素之间也存在密切关联。从表 7-2、7-3、7-4 中可以看出，心理机制与不同体育行为的相关系数均在 -0.212 到 -0.127 之间，个体因素的相关系数在 -0.166 到 -0.086 之间，社会环境的相关系数在 -0.169 到 0.078 之间。尽管数值有所差异，但均在 0.01 的水平上显著。这表明，积极的心理机制（如运动内在动机、自我效能感等）、良好的个体心理品质（如自律、坚韧等）以及支持性的社会环境（如师生关系、同伴接纳等），都有助于个体养成体育锻炼的行为习惯。因此，在促进体育锻炼、预防内化问题行为时，不仅要注重锻炼本身，更要注重塑造健康的心理和优化成长的环境。

需要指出的是，尽管各变量之间的相关系数达到了统计学上的显著性水平，但系数的绝对值大多在 0.1 到 0.3 之间，属于低度相关或中度相关的范畴。这提示我们，内化问题行为是一个多元复杂的现象，单一因素的影响是有限的。体育锻炼虽然重要，但并非万能灵药。要真正做到对内化问题行为的全面预防和系统干预，还需要从认知、人格、环境、教育等多个层面协同发力，形成合力。

总的来说，本研究采用相关研究的方法，在中学生群体中探讨了内化问题行为与体育锻炼行为的关系。一方面，研究揭示了内化问题行为的共病特点，凸显了系统施策的必要性；另一方面，研究证实了体育锻炼对于预防内化问题行为的积极作用，为开展体育教学和心理健康教育提供了新的方向。同时，研究也强调了个体因素和社会环境在塑造良好行为习惯、促进健康成长中的关键价值，为创新教育模式和优化成长生态提供了重要启示。

不过，本研究还存在一些不足之处。首先，研究采用的是横断数据，难以厘清变量之间的因果关系。未来有必要开展追踪研究，考察体育锻炼与内化问题行为的互动与演变。其次，研究虽然涉及了心理机制和社会环境因素，但缺乏更加细致入微的分析。后续研究可进一步探讨不同维度、不同水平的影响因素及其作用机制。最后，研究虽然在中学生群体中取得了有价值的发现，但并未涵盖其他年龄阶段和特殊群体。未来有必要扩大研究对象，开展跨群体的对比分析。

三、主要的创新点

本研究以中学生群体为研究对象，探讨了内化问题行为与体育锻炼行为之间的相关性，在研究视角、研究内容和研究方法等方面体现了一定的创新性。

第一，研究视角的创新。长期以来，关于中学生身心健康发展的研究，大多集中在单一维度，如仅关注心理健康或仅关注体质健康等。本研究突破了以往的局限，尝试整合心理和体育两个领域，聚焦内化问题行为和体育锻炼行为的关联，体现了跨学科的综合视角。这种融合的研究取向，有助于我们更加全面地认识影响学生发展的多元因素，更加准确地把握学生成长的内在规律，从而为促进学生的全面健康发展提供更加科学的理论指导。

第二，研究内容的创新。在以往的研究中，学者们或探讨体育锻炼对心理健康的影响，或探讨心理因素对体育参与的影响，较少同时关注这两者的双向关系。而本研究在考察体育锻炼与内化问题行为的关系时，一方面，关注体育锻炼行为对内化问题行为的影响；另一方面，也关注内化问题行为相关因素对体育锻炼的反作用。这种双向考察的研究内容，有助于我们更加动态地理解体育与心理的关系，更加准确地把握影响机制的复杂性，从而为开展体育教学和心理健康教育提供更加全面的实证依据。

第三，研究方法的创新。本研究采用了相关研究的方法，对内化问题行为、体育锻炼行为以及相关因素进行了系统梳理和测量，在问卷设计、数据处理等方面进行了细致而严谨的操作。在此基础上，研究运用相关分析等统计方法，深入考察了各变量之间的相关模式。这种定量研究与定性分析相结合的方法，有助于我们在宏观上把握变量间的关联趋势，也有助于我们在微观上理解关联的具体表现,从而为揭示内在机制、阐释理论逻辑提供更加扎实的数据支撑。

除了上述三个方面,本研究还在一些细节上体现了创新性。例如,在考察内化问题行为时,研究不仅关注单一问题,还关注问题之间的共病现象;在考察体育锻炼时,研究不仅关注锻炼行为本身,还关注相关的心理和社会因素;在考察两个变量的关系时,研究不仅关注总体趋势,还关注不同问题类型、不同锻炼方式的特异性。这些细节的创新,为我们深化认识、拓展思路提供了新的可能。

总的来说,本研究立足中学生的现实需要,聚焦内化问题行为与体育锻炼行为的关系,在研究视角、研究内容、研究方法等方面进行了一定的创新和探索。一方面,研究有助于我们突破学科壁垒、拓展研究主题,推动心理学和体育学的交叉融合;另一方面,研究有助于我们厘清影响机制、优化育人方式,为学校教育和家庭教育提供新的视角和路径。

第二节 干预内化问题行为的体育举措

本节将在前文分析内化问题行为与体育锻炼行为相关性的基础上,进一步探讨利用体育手段干预内化问题行为的可能路径和具体方案。在此基础上,我们将结合中学生群体的特点和需求,提出针对性的体育干预策略和措施。

具体而言,我们将从学校体育、课外体育、家庭体育等不同场域入手,设计多元化的体育干预方案。在学校体育方面,我们将探讨如何优化体育课程设置,丰富教学内容和形式,引导学生积极参与、乐于锻炼;在课外体育方面,我们将讨论如何组织开展形式多样的体育活动和赛事,为学生提供展示自我、增进交往的平台;在家庭体育方面,我们将分析如何加强家校合作,引导家长树立正确的健康理念，营造良好的体育氛围。

此外，我们还将关注体育干预过程中的关键因素，如目标设定、过程管理、效果评估等，力求提高干预的科学性和有效性。我们将借鉴心理学、教育学等相关理论，探索体育干预与心理辅导、情绪疏导等方法的有机结合，形成多措并举、协同发力的工作格局。

总的来说，面对中学生内化问题行为的现实挑战，本节立足体育的独特视角，旨在探索利用体育手段进行积极干预的理论基础和实践路径。一方面，本节的研究将有助于深化我们对体育和心理健康关系的认识，拓展体育在促进个体全面发展中的功能和价值；另一方面，本节的探索将为学校、家庭、社会提供具有针对性、可操作性的体育干预方案，为中学生营造更加健康向上的成长环境贡献智慧和力量。

一、基于相关性研究结果的学校体育干预建议

前文通过实证研究和定量分析，揭示了中学生内化问题行为与体育锻炼行为之间存在显著的负相关关系。这一发现为我们利用体育手段干预和缓解中学生的抑郁、焦虑、压力等内化问题行为提供了重要启示和理论依据。基于相关性研究的结果，本节将提出一系列体育干预建议，旨在为中学生的身心健康发展提供切实可行的指导和参考。

首先，学校应该高度重视体育活动在促进中学生心理健康方面的积极作用，将其作为教育教学工作的重要内容。相关性研究表明，参与体育锻炼能够有效缓解中学生的抑郁、焦虑和压力水平。因此，学校应该科学制订体育课程计划，合理设置体育课时，为学生提供充足的体育锻炼机会。同时，学校还应该丰富体育教学内容，开发多样化的体育项目，满足不同学生的需求和兴趣，提高他们参与体育活动的主动性和积极性。

其次，学校应该加强体育教师队伍建设，提升体育教学质量和水平。相关性研究发现，专业的体育指导和科学的运动方案能够帮助中学生更好地释

放压力、缓解情绪。因此，学校应该重视体育教师的专业发展，定期开展教学培训和技能提升，鼓励教师学习心理学、教育学等相关知识，提高他们对学生心理特点和需求的理解和把握。同时，体育教师还应该针对学生的个体差异，因材施教，设计个性化的运动处方和锻炼计划，帮助学生树立运动自信，获得运动愉悦。

再次，学校应该营造良好的体育氛围，培养学生的运动习惯和体育意识。相关性研究显示，良好的运动氛围和社会支持能够激发中学生参与体育活动的动机和热情。因此，学校应该通过多种途径和方式，如体育节、运动会、社团活动等，营造浓厚的校园体育文化氛围。同时，学校还应该加强体育设施建设，完善场地器材，为学生提供安全、便捷的运动环境。此外，学校还应该积极引导家长参与，加强家校合作，共同营造有利于学生身心健康发展的良好氛围。

此外，学校还应该重视体育活动与心理健康教育的有机结合，发挥体育在促进中学生全面发展中的独特优势。相关性研究揭示了体育锻炼与内化问题之间的负向关联，这为体育与心理健康教育的融合提供了理论基础。因此，学校应该积极探索将体育活动与心理辅导、团体辅导等方法相结合的综合干预模式，引导学生在运动中释放压力、疏导情绪、增强自信。同时，学校还应该加强对体育教师的心理健康知识培训，提高他们对学生心理问题的识别和应对能力，使其成为学生心理健康的"守门人"。

最后，学校应该加强与社区、医疗机构等外部资源的合作，为中学生提供更加专业、多元的体育干预服务。相关性研究表明，社会环境因素对中学生的体育锻炼行为具有一定影响。因此，学校应该积极搭建与社区体育组织、医疗卫生机构的合作平台，引进专业的运动康复、心理干预等服务资源，为有需要的学生提供个性化、精准化的帮助。同时，学校还应该鼓励和支持学生参与社区体育活动，拓展体育锻炼的空间和渠道，促进其身心全面发展。

总之，基于内化问题行为与体育锻炼行为的相关性研究结果，学校应该从课程设置、教师发展、环境营造、资源整合等多个维度入手，全方位、多层次地开展体育干预工作。通过科学的体育教学和训练，营造良好的体育运动氛围，加强体育与心理健康教育的融合，促进学校、家庭、社会的协同配合，我们就能够更好地发挥体育在预防和缓解中学生内化问题行为方面的积极作用，为其身心健康、全面发展提供坚实保障。

同时，我们也应该看到，体育干预只是促进中学生身心健康发展的一种途径和手段，它并不能完全替代心理咨询、家庭教育等其他方法。因此，在实践中，我们还需要建立多学科协作、多部门配合的工作机制，整合各方资源和力量，形成教育、医疗、体育等多位一体的综合干预格局。只有在全社会的共同关注和努力下，我们才能够更加有效地预防和化解中学生的内化问题，促进其身心和谐、健康成长。

二、体育干预的具体策略与措施

在制定和实施体育干预策略时，我们必须充分考虑中国的国情特点，遵循教育规律，尊重中学生身心发展规律，方能确保干预措施的针对性、有效性和可持续性。本节从宏观和微观两个层面，提出一系列体育干预策略与措施，为中学生内化问题的预防和缓解提供切实可行的路径和方法。

从宏观层面来看，政府部门应该将体育干预作为促进中学生身心健康的重要举措，纳入教育事业发展的总体规划和顶层设计。一方面，政府应该加大对学校体育工作的政策支持和财政投入，为开展体育干预提供必要的制度保障和资源支撑。具体而言，政府可以通过制定专项规划、设立专门经费等方式，支持学校改善体育教学条件，购置体育器材设施，开发体育课程资源，提高体育师资水平，为中学生参与体育活动创造良好的硬件和软件环境。另一方面，政府还应该加强部门协调和社会动员，形成全社会关心支持青少年体育发展的良好氛围。例如，政府可以建立教育、体育、卫生、共青团等多部门合作机制，整合各方资源，形成工作合力；同时，政府还可以通过公益宣传、社会倡导等方式，提高公众对体育干预重要性的认识，营造崇尚体育、热爱运动的社会环境，为中学生的健康成长营造良好的外部条件。

从微观层面来看，学校应根据中学生的成长需求，科学制定体育干预措施，确保体育活动的有效性和针对性。学校应结合学生的兴趣和实际情况，灵活安排体育课程，丰富活动形式，激发学生的运动热情。同时，学校应注重个性化干预，根据学生的身体状况和心理特点，制定适宜的运动计划，帮助他们在体育锻炼中获得身心的平衡与发展。例如，学校可以利用当地的地理环境和文化资源，开设武术、舞龙舞狮、民族民间体育等特色课程，培养学生的民族自豪感和文化认同感。另一方面，学校还应该重视体育活动的多样性和针对性，满足不同学生的个性化需求。例如，学校可以根据学生的性别、年龄、体质等特点，开设有针对性的体育俱乐部和社团，如女生健美操社团、男生足球社团等，以小组化、项目化的方式开展体育活动，提高学生的参与度和获得感。

此外，学校还应该加强体育活动与德育工作的结合，发挥体育在培养中学生良好行为习惯、健全人格方面的独特功能。一方面，学校应该充分利用体育活动蕴含的教育元素，如团队协作、规则意识、吃苦耐劳等，引导学生在体育锻炼中树立正确的价值观念，养成良好的行为习惯，提升综合素质。例如，学校可以通过组织体育竞赛、运动会等群体性活动，培养学生的集体主义精神和社会责任感。另一方面，学校还应该加强体育道德教育，引导学生在体育活动中学会尊重对手、遵守规则、公平竞争，培养高尚的体育品德和健康的心理品质。例如，学校可以邀请优秀运动员、教练员等体育道德典型来校交流，通过榜样示范引导学生形成积极向上的价值追求。

同时，学校还应该注重发挥家长和社区在体育干预中的重要作用，形成学校、家庭、社会协同育人的良好格局。一方面，学校应加强与家长的沟通与合作，提高家长的体育意识和健康理念，争取家长在体育锻炼等方面给予学生更多的支持和鼓励。例如，学校可以定期举办家长体育健康讲座，介绍体育锻炼的重要性以及正确的锻炼方法，引导家长以身作则、陪伴孩子一起参与体育活动。另一方面，学校还应积极与社区体育组织开展合作，整合校内外体育资源，拓展学生参与体育活动的时间和空间。例如，学校可与社区体育场馆建立共享机制，联合开展学生体质监测、运动技能培训等活动，组织学生参加社区体育赛事，在更大范围内营造良好的体育氛围。

三、针对中学生群体特点的体育锻炼促进方案的要求

本节将针对中学生在生理、心理、认知、行为等方面的典型特征，提出一套切实可行的体育锻炼促进方案，为促进其身心健康发展提供有益参考。

首先，学校教育主管部门在制定体育锻炼促进方案时应充分尊重中学生的生理发展规律，科学选择和安排体育活动。中学阶段恰逢学生骨骼、肌肉迅速发育的时期，大多数学生的身体条件已经接近成人水平，但生理机能尚未完全成熟。因此，体育活动应以增强体质、促进正常发育为主要目标，强度和难度应循序渐进、由易到难。一方面，应重点安排一些适合中学生年龄特点的体育项目，如田径、球类、游泳等，既能锻炼全面，又能培养兴趣；同时，还应针对学生的个体差异，如性别、体质等，进行分类指导，因材施教。另一方面，在运动负荷的设置上，应遵循"量力而行、循序渐进"的原则，避免过度训练和运动损伤；在运动技能的学习上，应讲求科学性和系统性，循序渐进、由易到难，在学生已有运动经验的基础上不断积累提高。

其次，体育锻炼促进方案应关注中学生的心理特点，着力营造轻松愉悦的运动体验。中学生正处于心理发展的矛盾冲突期，自我意识觉醒，但情绪波动大，对外界的评价比较敏感。同时，他们思维活跃，有很强的求知欲和探索精神，但自控力相对较差。因此，体育活动应力求创设宽松、愉悦的氛围，使学生能够在身心愉悦中感受运动的乐趣。一方面，教师应以积极的态

度对待学生,通过肯定性评价增强其运动信心,引导其体验运动成功的喜悦;同时,应创新教学方式,采用游戏、竞赛等生动活泼的形式,调动学生参与的积极性。另一方面,应重视学生的心理体验,关注个体的情感需求,帮助其树立自信心和进取心;对于运动能力较差的学生,应给予更多鼓励,增强其运动勇气,避免挫折感的产生。

再次,体育锻炼促进方案应契合中学生的认知水平,注重培养其运动智慧和创新思维。中学生抽象逻辑思维进入飞跃发展时期,综合分析问题的能力大大提高,求知欲望强烈。因此,体育活动应充分激发学生的主动思维,培养求异思维品质,发展其运动智慧。一方面,应注重学生动作学习的认知规律,帮助其理解动作要领、掌握学习方法,夯实基本功;同时,应提高学生的运动健康素养,帮助其掌握科学锻炼的原理和方法,学会制定适合自己的运动处方。另一方面,在体育教学中,教师还应重视引导学生独立思考问题的能力,鼓励其大胆质疑、勇于创新,在"教"与"学"的互动中启迪智慧、拓展思路;在运动实践中,教师应鼓励学生自主探索,设计一些开放性练习,激发其主动探索运动技能的兴趣。

此外,体育锻炼促进方案还应顺应中学生行为模式的变化,引导其形成良好的行为习惯。中学生心理日趋成熟,自我管理意识增强,自主性、独立性增强,同时更加看重同伴关系,群体意识显著增强。因此,体育活动的组织形式应充分体现学生的主体地位,发挥其自主性和创造性。一方面,应注重发挥学生的自主管理作用,充分信任学生,放手让学生自主组织和开展一些体育活动,在锻炼身体素质的同时提高组织管理能力;同时,教师应加强行为督导,引导学生养成自觉锻炼的习惯。另一方面,可充分利用学生喜欢集体活动的特点,开展丰富多彩的群体性体育活动,在群体交往中培养其合作意识和集体主义精神;同时,发挥朋辈的示范和带动作用,组织学生结对帮扶,以点带面,形成你追我赶、共同进步的良性氛围。

最后,体育锻炼促进方案还应统筹兼顾、协调配合,努力构建"三全育人"的大体育格局。一方面,学校应将体育纳入学校发展的总体规划,科学制订年度工作计划,坚持每天一小时校园体育活动,确保体育与其他学科同等重要;同时,要因地制宜开发校本课程,丰富体育教学内容,创新教学模式,不断提高吸引力。另一方面,学校应加强与家庭、社区的协作配合,形成教育合力。学校可通过家长会、亲子活动等形式,宣传体育锻炼的重要意义,引导家长树立正确的教育观念,营造良好的家庭体育氛围;学校还要主动融入社区,利用公共体育设施开展锻炼,参与社区体育赛事,扩大体育活动的辐射面和影响力。

总之,针对中学生群体特点制定体育锻炼促进方案,需要遵循教育发展规律,立足学生身心发展实际,把握时代发展需求,在目标、内容、形式等方面进行整体设计和系统安排。学校要在政府的统筹规划下,发挥主力军作用,针对学生生理、心理、认知、行为特点,精心设计丰富多彩、适宜有效的体育活动,促进学生在体验中感悟、在实践中成长。同时,学校还要注重发挥教师的引领作用,加强教师培养培训,提升其专业化水平,增强其驾驭复杂教学情境的能力,使其成为学生体育学习和锻炼的领路人。此外,学校还要善于整合多方资源,充分调动家庭、社区等各界力量,形成全员、全过程、全方位的体育网络,让体育的阳光照耀到每一个学生,让每一个学生都能在体育活动中收获健康、快乐、自信。

我们要全面贯彻党的教育方针,坚持立德树人、健康第一,充分发挥体育在促进学生全面发展中的重要作用。要遵循教育和教学的规律,尊重学生的成长特点,结合实际情况,从细微处着手,科学制定切实可行的体育锻炼促进方案。同时,要整合校内外的资源,动员社会各界力量,形成学校、家庭和社会共同推进的良好局面。

四、学校、家庭与社会多方协同促进中学生身心健康发展

中学生处于身心发展的关键时期,其身心健康状况不仅关系到自身的成长成才,而且关乎国家和民族的未来。促进中学生身心健康发展,需要学校、

家庭、社会多方主体协同配合、形成合力，构建全员、全过程、全方位的教育网络，为学生营造良好的成长环境。本节将分析学校、家庭、社会在促进中学生身心健康发展中的角色定位，剖析当前存在的问题和困境，提出协同推进的策略建议，为促进中学生健康成长提供参考和借鉴。

学校是促进中学生身心健康发展的主阵地。学校承担着教书育人、立德树人的神圣职责，肩负着促进学生全面发展、健康成长的重任。在新时代背景下，学校要全面贯彻党的教育方针，坚持"健康第一"的教育理念，把促进学生身心健康放在更加突出的位置。一方面，学校要将健康教育渗透到教育教学的全过程，在课程设置、教学安排、作息时间等方面充分考虑学生身心发展的需求，避免片面追求升学率而忽视学生健康；同时，学校还要重视体育的教育功能，改善体育场地设施，创新体育教学模式，丰富体育活动内容，培养学生终身锻炼的意识和能力。另一方面，学校还要重视心理健康教育，完善心理健康服务体系，开发心理健康课程，开展心理健康活动，及时发现学生心理问题并积极干预疏导；同时，学校还要加强师资队伍建设，提升教师心理健康意识，增强教师心理健康教育能力，发挥教师引领示范作用。

家庭是孩子成长的摇篮，父母是孩子健康成长的第一责任人。家庭教育在促进中学生身心健康发展中具有不可替代的独特作用。父母要以身作则，用自己的言行举止潜移默化地影响孩子，帮助孩子养成健康的生活方式。同时，父母还要关注孩子的心理需求，学会换位思考，平等交流，给予孩子更多理解、尊重和支持，帮助孩子树立自信，培养乐观积极的人生态度。此外，父母还要学会科学教养，掌握正确的教育方法，避免溺爱或打骂，多鼓励表扬，培养孩子的进取心和抗挫折能力。需要指出的是，随着社会的发展变化，许多家庭面临着教育观念滞后、方法欠缺、时间精力不足等问题。对此，家长要主动学习教育知识，不断更新教育理念，掌握科学的教育方法；要合理安排时间，关注孩子成长，及时沟通交流，了解孩子的想法，满足孩子的需求。

社会是中学生成长的大环境，对其身心健康发展具有潜移默化的影响。近年来，随着经济社会的快速发展，一些不利于未成年人身心健康的社会问题日益凸显，如校园欺凌、网络沉溺、不良信息泛滥等，给中学生的身心健康带来严重威胁。对此，社会各界要高度重视，政府要加强顶层设计，制定促进未成年人健康成长的法律法规和政策措施，加大投入力度，改善教育医疗资源，优化成长环境；同时，政府还要加大监管力度，集中整治侵害未成年人身心健康的违法违规行为，为未成年人撑起"保护伞"。媒体要加强正面宣传和舆论引导，传播健康理念，弘扬向上向善的社会正气，为未成年人营造良好的舆论环境。社会组织要发挥自身优势，积极参与青少年服务，开展形式多样的健康教育活动，传播科学知识，普及健康技能。社区要充分利用各种资源，开放体育文化设施，举办丰富多彩的健康主题活动，让青少年在家门口就能参与锻炼、感受快乐。

当前，学校、家庭、社会在促进中学生身心健康发展方面还存在一些突出问题。一是思想认识不到位，健康教育的重要性尚未引起足够重视，相关工作开展不够深入扎实；二是职责分工不明晰，学校、家庭、社会各自为政，缺乏必要的沟通协调，未能形成教育合力；三是协同机制不健全，缺乏制度化、常态化的协作平台和有效载体，协同育人的效果有待提升。对此，我们要采取切实有效的举措，推动学校、家庭、社会协同发力、形成合力。

具体而言，学校、家庭、社会要在以下几个方面密切配合、形成合力：

一是要形成共识，树立"大教育"理念。学校、家庭、社会要深刻认识加强中学生身心健康发展的重大意义，将其作为事关学生、事关家庭、事关国家民族未来的大事来抓，形成思想共识和行动自觉。要树立"大教育"理念，学校教育、家庭教育、社会教育要相互配合、互为补充，构建全员全程全方位育人格局。

二是要明确职责，落实立德树人根本任务。学校要全面贯彻党的教育方针，坚持育人为本，德育为先，将立德树人作为教育的根本任务，融入教育教学全过程；家庭要注重家教家风，引导孩子扣好人生第一粒扣子；社会要营造良好环境，为未成年人健康成长创造有利条件。

三是要创新途径，拓宽育人渠道。学校要遵循教育教学规律，根据中学生身心发展特点，科学设计体育、艺术、劳动、心理健康等课程，丰富校园文化生活；家庭要注重亲子交流，开展形式多样的亲子活动，增进感情，引导孩子健康成长；社会要组织开展丰富多彩的校外教育活动，拓宽中学生成长渠道。

四是要整合资源，健全协作机制。学校、家庭、社会要建立互信互助、优势互补、资源共享的工作机制，定期召开联席会议，加强工作对接，形成工作合力。要建立专兼结合的育人队伍，聘请家长、退休教师、社区工作者等担任兼职教师，充实教育力量。

五是要完善保障，提供政策支持。各级政府与教育部门要重视起来，强化组织领导。完善中学生身心健康发展的法律法规和政策制度，加大投入力度，为开展工作提供必要的人力、物力、财力等方面的支持和保障。

五、在体育工作上持续发力

体育是教育的重要组成部分，是实现立德树人根本任务、促进学生全面发展的重要途径。

当下，由于应试教育倾向、升学压力太大、课外培训负担过重等因素，部分中学生长时间处在身心俱疲的状况，身体素质变弱，心理问题也呈现出来，急需通过体育活动减压、放松、强身。但中学体育教育存在场地设施短缺、师资力量不足、观念认识有偏差等难题，无法充分实现其育人的作用。这就需要我们高度重视，把发展中学体育事业作为一项重大民生工程、战略任务来抓，加快构建政府主导、学校主体、家庭主角、社会主线的中学生体育活动多元参与协同治理新机制，形成齐抓共管、同向发力的强大合力，切实提升中学体育活动的吸引力和教育效能，为学生插上腾飞的翅膀。

一要在体制机制创新上持续发力。进一步理顺政府、学校、家庭、社会在体育协同育人中的关系，健全责任明晰、分工合理、协调有序的工作机制。完善督导考核评价制度，将体育工作纳入学校办学质量评估和教师绩效考核的重要内容，推动形成齐抓共管、协同推进的工作格局。

二要在丰富活动载体上持续发力。紧扣立德树人根本任务，科学分析学生成长需求，广泛开展学生喜闻乐见、适应时代需要的体育活动。积极拓展校园体育活动空间，推动学校与体育场馆、社区公园等形成常态化合作，为学生提供更多参与体育锻炼的机会。不断创新校园体育文化，打造精品体育社团、体育节庆、体育赛事等品牌活动，营造浓厚的体育氛围。

三要在优化条件保障上持续发力。加大体育场地设施建设力度，科学制定配置标准，优先保障学生日常体育活动需求。注重发挥现代信息技术优势，加强体育数字化资源建设，不断拓展体育活动时空边界。健全体育活动经费保障机制，统筹利用校内外资源，形成多渠道、多层次、多样化的投入格局。

四要在强化队伍建设上持续发力。把培养高素质专业化体育教师队伍作为基础工程来抓，完善职前职后一体化培养培训体系。统筹校内外体育人才资源，聘请优秀教练员、退役运动员到学校任教或担任体育指导员。加强体育教师考核评价，在岗位聘任、职称评聘等方面给予倾斜，充分调动广大教师的积极性、主动性和创造性。

第三节　研究展望

通过对中学生内化问题行为与体育锻炼行为相关性的系统探讨，本研究揭示了这两个重要领域之间错综复杂而又密不可分的联系。研究结果表明，体育锻炼行为与内化问题行为之间存在显著的负相关关系，这为理解和干预中学生的心理健康问题提供了重要启示。

本研究综合运用了文献综述、实证研究等方法，在梳理前人研究成果的基础上，通过相关性分析深入探讨了内化问题行为与体育锻炼行为的关联模式。研究发现，抑郁、焦虑和压力等内化问题行为与体育锻炼参与度呈现出显著的负相关，这表明体育锻炼可能在缓解内化问题行为症状方面发挥积极作用。同时，个体的心理机制、个人因素和社会环境等变量也与体育锻炼行为存在一定的关联，它们可能在内化问题行为与体育锻炼之间起到一定的中介或调节作用。

尽管本研究取得了一定的进展和发现，但仍存在一些局限性和有待进一步探索的问题。首先，本研究主要采用横断面设计和相关分析，难以确定内化问题行为与体育锻炼之间的因果关系。未来研究可以采用纵向追踪或实验干预等方法，以进一步验证两者之间的影响机制。其次，本研究主要关注了中学生群体，对于其他年龄阶段或特殊群体的内化问题行为与体育锻炼的关系尚需进一步探讨。此外，本研究主要从整体层面分析了内化问题行为与体育锻炼的关联，对于不同类型的内化问题行为和体育锻炼方式可能存在差异性的影响有待深入分析。

未来的研究可以在以下几个方面进行拓展和深化。一是进一步探讨内化问题行为与体育锻炼之间的作用机制，揭示其中的心理过程和生理基础。二是结合不同的理论视角和研究范式，如自我决定理论、认知行为理论等，构建更为完善的内化问题行为与体育锻炼的整合模型。三是关注体育锻炼的质量和内容，探讨不同强度、频率和类型的体育活动对内化问题行为的影响差异。四是拓展研究对象和情境，内化问题行为与体育锻炼在不同人群、文化背景下的普遍性和特殊性。五是加强干预研究，探索将体育锻炼纳入内化问题行为预防和治疗的可行性和有效性。

总之，内化问题行为与体育锻炼之间的关系是一个复杂而重要的研究主题，对于促进中学生乃至整个人群的身心健康具有重要意义。本研究虽然取得了一定的进展，但仍有许多值得探索的问题有待后续研究进一步深化和拓展。

一、家庭单元中的体育陪护措施

在探讨内化问题行为与体育锻炼之间关系的基础上，家庭作为个体成长的重要环境，在促进体育锻炼、预防和干预内化问题行为方面扮演着不可或缺的角色。家庭单元中的体育陪护措施是将体育锻炼融入家庭生活，通过家庭成员的共同参与和互动，营造良好的体育氛围，提供必要的支持和引导，从而促进个体身心健康发展的重要举措。

家庭成员应加强体育健康意识，树立体育锻炼的积极态度和价值观。父母作为家庭的核心，其体育锻炼的意识和行为对子女有着重要的示范和引领作用。父母应以身作则，积极参与体育活动，与子女分享体育锻炼的乐趣和收获，传递体育锻炼的正能量。同时，家庭成员应充分认识到体育锻炼对于身心健康、情绪管理、社交能力等方面的综合益处，将体育锻炼作为家庭生活的重要组成部分。

家庭应为体育锻炼创造良好的物质和社会环境。这包括提供必要的体育器材和场地，如球类、健身器械、运动场所等，为子女的体育锻炼提供便利条件。同时，家庭还应营造积极向上、互助友爱的家庭氛围，鼓励和支持家庭成员参与体育活动，尤其是对子女给予积极的反馈和情感支持。家庭成员可以通过一起参与体育游戏、家庭运动会、运动旅行等方式，增进彼此的交流和理解，促进家庭凝聚力和归属感。

家庭应根据子女的年龄特点和个性差异，采取符合其身心发展规律的体育陪护方式。对于学龄前儿童，家长可以通过亲子游戏、户外活动等方式，培养其体育兴趣和基本运动技能。对于中小学生，家长应给予适度的自主权，鼓励其探索和尝试不同的体育项目，发掘自己的运动潜能。同时，家长还应关注子女的心理状态和情绪表现，及时发现可能存在的内化问题行为，通过体育锻炼等方式给予疏导和干预。

家庭应与学校和社区建立良性互动，形成体育陪护的合力。家长应主动与学校体育教师沟通，了解子女在校的体育锻炼情况，协调家庭和学校的体育教育资源。家庭还可以积极参与社区的体育活动，如社区运动会、体育兴趣小组等，扩大子女的体育参与空间，促进其社会交往能力的发展。

家庭应注重体育陪护的长期性和持续性。体育锻炼不是一蹴而就的过程，需要长期坚持和付出。家庭应将体育陪护措施融入日常生活，形成规律性和习惯性。同时，家庭还应根据子女的成长阶段和需求变化，及时调整和优化体育陪护的内容和方式，保持其针对性和有效性。

综上所述，家庭单元中的体育陪护措施是促进个体身心健康、预防和干预内化问题行为的重要途径。通过家庭成员的共同参与和努力，营造良好的体育锻炼环境，提供必要的物质和精神支持，采取符合子女特点的体育陪护方式，与学校、社区形成合力，坚持长期性和持续性，家庭单元中的体育陪护措施必将在促进个体全面发展方面发挥独特而重要的作用。

二、学校教育中的体育引导策略

在探讨内化问题行为与体育锻炼关系的基础上，学校作为青少年成长和学习的重要场所，在推动体育教育、促进学生身心健康方面肩负着不可推卸的责任。学校教育中的体育引导策略是指学校通过制订科学的体育教学计划，创设良好的体育锻炼环境，开展多样化的体育活动，提供必要的指导和支持，引导学生积极参与体育锻炼，培养其良好的体育习惯和健康的生活方式，从而促进学生全面发展的一系列举措。

学校应高度重视体育教育的地位和作用，将其作为学校教育的重要组成部分。学校领导和教师应充分认识到体育锻炼对于学生身心健康、社会适应、人格发展等方面的积极影响，树立"健康第一"的教育理念。学校应制订科学的体育教学计划，合理安排体育课时，保证学生有充足的时间和机会参与体育活动。同时，学校还应将体育教育融入学校的整体发展规划，与德智体美劳等其他方面的教育形成合力，促进学生的全面发展。

学校应为学生的体育锻炼提供良好的硬件和软件支持。硬件支持包括完善的体育场地、设施和器材，如运动场、体育馆、游泳池等，为学生的体育锻炼创造便利条件。软件支持包括配备专业的体育教师队伍，开设多样化的体育课程和活动，满足学生不同的体育需求和兴趣。为此，学校应加强体育教师的培训和专业发展，提升其专业素养和教学能力，使其成为学生体育锻炼的重要引路人。

学校应创新体育教学模式，增强体育课堂的吸引力和互动性。传统的体育教学往往以教师为中心，学生被动接受，容易产生厌倦和抵触情绪。因此，学校应因材施教，根据学生的年龄特点、身体状况、运动能力等因素，采取分层教学、个性化指导等措施，使每一位学生都能在体育锻炼中获得成功体验和进步。学校应开展丰富多彩的体育活动，营造浓厚的体育文化氛围。学校可以举办班级、年级、校际等不同层面的体育比赛，组织体育社团、兴趣小组，开展体育主题的演讲、征文、海报等活动，让学生在参与中感受体育的魅力，在竞争中增强体育的自信。

学校应注重挖掘体育锻炼的育人功能，将体育精神、合作意识、规则意识等融入日常教育，引导学生在体育锻炼中塑造健全人格，提升综合素养。为此，学校可以加强与家庭、社区的沟通合作，形成体育引导的合力。学校应主动联系家长，通报学生在校的体育锻炼情况，提供科学的体育指导建议。学校可以邀请家长参与学校的体育活动，举办亲子运动会、家长体育公开课等，增进家校互动，营造良好的体育教育氛围。学校还应积极与社区建立联系，利用社区的体育资源，如体育场馆、社会体育组织等，为学生提供更广阔的体育锻炼空间和机会。

总之，学校教育中的体育引导策略是推动学生身心健康发展、预防和干预内化问题行为的重要抓手。学校应高度重视体育教育，完善体育设施，创新教学模式，开展丰富的体育活动，加强家校社区合作，为学生营造良好的体育锻炼环境，提供科学的体育指导和支持。唯有学校、家庭、社会形成合力，体育的阳光才能照进每一个学生的心田，体育的力量才能成为学生健康成长的不竭动力。

三、社区环境中的体育氛围培育

在探讨内化问题行为与体育锻炼关系的基础上，社区作为个体生活与社会交往的重要场域，在营造体育氛围、促进居民身心健康方面发挥着不可替代的作用。社区环境中的体育氛围培养，是指通过完善体育基础设施、组织多样化的体育活动、提供专业的体育指导、强化体育文化建设等方式，调动居民参与体育锻炼的积极性，形成浓厚的体育氛围，从而促进社区居民的全面健康发展。

首先，社区应加强体育基础设施建设，满足居民的体育锻炼需求。这包括建设或完善社区体育场地、健身路径和绿道系统等设施，方便居民就近参与体育锻炼。社区还应加强对体育设施的维护与管理，确保其安全性和使用便捷性，为居民提供良好的锻炼环境。

其次，社区应策划和组织丰富多彩的体育活动，增强居民的参与感。社区可以根据居民的年龄结构、健康状况和运动兴趣，开展形式多样的活动，如社区运动会、健步走、球类比赛等。同时，社区还可以成立体育类兴趣小组或社团，为居民提供交流和互动的平台，进一步激发居民的运动热情。

再次，社区应提供专业的体育指导服务，帮助居民科学参与体育锻炼。社区可以聘请专业体育教练或健身指导员，为居民提供个性化的运动建议，并定期举办健康讲座或培训班，普及体育知识，提高居民的健康素养。

此外，社区应大力推进体育文化建设，营造积极向上的体育氛围。可以通过宣传栏、广播、网络等多种途径宣传体育锻炼的益处，弘扬体育精神。同时，社区还可以挖掘本地特色体育项目，组织体育文化展示活动，增强居民的体育认同感。

最后，社区还应加强与学校和家庭的协同合作，形成体育氛围培养的合力。社区可以与辖区内的学校建立合作机制，共享体育资源，组织社区—学校联合体育活动。同时，社区也应鼓励家庭参与社区的体育活动，增强亲子互动，提升社区凝聚力。

总之，社区环境中的体育氛围培养是促进居民身心健康、预防和干预内化问题行为的重要途径。通过完善体育设施、组织多样化体育活动、提供专业指导服务以及加强体育文化建设，社区能够有效推动居民的身心健康发展，提升整体生活质量。

附　录

附录1　体育锻炼行为访谈问卷

亲爱的同学，你好！

　　我们是乐山师范学院青少年体育锻炼研究团队。为了深入了解中学生参与体育活动的现状和需求，我们特邀你参与这次访谈。你的宝贵意见将为我们的研究提供重要参考，也将为促进青少年身心健康发展贡献力量。

　　本访谈采用匿名形式，你所提供的信息仅用于学术研究，我们将严格保密。访谈预计用时 30 分钟。如果过程中有任何不适，你可以随时提出暂停或终止。

　　再次感谢你的支持和参与！如果你同意接受访谈，请在下方填写个人信息，并翻至下一页开始答题。祝你学业进步，生活愉快！

乐山师范学院青少年体育锻炼研究团队

2023 年 5 月

个人信息

年级：

性别：

是否为学生干部：

是否为独生子女：

父母文化程度：

第一部分：体育锻炼的动机

1. 你参加体育锻炼的原因是什么？

2. 你在体育锻炼中想获得哪些收获？

3. 你理想的体育课/活动是什么样的？

4. 假如让你当体育老师，你会组织什么活动？

第二部分：体育锻炼的方式

1. 你平时参加哪些体育活动？

2. 你每周锻炼多长时间？

3. 你认为这些活动有什么优点和缺点？

4. 如果可以自由选择，你更愿意参加哪些活动，为什么？

第三部分：体育锻炼中的情感体验

1. 参加体育活动时，你通常有什么感受？

2. 回想一次让你印象深刻的体育锻炼经历，当时的心情如何？

3. 体育锻炼给你带来的最大快乐是什么？

4. 体育锻炼让你感到最自豪的时刻是什么？

第四部分：体育锻炼中的社会互动

1. 体育课/活动中，你通常和谁在一起？

2. 参加体育锻炼时，你最需要什么人的支持和鼓励？

3. 在体育活动中，你与同学的关系如何？

4. 体育锻炼能让你结交到新朋友吗？如果有，请分享一个故事。

第五部分：体育锻炼的障碍和困难

1. 你在参与体育活动时遇到过哪些困扰？
2. 你觉得自己在锻炼方面有哪些不足？
3. 你曾经因为什么原因中断锻炼？
4. 你是如何克服这些困难的？
5. 你认为还需要哪些条件才能更好地坚持锻炼？

第六部分：学校体育环境评价

1. 学校开设的体育课、活动有哪些？
2. 这些课程和活动设置合理吗？
3. 学校在场地器材、师资力量、时间安排、考核机制等方面还有哪些不足？
4. 你对学校体育工作有什么意见和建议？

第七部分：家庭体育环境评价

1. 你的父母平时参加体育锻炼吗？
2. 他们对你参与体育活动持什么态度？
3. 家里有鼓励体育锻炼的物质条件吗？
4. 你希望父母在你的体育锻炼方面给予什么支持？

第八部分：运动偶像与目标

1. 你最喜欢的运动明星是谁？为什么？
2. 你最渴望掌握什么运动技能？
3. 你对自己未来的体育锻炼有什么规划或设想？

第九部分：体育锻炼与身心健康

1. 你认为体育锻炼对身体健康有哪些益处？
2. 体育锻炼对你的心理状态有什么影响？
3. 你在体育锻炼后，会感到心情愉悦、压力被释放了吗？
4. 体育锻炼让你在学习、生活中变得更加自信了吗？

第十部分：体育锻炼与个人成长

1. 体育锻炼教会你最重要的生活技能或品质是什么？

2. 在体育锻炼中，你如何面对挫折和失败？

3. 体育锻炼如何影响你的时间管理和自律能力？

4. 你在体育活动中扮演什么角色？这对你的领导力和团队意识有何帮助？

第十一部分：体育锻炼的社会价值

1. 你认为体育锻炼对于个人、学校乃至社会有什么积极意义？

2. 你希望学校和社区为青少年体育锻炼提供什么支持？

3. 你愿意参与哪些体育公益活动或赛事？为什么？

4. 你觉得如何在社会上营造重视体育、崇尚运动的文化氛围？

第十二部分：余暇时间的体育锻炼

1. 余暇时间，你的体育锻炼频率和方式有什么改变？

2. 线上体育课和线下体育课，你更喜欢哪一种？为什么？

3. 余暇时间对你参与体育活动的积极性产生了哪些影响？

4. 余暇时间，你对体育锻炼有什么新的期许和计划？

第十三部分：体育锻炼与未来展望

1. 你理想的体育锻炼生活是怎样的？

2. 你希望大学阶段的体育锻炼与现在有什么不同？

3. 成年后，你会继续坚持体育锻炼吗？为什么？

4. 假如你成为父母，你会如何引导孩子参与体育活动？

第十四部分：开放式反馈

1. 本次调查问卷还遗漏了哪些你想表达的内容？

2. 你对本次调查有什么感受或建议？

3. 你还有什么想对我们说的吗？

附录2 实证研究使用的问卷和量表

亲爱的同学：

你好！非常感谢你能抽出宝贵的时间填写这份问卷。本问卷旨在了解当代中学生的体育锻炼情况和心理健康状况，你提供的信息将为我们的研究提供很大帮助。请根据自己的真实情况和感受填写问卷，答案没有对错之分。我们承诺对你的个人信息严格保密，不会用于任何其他用途。祝你学业进步，生活愉快！

第一部分：个人基本信息

1. 年级：七年级　八年级　九年级
2. 性别：男　女
3. 是否为学生干部：是　否
4. 是否独生子女：是　否
5. 父亲文化程度：初中及以下　高中/中专　大专　本科　硕士及以上
6. 母亲文化程度：初中及以下　高中/中专　大专　本科　硕士及以上

第二部分：体育锻炼情况

评分说明：请根据自己最近一个月的实际情况，选择最符合的选项。从不如此（1分）、很少如此（2分）、有时如此（3分）、经常如此（4分）、总是如此（5分）

心理机制：

1. 我能够坚持参加体育锻炼，即使有时会感到很累。
2. 如果一段时间没有体育活动，我会觉得浑身不自在。
3. 我计划将体育锻炼坚持一生，成为终身爱好。

个体因素：

4. 我会主动安排时间进行体育锻炼，把它当作学习生活的一部分。

5. 现在我已经找到了最感兴趣的体育项目，并坚持参与。

6. 我喜欢在体育活动中学习新的运动技能。

7. 体育课和课外锻炼时，我都全神贯注，希望有更多收获。

8. 参加体育比赛或游戏时，我会竭尽全力发挥水平。

9. 通过不断练习，我对自己的运动能力越来越自信。

社会环境因素：

10. 我认为体育锻炼有助于培养良好的生活习惯和性格品质。

11. 在集体项目中，我能积极配合队友，为团队做贡献。

12. 即使在激烈的体育竞争中，我也能做到心平气和。

13. 我经常邀请朋友一起运动，促进彼此的友谊。

14. 我很享受参加体育比赛的过程，也能从中获得成就感。

15. 学校提供的场地器材能满足我的锻炼需求。

16. 老师会经常鼓励我们多参加体育活动。

17. 同学们都很喜欢上体育课和参与课外体育活动。

18. 父母支持我花时间进行体育锻炼，为我提供必要的物质条件。

第三部分：情绪与压力状况

评分说明：请根据最近一个月的感受，选择符合自己的选项。

从不（1分）、很少（2分）、有时（3分）、经常（4分）、总是（5分）

1. 感到情绪低落，对生活失去信心和希望。

2. 对平时感兴趣的事情提不起劲或没有多大乐趣。

3. 睡眠状况不佳，难以入睡，睡不安稳，或睡眠过多。

4. 感觉疲劳乏力，精力不足，懒得动弹。

5. 食欲不振，吃得很少；或食欲旺盛，吃得太多。

6. 对自己失望，觉得很多事都是自己的错。

7. 做事情难以集中注意力，想东想西。

8. 做事情或说话动作变得缓慢，提不起劲。

9. 觉得活着没意思，有轻生的想法。

10. 平白无故感到紧张、焦虑。

11. 有许多担心的念头，怎么也无法停止。

12. 为很多事情担忧，觉得什么事都不顺心。

13. 很难让自己平静下来，总是感到警觉或不安。

14. 静不下心来做事，总觉得心神不宁。

15. 变得脾气暴躁，动不动就生气。

16. 有不祥的预感，担心将要发生可怕的事情。

17. 对一些事物或场合感到恐惧。

18. 为一些无关紧要的小事而感到烦恼。

19. 稍微紧张就感到疲惫不堪。

20. 手脚不自在，无法保持平静。

21. 感到喉咙有异物感。

附录 3　实证调查数据的描述性统计结果

附表 1　变异系数列表

名称	M±SD	方差值	25分位	中位数	75分位	标准值	峰度值	偏度值	变异系数
生源地	1.634±0.545	0.297	1	2	2	0.014	-0.872	0.053	33.334%
年龄	12.764±0.907	0.823	12	13	13	0.023	59.896	-4.944	7.106%
性别	1.535±0.536	0.287	1	2	2	0.006	23.425	1.719	34.897%
心理机制	3.306±0.933	0.871	3	3	4	0.011	-0.105	0.022	28.225%
个体因素	2.038±1.120	1.253	1	2	3	0.013	-0.704	-0.322	54.936%
社会环境	2.555±1.158	1.341	2	3	3	0.013	-0.777	0.265	45.325%
A1	3.120±1.024	1.108	3	4	4	0.013	-0.643	-0.415	32.084%
A2	3.430±1.066	1.136	3	4	4	0.012	-0.369	-0.385	31.074%
A3	2.806±1.146	1.314	2	3	4	0.013	-0.949	0.053	40.844%
A4	3.269±1.141	1.301	2	3	4	0.013	-0.742	-0.287	34.898%
A5	3.223±1.143	1.307	2	3	4	0.013	-0.755	-0.221	35.476%
A6	2.770±1.190	1.415	2	3	4	0.014	-0.966	0.118	42.944%
A7	3.269±1.165	1.357	2	3	4	0.014	-0.692	-0.294	35.637%
B1	0.800±0.793	0.629	0	1	1	0.009	0.46	0.875	99.142%
B2	0.792±0.805	0.648	0	1	1	0.009	0.444	0.904	101.625%

续表

名称	M±SD	方差值	25分位	中位数	75分位	标准值	峰度值	偏度值	变异系数
B3	0.673±0.834	0.695	0	0	1	0.01	0.656	1.149	123.932%
B4	0.460±0.744	0.553	0	0	1	0.009	2.462	1.699	161.802%
B5	0.662±0.833	0.694	0	0	1	0.01	0.811	1.2	125.944%
B6	0.640±0.830	0.689	0	0	1	0.01	0.995	1.267	129.768%
B7	0.520±0.789	0.623	0	0	1	0.009	1.954	1.576	151.678%
B8	0.903±0.929	0.864	0	1	1	0.011	−0.27	0.794	102.974%
B9	1.440±1.085	1.176	1	1	2	0.013	−1.259	0.153	75.322%
B10	0.644±0.950	0.903	0	0	1	0.011	0.647	1.346	147.557%
B11	0.732±0.907	0.822	0	0	1	0.011	0.252	1.086	123.796%
B12	0.732±0.907	0.823	0	0	1	0.011	0.244	1.085	123.955%
B13	0.677±0.860	0.739	0	0	1	0.01	0.624	1.178	127.042%
B14	0.805±0.932	0.868	0	1	1	0.011	0.015	0.981	115.744%
B15	0.494±0.792	0.628	0	0	1	0.009	2.121	1.657	160.294%
B16	0.375±0.663	0.44	0	0	1	0.008	3.626	1.922	176.898%
B17	0.270±0.620	0.384	0	0	0	0.007	6.969	2.619	229.830%
B18	0.733±0.937	0.878	0	0	1	0.011	0.351	1.159	127.915%
B19	0.423±0.771	0.594	0	0	1	0.009	2.956	1.905	182.087%
B20	0.528±0.848	0.719	0	0	1	0.01	1.509	1.562	160.710%
B21	0.416±0.789	0.623	0	0	1	0.009	3.184	1.989	189.863%

附表2　百分位数列表

名称	P2.5	P5	P10	P25	P27	P33	P50	P67	P73	P75	P90	P95	P97.5
生源地	1	1	1	1	1	1	2	2	2	2	2	2	3
年龄	12	12	12	12	12	12	13	13	13	13	14	14	14
性别	1	1	1	1	1	1	2	2	2	2	2	2	2
心理机制	1	2	2	3	3	3	3	4	4	4	5	5	5
个体因素	0	0	0	1	1	2	2	3	3	3	3	4	4
社会环境	1	1	1	2	2	2	3	3	3	3	4	5	5
A1	1	2	2	3	3	3	4	4	4	4	5	5	5
A2	1	2	2	3	3	3	4	4	4	4	5	5	5
A3	1	1	2	3	3	3	4	4	4	4	5	5	5
A4	1	1	1	2	2	2	3	3	4	4	4	5	5
A5	1	1	2	2	3	3	3	4	4	4	5	5	5
A6	1	1	2	2	2	3	3	4	4	4	5	5	5
A7	1	1	1	2	2	2	3	3	4	4	4	5	5
B1	1	1	2	2	3	3	3	4	4	4	5	5	5
B2	0	0	0	0	0	0	1	1	1	1	2	2	3
B3	0	0	0	0	0	0	1	1	1	1	2	2	3
B4	0	0	0	0	0	0	0	1	1	1	2	2	3
B5	0	0	0	0	0	0	0	1	1	1	1	2	3
B6	0	0	0	0	0	0	0	1	1	1	2	2	3
B7	0	0	0	0	0	0	0	1	1	1	2	2	3
B8	0	0	0	0	0	0	0	1	1	1	2	2	3
B9	0	0	0	0	0	0	1	1	1	1	2	3	3
B10	0	0	0	1	1	1	1	2	2	2	3	3	3

续表

名称	P2.5	P5	P10	P25	P27	P33	P50	P67	P73	P75	P90	P95	P97.5
B11	0	0	0	0	0	0	0	1	1	1	2	3	3
B12	0	0	0	0	0	0	0	1	1	1	2	3	3
B13	0	0	0	0	0	0	0	1	1	1	2	3	3
B14	0	0	0	0	0	0	0	1	1	1	2	3	3
B15	0	0	0	0	0	0	1	1	1	1	2	3	3
B16	0	0	0	0	0	0	0	1	1	1	2	2	3
B17	0	0	0	0	0	0	0	0	1	1	1	2	2
B18	0	0	0	0	0	0	0	0	0	0	1	2	2
B19	0	0	0	0	0	0	0	1	1	1	2	3	3
B20	0	0	0	0	0	0	0	0	1	1	1	2	3
B21	0	0	0	0	0	0	0	1	1	1	2	3	3
	0	0	0	0	0	0	0	0	1	1	1	2	3

参考文献

[1] N TIPPETT, D WOLKE. Socioeconomic status and bullying: A meta-analysis[J]. American Journal of Public Health, American Public Health Association, 2014, 104(6): e48-e59.

[2] D YOON, S L SHIPE, J PARK, et al. Bullying patterns and their associations with child maltreatment and adolescent psychosocial problems[J]. Children and Youth Services Review, 2021(129): 106178.

[3] 翟梦晓, 崔伟, 吴青霞, 等. 父母心理控制对儿童焦虑的影响: 另一方父母与儿童亲子亲密的缓冲作用[J]. 中国临床心理学杂志, 2024, 32（1）: 137-141.

[4] 鲁如艳, 王硕, 朱小泉. 母亲婚姻满意度与幼儿焦虑: 母亲教养方式的中介作用[J]. 陕西学前师范学院学报, 2023, 39（12）: 35-43.

[5] L ZHANG, J PIAO, W ZHANG, et al. Physical activity changes and influencing factors among Chinese pregnant women: A longitudinal study[J]. The Journal of Maternal-Fetal & Neonatal Medicine, 2024, 37(1): 2306190.

[6] S de P KNUDSEN, C B ROLAND, S A ALOMAIRAH, et al. The effect of exercise training and motivational counselling on physical activity behaviour and psychosocial factors in pregnant women: Secondary

analyses of the FitMum randomised controlled trial investigating prenatal physical activity[J]. BMC Public Health, 2024, 24(1): 92.

[7] A SHAMSHIN. Development and use of the program of automatic problem solving when conducting practical classes in physics at the university[J]. ScienceRise: Pedagogical Education, 2021, 5(44): 23-29.

[8] J CUI, Y YAN. Research on the deep integration mechanism of national fitness campaign and college physical education teaching: Taking Guangdong University of science and technology as an example[J]. Journal of Contemporary Educational Research, 2024, 8(1): 107-115.

[9] M BEKKHUS, A McVARNOCK, R J COPLAN, et al. Developmental changes in the structure of shyness and internalizing symptoms from early to middle childhood: A network analysis[J]. Child Development, 2023, 94(4): 1078-1086.

[10] T WIKER, L B NORBOM, D BECK, et al. Reaction time variability in children is specifically associated with attention problems and regional white matter microstructure[J]. Biological Psychiatry: Cognitive Neuroscience and Neuroimaging, 2023, 8(8): 832-840.

[11] C RIVELLA, A ZANETTI, M BERTAMINO, et al. Emotional and social functioning after stroke in childhood: A systematic review[J]. Disability and Rehabilitation, 2023, 45(25): 4175-4189.

[12] 王大涛，刘艳艳，周建华. 同伴侵害对青少年内外化问题的影响：有调节的中介模型[J]. 心理与行为研究，2023，21（5）：651-657.

[13] 李素萍. 我国儿童青少年体力活动与体质健康促进策略研究——基于学校体育视角[J]. 韩山师范学院学报，2020，41（6）：67-72.

[14] N MEZGHANI, A AMMAR, O BOUKHRIS, et al. The impact of wearing different face masks on vigorous physical exercise performance and perceived exertion among COVID-19 infected vs. uninfected female

students[J]. European Journal of Investigation in Health, Psychology and Education, Multidisciplinary Digital Publishing Institute, 2023, 13(11): 2709-2723.

[15] 李年红，王雷，曹博文，等. 辅以微信平台的大学生身体活动干预研究——以自我决定理论为基础[J]. 福建体育科技，2023，42（5）：93-99.

[16] 郭文，刘杨，孟小康，等. 社区邻里社会环境如何影响居民体育锻炼行为：双重过程模型视角的实证分析[J]. 体育学刊，2023，30（6）：80-86.

[17] 李宁，钟远绩. 高水平体育赛事赏析课程的价值与实现路径[J]. 体育文化导刊，2017（10）：155-159.

[18] K BISSELL, S CHOU, E DIRKS. Elite but struggling: Mediated narratives of women athletes and mental health disclosures[J]. Journalism & Communication Monographs, SAGE Publications Inc, 2024, 26(1): 4-63.

后　记

年年岁岁花相似，岁岁年年人不同。作为一线教育工作者，我们时常会被工作和生活中的点点滴滴所触动——有时是学生们纯真的笑靥在教室里熠熠生辉，有时是一份付出后收获的喜悦，抑或是在艰难中仍不放弃的顽强。这些珍贵的瞬间化作一股股暖流，滋养着我们对教育事业的执着和热爱。

在编写本书的过程中，我们始终抱有一颗谦逊的学习之心。学校和同行们的支持，正是我们不断前行的强心剂和动力源泉。首先，向乐山市嘉州学校的罗腾老师致以最诚挚的谢意。在问卷发放和数据收集的环节，罗老师贡献了宝贵的智慧和汗水，他娴熟的统筹安排和细致入微的工作作风，让我们能够顺利采集到高质量的一手研究素材。

同时，我也要衷心感谢乐山师范学院的赵新娟、季靖岚、迟晓丹等老师。他们在问卷整理和数据录入工作中，付出了大量的心血和汗水。更难能可贵的是，无论遇到什么困难和挫折，他们总能以乐观向上的精神面对，用宽广的胸怀包容，用淡然的性情化解，真正体现了教书育人的高尚情操。

除此之外，我还要感谢来自安徽省、广西壮族自治区等其他省市的一线教师朋友们。尽管你们并未直接参与到本书的撰写工作中，但是在前期的问卷发放和回收环节，你们毫无保留地给予了大力支持，为我们提供了极为宝贵的研究素材，从而为后续分析打下了坚实的基础。你们的无私付出，令人感动。

　　借此难能可贵的机会，我想以饱含感激之情的文字，向所有曾给予本书支持与帮助的老师、朋友们表达最诚挚的谢意！正是有了你们的倾情相助，我们才能够披荆斩棘，勇往直前，最终化这份心血和汗水为一部研究力作；正是有了你们的关怀和支持，我们才能在平凡的教书工作中，收获不平凡的成就和快乐。

　　在此，我还要借此机会，向所有关心和支持中国教育事业发展的社会各界人士致以最诚挚的谢意！有你们的鼎力相助，我们的教书工作才能如鱼得水、怡然自得；有你们的关注厚爱，广大师生才能在春风里逐梦，在闪耀中成长。

　　让我们共同努力，为中华民族伟大复兴的中国梦不懈奋斗！

吴静涛
2024 年 4 月